W0306421

L'ESSENTIEL DU FENG SHUI

RELATIONS, SANTÉ, PROSPÉRITÉ

À propos du Feng Shui,
du même auteur, chez le même éditeur :

– *Guide illustré du Feng Shui*

– *Le Feng Shui pour le jardin*

– Coffret de Feng Shui

– Collection *"Initiation au Feng Shui"* :
• *Amour* • *Carrières* • *Education* • *Enfants*
• *Relations* • *Réputation* • *Richesse* • *Santé*

– *Feng Shui pour l'abondance*

– *Feng Shui pratique, formules pour la réussite*

– *Le Feng Shui sans peine pour l'amour*

© Lillian Too, 1998
Publié avec l'autorisation de Raider

© Guy Trédaniel Éditeur, 2000,
pour la traduction française.

www.tredaniel-courrier.com
tredaniel-courrier@worldnet.fr

ISBN : 2-84445-203-5

Lillian Too

L'ESSENTIEL DU FENG SHUI

RELATIONS, SANTÉ, PROSPÉRITÉ

traduit de l'anglais par Bernard Dubant

Guy Trédaniel Éditeur
65, rue Claude-Bernard
75005 PARIS

Sommaire

TROISIÈME PARTIE

QUATRIÈME PARTIE

Avant-propos

Le feng shui est une science chinoise ancienne qui prescrit des moyens d'être en harmonie et en équilibre avec l'environnement personnel, afin de jouir d'influences excellentes. C'est une technique permettant d'arranger son espace vital, une méthode pour organiser son environnement, pour disposer les éléments et les meubles. Le feng shui prescrit des orientations favorables pour harnacher les forces métaphysiques mystérieuses qui flottent dans l'air, dans l'espace environnant. Ceux qui pratiquent cet art appellent ces forces «chi», et leur donnent aussi l'appellation colorée de «souffle cosmique».

Les Chinois qui pratiquent le feng shui s'efforcent de s'entourer de chi favorable. Ils croient que lorsque leur logis est situé, orienté et disposé de façon à créer une quantité maximum de chi, ce souffle céleste leur assurera une grande chance. Une demeure qui a un bon chi est bénéfique pour tous les membres de la famille, particulièrement le chef de la maisonnée. Quand le logis est favorablement entouré par les quatre animaux célestes – le dragon, le tigre, la tortue et le phénix – la bonne influence est donnée en héritage, pour au moins cinq générations.

Le Feng Shui en Chine

Pendant des siècles, le feng shui fut pratiqué par les classes dominantes de la Chine impériale. De la dynastie des Tang (au moins) aux derniers empereurs de Chine, le feng shui est resté une partie importante de la pratique «courtoise», et les maîtres de feng shui furent révérés pour leur connaissance hautement prisée, ou mis à mort pour faire en sorte que leur savoir ne soit pas utilisé par d'autres gens contre le Fils du Ciel. Dans une atmosphère d'intrigues de cour continuelles, les empereurs surveillèrent avec soin et ruse leurs maîtres de feng shui. Par exemple, le premier empereur Ming, Chu

Yuan Chuan – un ruffian, un mendiant, un bandit – est censé avoir réussi à renverser le dernier empereur mongol pour créer la dynastie Ming, précisément à cause du feng shui extrêmement favorable de la tombe de son père. Mais quand il fut empereur, Chu Yuan Chuan demanda que tous les maîtres de feng shui fussent mis à mort, et que des livres de pseudo-feng shui fussent distribués dans tout le pays.

Quand Yong Li, le troisième empereur Ming, commença la construction de la nouvelle capitale septentrionale, qui est maintenant la Cité Interdite de Pékin, ses architectes et constructeurs, croit-on, utilisèrent les mêmes livres erronés pour disposer le feng shui des nouveaux palais. Aussi, à peine furent-ils achevés, qu'ils brûlèrent de fond en comble.

L'histoire architecturale de la Cité Interdite est riche en histoires traditionnelles de feng shui incorrect causant des problèmes et des mésaventures. Après que les Mandchous eurent chassé les Ming et pris le contrôle de l'empire, au XVIIe siècle, ils furent aussi victimes du mauvais feng shui, jusqu'à ce que l'empereur Chien Lung se mît à s'y intéresser personnellement, et à introduire des éléments corrects de feng shui. Parce que, croit-on, il bénéficia d'un excellent feng shui, son règne apporta au peuple chance et prospérité.

La dissémination du feng shui

Le feng shui a traversé les mers, pour débarquer, avec les Chinois qui fuyaient leur mère patrie, dans d'autres pays. Beaucoup de maîtres de feng shui suivirent le général Chiang Kaï Shek à Taïwan – emportant avec eux de précieux textes, et d'inestimables Luo Pan (boussoles), qui contenaient les secrets des Maîtres. Ainsi, dans la première partie du XXe siècle, l'élite régnante et les chefs d'entreprise de Taïwan bénéficièrent considérablement d'un excellent savoir feng shui. Ce n'est pas par hasard que Taïwan et le Kuomintang prospérèrent au cours de ces années ; et même à présent, Taïwan continue d'être l'un des pays les plus riches du monde. Le feng shui vint aussi à Hong Kong, où d'intrépides réfugiés et immigrés s'installèrent pour commencer de nouvelles vies. Ils apportèrent aussi avec eux la connaissance ancestrale du feng shui, et comme leurs homologues de Taïwan, ils usèrent de cet ancien corps de connaissance pour mettre à profit la bonne influence de leur nouvel environnement.

Aujourd'hui, Hong Kong et Taïwan sont créditées d'une grande réussite, que beaucoup attribuent à l'application universelle des directives feng shui. Les techniques feng shui de l'arrangement spatial ont été appliquées non seulement à leurs demeures, mais aussi aux bureaux, lieux de travail, usines, et exploitations commerciales.

Plus récemment, on a prétendu que les modernes empereurs communistes de Chine, Mao Zedong et Deng Xiao Ping, ont tous deux bénéficié de l'excellent feng shui des tombes de leurs ancêtres. La tombe du grand-père de l'empereur Mao, dit-on, avait résidé dans la paume de la déesse céleste de la lune, une configuration si favorable qu'elle conféra une chance immense au petit-fils – le «Grand Timonier». Dans le cas de Deng, c'est la tombe du père qui est censée avoir eu un excellent feng shui, et fut aussi très bénéfique la présence de trois pics favorables, à portée de vue de la demeure familiale.

Contrairement à ce à quoi on pourrait s'attendre, le feng shui fut loin de prospérer dans la Chine de Mao Zedong. En fait, pendant son règne, la pratique du feng shui fut strictement interdite. Mao fut toute sa vie durant obsédé par la crainte d'être renversé, et il n'était pas disposé à risquer que quelqu'un utilise le feng shui pour lui faire ombrage !

Le visage changeant du feng shui

À Hong Kong, les maîtres de feng shui ne diagnostiquèrent initialement que l'environnement immédiat, pour établir des orientations favorables. Les extérieurs des édifices furent orientés pour capter la protection des collines et se nourrir de la richesse symbolique des eaux et des ports. Des routes furent tracées, en accord avec le symbolisme dragon/tigre, et les principes classiques furent étroitement observés. Mais, quand les cités grandirent, que les immeubles poussèrent comme des champignons, et que la vie urbaine prit le dessus, les principes de feng shui pénétrèrent dans les immeubles et les foyers, et de nouvelles interprétations globales des anciens principes firent leur apparition. Ils permettaient une adaptation aux conditions modernes.

Les vieux maîtres étudièrent leurs *luo pan* hérités pour trouver de nouvelles interprétations aux anciens symboles ; d'autres délibérèrent sur les formules secrètes de la boussole et commencèrent à les intégrer dans leur pratique. En même temps, ils opéraient en utilisant des méthodes protégeant contre le nouvel environnement de la vie urbaine. Beaucoup tinrent jalousement leurs formules secrètes. Les vieux maîtres les léguèrent par transmission à des disciples favoris ou des gens de la même famille.

Maître Yap Cheng Hai

Trois de ces précieuses formules vinrent à ma connaissance à différentes étapes de ma vie, et je les ai utilisées à mon propre profit pendant le nombreuses années. Elles me furent léguées par Maître Yap Cheng Hai, un expert en feng shui reconnu qui a passé le plus clair de trente années d'enseignement et de pratique à rendre de nombreuses personnes très riches et très heureuses, en Malaisie. Maître Yap Cheng Hai est un authentique maître de feng shui, qui, dans sa jeunesse, bénéficia de la science d'innombrables vieux maîtres de Hong Kong et de Taïwan. Pris d'une curiosité innée pour tout ce qui est métaphysique, doué d'une intelligence impressionnante, et d'une mémoire photographique, Yap Cheng Hai chercha activement des maîtres pour apprendre les secrets de la pratique du feng shui.

Au cours de ses trente ans de carrière comme maître de feng shui, il a rendu beaucoup d'hommes d'affaires milliardaires ou multimillionnaires. Ils sont nombreux à être encore ses clients, le consultant au sujet de tout projet concernant leurs sociétés, ou de chaque modification de leur demeure qu'ils entreprennent, et bénéficiant aussi dans d'autres domaines des merveilleux conseils feng shui de Maître Yap.

M. Yap m'a souvent confié que l'accroissement des revenus des gens est l'une des aspirations humaines les plus faciles à satisfaire avec le feng shui. Mais il a aussi expliqué que l'ampleur de la richesse, qui est la conséquence du feng shui, n'est pas la même selon les personnes. Cela dépend de ce qu'il appelle leur influence céleste (voir p. 16). Si leur influence céleste ne leur permet pas de devenir des magnats ou des multimillionnaires, par exemple, bénéficier d'un feng shui de richesse favorable leur donnera une aisance relative, dans laquelle l'argent ne sera pas un problème. Mais cela ne fera pas d'eux des milliardaires.

J'ai aussi bénéficié des méthodes feng shui d'amélioration de revenu de M. Yap. Je n'ai pas le karma d'être un magnat multimillionnaire, mais je suis plus que satisfaite des résultats. Au fil des ans, j'ai bénéficié d'un bon revenu, et je n'ai pas lieu de me plaindre à ce sujet. Mais, à la différence de la plupart des clients de M. Yap, j'ai moi-même appliqué les techniques de feng shui de M. Yap. Au commencement, j'ai fait cela parce qu'il était très difficile de bénéficier de la présence de M. Yap, mais, par la suite, j'ai été prise d'une curiosité grandissante à ce sujet, et j'en fus presque obsédée.

J'en appelai à la grande amitié qui nous liait, M. Yap et moi, et je lui demandai de me donner la permission de faire part de sa science et de ses formules feng shui au monde entier. Mes propres recherches dans ce domaine m'avaient inspiré un profond respect pour cette science, et je dis à M.Yap que je la présenterais comme un corps de connaissance dépourvu de toute connotation spirituelle ou religieuse. Car telle était la découverte que j'avais faite.

Le fait que je parvins à persuader M. Yap Cheng Hai, en dit long sur son immense générosité. Toute ma série de livres sur le feng shui est le fruit de cette générosité, car ce fut lui qui fournit la clef permettant de dévoiler de nombreux secrets du *pa kua* et des chiffres *lo shu* (dont il sera parlé dans ce livre), rendant intelligibles des explications auparavant incompréhensibles contenues dans les textes anciens, qui m'avaient été données par d'autres adeptes du feng shui.

Aujourd'hui, M.Yap Chen Hai a une bonne septantaine. Sa décision de faire part de ses connaissances coïncide avec un considérable accroissement d'intérêt, à l'échelle mondiale, pour cette antique science chinoise. On peut douter qu'il s'agisse d'une simple coïncidence.

Utiliser le feng shui

En tant qu'heureuse bénéficiaire de la compétence en feng shui de M. Yap, et par la suite, grâce à mes études et recherches, j'ai découvert que la meilleure approche que l'on puisse avoir du feng shui, c'est de le considérer comme une technique. Il n'y a rien de magique au sujet de la façon dont le feng shui opère. Quand les formules étaient appliquées correctement, elles apportaient dans ma vie une influence merveilleusement favorable. Et chaque fois que ma chance baissait, je pouvais en trouver les raisons dans les étoiles volantes qui constituent une autre formule de feng shui.

Au cours de mon séjour à Hong Kong, j'eus l'occasion de rencontrer un grand nombre de maîtres et de pratiquants de feng shui, et je découvris qu'il y a différentes écoles de feng shui, et que ce sujet apparemment frivole est en réalité d'une très grande profondeur. Je décidai de profiter de ma position à la tête d'une société qui me rendait accessibles des experts de Chine, Hong Kong, et Taïwan, et de faire de l'étude du feng shui un hobby sérieux. En même temps, je considérais l'étude du feng shui comme un instrument auxiliaire d'organisation et de direction de la société financière. Je n'avais aucunement l'intention d'écrire sur le feng shui, ni de devenir «consultante» en ce domaine.

Ce fut plus tard, après que je me fus retirée du monde des affaires, et que j'eus pris la décision de partager le trésor de ma connaissance du feng shui, qui m'avait été si généreusement donné par différents maîtres, que je devins écrivain. Je ne donne toujours pas de consultations de feng shui, préférant disséminer et enseigner la connaissance, et laisser ce soin aux nombreux excellents représentants de cet art, qui en ont fait leur profession et leur gagne-pain.

Il y a quelques années, le feng shui était quasiment ignoré en Occident. Aujourd'hui, il est l'objet d'une curiosité massive et croissante, et il attire de plus en plus de gens. Cet intérêt continuera à grandir, car à mesure que de plus en plus de gens apprendront à vivre en harmonie avec l'environnement, et commenceront à en bénéficier, la popularité du feng shui ne fera que croître. La puissance même qui a assuré sa survie en Chine pendant quatre millénaires, alimentera un intérêt pour sa pratique dans le monde moderne.

Apprenez à utiliser le feng shui. Laissez cette vieille sagesse chinoise vous enseigner les secrets de la terre vivante. Suspendez un moment le scepticisme que vous pouvez concevoir, et découvrez un autre moyen de considérer les énergies qui imprègnent l'environnement. Découvrez des profondeurs des significations dans la simplicité de la cosmologie yin yang. Branchez-vous sur les subtilités des cinq éléments dans votre environnement, car ils sont en interaction constante. Faites l'expérience du pouvoir mystérieux des forces impalpables et invisibles quand vous puiserez dans leurs énergies pour faire entrer la chance dans votre vie.

Ce faisant, ayez une vie meilleure, plus saine, plus heureuse, et plus riche.

Lillian Too

Introduction

Le feng shui est une antique méthode de vie, en accord avec les énergies de la terre vivante. C'est un ensemble de techniques et un corps de connaissance qui peuvent être étudiés et systématiquement appliqués à l'espace et à l'environnement personnels. Quand il est appliqué correctement, le feng shui tient la promesse de création d'une grande chance pour ceux qui agencent leurs demeures et bureaux selon ses principes d'harmonie et d'équilibre.

Le feng shui peut sérieusement améliorer vos chances, augmenter votre bien-être matériel, et veiller sur votre santé. Il s'adresse directement à toutes les aspirations du genre humain, apportant des occasions d'avancement et de prospérité, et amplifie même les chances de réalisation de promotion et de réussite.

Le feng shui comme science et comme art

Mais le feng shui n'est pas magique. Ce n'est pas non plus une pratique spirituelle exigeant une foi forte en sa puissance, ou une croyance en son efficacité. Le meilleur moyen d'aborder le feng shui, c'est en tant que science ; et de le pratiquer, c'est en le considérant comme un art. C'est une science, parce que beaucoup d'applications feng shui sont fondées sur l'utilisation précise de ce qui est collectivement groupé sous le nom de feng shui de l'École de la Boussole, que l'on appelle aussi le feng shui de la formule. Grâce à ce système de techniques, la construction et la disposition de pièces et de meubles en accord avec les orientations de la boussole, combinées avec des calculs fondés sur les formules, apportent les bonnes influences désirées. Mais la précision dans les déterminations des directions données par la boussole (parfois au degré près), et les mesures des dimensions, sont des facteurs essentiels pour le succès de la pratique. Si les proportions sont mesurées avec précision et que les calculs aient été effectués correctement, le feng shui de la formule réussit toujours à améliorer la chance des

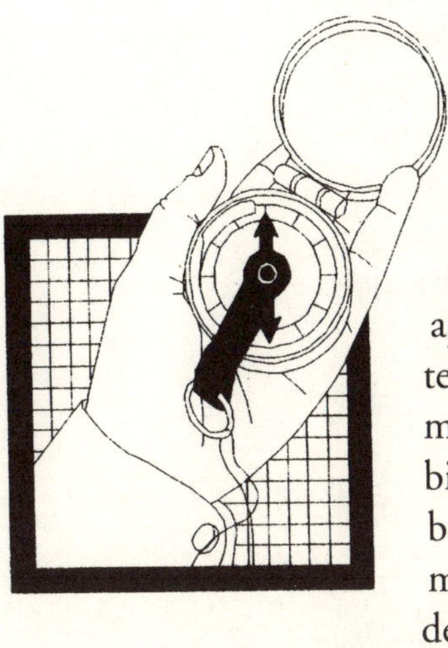

résidants. Les résultats ne tardent pas à se manifester. Mais ayez aussi à l'esprit que s'il est pratiqué incorrectement, le feng shui ne marche pas du tout !

Une grande partie du feng shui est aussi un art qui requiert un jugement et une interprétation subjectifs. L'expérience est un élément important dans la pratique du feng shui. C'est parce qu'une notable partie des évaluations feng shui sont très visuelles, sollicitant de l'œil humain d'importantes évaluations eu égard aux formes, au terrain, et aux courbes de niveau.

Cet aspect de la pratique correspond à l'École de la Forme ou du Paysage (ou de la Topographie) de feng shui. Ici, l'environnement physique est évalué comme il apparaît visuellement. Montagnes, collines, rivières, routes, niveaux, ondulations, formes, odeurs, et pratiquement tout ce qui est perçu par les sens, entrent dans l'analyse de l'environnement. En outre, la qualité du sol, la force des vents, l'intensité du soleil, la luxuriance des plantes, et l'angle des déclivités, sont pris en compte dans l'évaluation du terrain effectuée par l'adepte du feng shui.

Littéralement, feng shui signifie «vent eau». Fondamentalement, ce sont ces deux éléments qui ont sculpté le terrain, modelant ainsi les formations physiques de la terre vivante. Ce que le feng shui présente, ce sont des directives qui permettent au pratiquant d'interpréter les éléments du paysage du point de vue de leur apport en bonne ou en mauvaise énergie – du point de vue, donc, de l'influence, favorable ou non, qu'ils produisent sur ceux qui vivent dans leur voisinage.

Il est très important d'évaluer correctement les caractéristiques favorables et défavorables du feng shui visuel, telles qu'elles sont définies dans l'École de la Forme. L'effet d'un mauvais feng shui du paysage l'emporte sur celui d'un bon feng shui de la boussole. C'est une règle capitale de feng shui dont il faut se souvenir : les structures physiques de l'environnement naturel et de l'environnement artificiel peuvent détruire des orientations feng shui soigneusement établies.

Activer les influences favorables

Le feng shui a aussi pour fonction d'activer une influence excellente dans votre environnement, et votre espace vital. Une fois que vous avez appris à vous protéger, à protéger votre logis et votre bureau du mauvais feng shui (voir 1e et 2e parties de ce livre), l'étape suivante consiste à apprendre à énergétiser les types spécifiques d'influence favorable. C'est le thème de la 4e partie.

C'est un aspect passionnant de la pratique du feng shui. Il y a une gamme impressionnante de symboles feng shui qui peuvent être efficacement énergétisés dans des secteurs de n'importe quelle demeure, pièce, ou de n'importe quel bureau, pour créer les huit types généraux d'influences favorables. Vous pouvez activer l'influence favorable à votre carrière et vos relations professionnelles. Il est possible d'améliorer votre santé, et de renforcer la chance pour chacun des membres de votre famille. Vous pouvez amplifier les influences favorables pour vos enfants, et améliorer leur chance pour les examens. Et, enfin, vous pouvez créer le genre de chance qui vous permet d'accroître votre revenu, de devenir riche.

La promesse que fait le feng shui est ainsi passionnante. Comment bénéficier de ces énergies bénéfiques ? Ce n'est pas une simple affaire de compréhension de la théorie et de la philosophie du feng shui. Il est aussi nécessaire de commencer à être attentif aux changements subtils de l'environnement. Prenez l'habitude de voir votre environnement avec des yeux feng shui.

Devenez sensible aux énergies puissantes, mais invisibles, qui vous entourent.

Triple influence

Comprenez fondamentalement que le feng shui n'est que l'une des trois influences. Le feng shui est l'influence de la terre dans la triade comprenant l'influence du ciel, l'influence de la terre, et l'influence de l'homme – ou *tien ti ren*, en chinois.

C'est dans ce contexte que les trois influences déterminent les fruits de la pratique du feng shui. Ainsi, chaque personne a trois types d'influence :

- L'influence du ciel détermine la destinée ; on ne peut la contrôler ; elle détermine la condition de la naissance, le caractère, et les circonstances qui entourent la vie. Elle est comparable au karma.
- L'influence de la terre vient de la vie en harmonie avec l'environnement, et elle est étudiée dans le corps de connaissance appelé feng shui. L'influence de la terre est susceptible d'être contrôlée par nous, et nous pouvons choisir : voulons-nous vivre ou non en harmonie avec les énergies de notre espace vital ?
- L'influence de l'homme est celle que nous créons nous-mêmes ; nous pouvons aussi la contrôler. Le bon feng shui apporte des occasions d'avancement et de bonheur sur notre seuil, mais il nous revient d'en profiter, et de les amplifier.

C'est la façon dont nous subissons l'influence de la triple chance qui explique le mode et la plus ou moins grande rapidité des modifications de notre destinée. Si notre influence céleste est bonne, le feng shui la rend meilleure encore, et cela, quand nos propres efforts viennent s'y ajouter, améliore les circonstances de notre vie, qui devient ainsi plus aisée. En revanche, si notre influence céleste n'est pas bonne, le feng shui peut au mieux réduire nos souffrances et nos problèmes. Le bon feng shui peut nous donner une vie aisée. Mais il ne peut faire de nous des personnes très riches si ce n'est pas dans notre destinée céleste.

Le I Ching

En adoptant une attitude pratique en ce qui concerne la pratique du feng shui, vous comprendrez avec plus de facilité les théories les plus avancées du feng shui, qui prennent en compte la dimension temps dans le concept d'influence. Cette dimension temps reflète les aspects les plus profonds de la philosophie du *I Ching*, sur laquelle le feng shui est fondé. La vision de l'univers du *I Ching* est que toutes choses changent ; aussi l'appelle-t-on *Le Livre des Mutations*. Le *I Ching* dit que dans toute chance il y a un germe de machance, qui peut se développer et prendre le dessus, et devenir une malchance épanouie. Il soutient aussi que dans la malchance, il y a aussi le germe de la chance.

Pratiquer le feng shui

N'importe qui peut apprendre le feng shui. Ce n'est pas un sujet difficile, ni à comprendre, ni à pratiquer. Le feng shui n'est pas une pratique spirituelle, ni religieuse. Il n'exige pas une foi intense, ni la possession de pouvoirs métaphysiques ou psychiques. Le feng shui est une science, une méthode, une technique – il est fondé sur un ensemble cohérent de directives qui exprime la vision chinoise de l'univers. Il formule l'existence d'une force vitale dans l'environnement naturel, et cette force vitale peut être favorable et secourable, ou, au contraire, menaçante et mortelle.

Le feng shui conseille de disposer son espace personnel de façon à bénéficier des multiples énergies favorables qui circulent abondamment dans l'environnement. Il conseille d'éviter les structures et les arrangements qui changent, sans qu'on y prenne garde, cette énergie bénéfique en énergie empoisonnée. La plupart des maîtres de feng shui possèdent assez de connaissance pour capturer l'énergie bienveillante, et détourner l'énergie venimeuse. Si vous observez, et mettez en pratique, l'information contenue dans ce livre, vous aussi, vous serez à même d'obtenir ce résultat.

Certaines questions communément posées au sujet de la pratique du feng shui

Q : Comment le feng shui opère-t-il ?
R : Le feng shui préconise de vivre en harmonie avec l'environnement terrestre et ses lignes d'énergie, de façon à créer un équilibre favorable des forces de la nature. Le feng shui soutient que l'atmosphère est pleine d'invisibles mais puissantes lignes d'énergie – certaines d'entre elles sont favorables, tandis que d'autres sont pernicieuses. Ainsi, ces lignes d'énergie apportent la discorde ou l'harmonie ; la santé ou la maladie ; la prospérité ou la pauvreté. La pratique du feng shui a pour objet la manipulation avisée et l'accumulation des lignes d'énergie qui sont favorables – ce que les Chinois appellent 'harnacher le souffle cosmique du Dragon'.

Q : Est-il nécessaire, ou conseillé, de contacter un maître de feng shui ?
R : Une grande partie du feng shui peut être apprise très facilement, comme ce livre l'explique. Cependant, comme pour n'importe quelle autre profession ou discipline, l'expérience pratique améliore la réalisation. C'est de ce point de vue qu'il est utile de consulter des maîtres de feng shui. Mais récemment, la profession a connu une certaine inflation, et ceux qui gagnent leur vie en offrant leurs services comme consultants en feng shui – s'ils valent quelque chose – sont si demandés que leurs honoraires ont grimpé vertigineusement.

Néanmoins, les maîtres qui ont une véritable connaissance, une authentique expérience, valent leur pesant d'or. Ce qui pose problème, de nos jours, ce sont ces maîtres de feng shui autoproclamés dont la connaissance du feng shui est à la fois superficielle et inadéquate. Aussi je conseille à ceux pour qui le feng shui est une découverte récente, d'y regarder à deux fois avant d'inviter des étrangers qui viendront violer l'intimité de leur foyer. Il est de loin préférable d'apprendre soi-même le feng shui. Ce n'est pas difficile ; ce peut être amusant, et c'est certainement plus satisfaisant.

Q : Le feng shui entraîne-t-il des rénovations massives ?
R : Pas du tout ! Le pratiquant avisé sera toujours à même de trouver la façon la moins coûteuse de combattre les flèches empoisonnées, ou d'activer le bon feng shui. C'est parce que la pratique comporte de très nombreuses dimensions qu'il est souvent impossible de faire tout correctement. Il faut intégrer à la pratique une forte dose de bon sens. Souvent, un petit changement subtil de direction dans laquelle vous êtes assis, ou couché, peut modifier votre destinée. Les modifications feng shui n'ont pas besoin d'être massives pour marcher. Les lignes d'énergie sont subtiles. Pensez à votre télévision – un petit déplacement de l'antenne suffit souvent à brouiller ou améliorer l'image. C'est la même chose avec le feng shui.

Q : Est-ce que le feng shui marche toujours ?
R : Oui. Si vous le faites correectement, le feng shui améliore toujours vos conditions de vie et de travail. Mais le feng shui n'est pas la panacée magique pour tous vos problèmes. Rappelez-vous que le feng shui ne représente qu'un tiers de la triade de la destinée. Si vous n'êtes pas destiné à devenir un gros magnat, le feng shui peut vous rendre riche, mais il ne vous donnera pas une fortune immense. Tout dépend de votre influence céleste. Et si votre logis jouit d'un bon feng shui, votre activité augmentera. Vous rencontrerez des occasions d'améliorer votre vie, ou d'accroître votre revenu. Vous devez créer votre propre influence humaine en saisissant ces chances, et en acceptant votre bonne fortune.

Q : Est-ce que je peux pratiquer l'école de la forme, tout en ignorant complètement l'école de la boussole ?
R : Oui, vous le pouvez. Vous serez à même d'éviter d'être blessé par le mauvais feng shui. Mais l'école de la boussole vous conduit plus profond, et vous permet de découvrir de puissantes méthodes pour améliorer considérablement votre destinée. Je conseille toujours à

mes amis de procéder par étape. Allez lentement, car il est préférable de poser d'abord des bases correctes, avant d'entreprendre de faire des applications pour toutes les choses à la fois. En outre, il n'est jamais possible d'avoir toujours un feng shui correct à 100%.

Q : Comment savoir quel conseil feng shui il convient de suivre ?
R : Il y a beaucoup d'Écoles différentes de feng shui. Mais tout le feng shui authentique est fondé sur les mêmes concepts. Il y a d'excellents livres qui sont fondés sur d'authentiques principes de feng shui, mais il y en a d'autres qui m'estomaquent ! Je dois peut-être préciser ici que la prétendue purification des énergies obtenue en tapant des mains N'EST PAS du feng shui. Le danger, quand on essaie de simplifier ou d'occidentaliser une antique pratique chinoise, c'est de parvenir à des versions parfaitement ridicules du feng shui. Méfiez-vous aussi de ceux qui prétendent avoir passé quelques mois avec un maître de feng shui, et qui se proclament sans délai «consultants».

Je recommande vivement de faire preuve de discernement – simplement parce que rares sont les maîtres de feng shui qui font part de leurs «secrets de métier», et certainement pas à quelqu'un qui n'a passé que quelques années (encore moins quelques mois) avec eux. Quiconque connaît la relation disciple-maître de la tradition chinoise, sait qu'il faut de très nombreuses années d'apprentissage avant qu'un maître révèle les véritables secrets de sa technique (ou *kung fu*). Ainsi, je suis très sceptique quand j'entends des gens qui ont passé deux saisons avec un maître de feng shui prétendre être experts en cet art.

Q : Pourquoi le feng shui est-il devenu si populaire en Occident ?
R : L'actuelle popularité du feng shui en Occident reflète une conscience croissante de l'approche culturelle ou philosophique de l'univers que les sciences traditionnelles chinoises conceptualisent. Le feng shui n'est que l'une des multiples et merveilleuses sciences du corps/mental et de l'environnement qui commencent à avoir la faveur du public en Occident. On commence à réaliser qu'il y a des façons et des méthodes «alternatives» de considérer l'univers, de comprendre la manière dont l'énergie se meut et opère, et d'affecter notre bien-être. C'est à partir d'une telle perspective que le feng shui

peut être considéré comme un instrument additionnel qui peut être étudié pour aider à comprendre la spiritualité de l'âme humaine et de l'environnement. Ainsi, par exemple, le feng shui utilise le langage des symboles pour lire et créer les énergies de l'environnement immédiat. Cela ouvre de nouvelles voies vers la compréhension de la spiritualité de l'espace.

Q : Puis-je pratiquer le feng shui sans la théorie ?
R : Le feng shui simple peut être facilement appliqué, que l'on comprenne ou non la théorie qui le sous-tend. Cependant, il n'est pas toujours facile de comprendre toutes les significations des éléments fondamentaux à la première lecture. Aussi, si vous le souhaitez, dans ce livre, vous pouvez aller droit au prochain chapitre pour y trouver des «tuyaux» feng shui utiles et illustrés, que vous pouvez appliquer immédiatement. Mais quand vous n'êtes pas sûr, ou si l'illustration ne correspond pas exactement à votre situation, il est vital de connaître les concepts théoriques, pour s'y référer. Il n'est pas nécessaire de comprendre tout sur-le-champ, mais essayez de bien peser les choses quand vous êtes dans la confusion.

PREMIÈRE PARTIE

Principes essentiels du feng shui

Point de départ

Toute la pratique feng shui tourne autour de la compréhension globale des neuf principes. Ce sont les étais conceptuels qui constituent la fondation de la connaissance et de la pratique du feng shui. Cependant, quand ils sont utilisés ensemble, ces principes peuvent parfois conduire à des recommandations qui semblent contradictoires. Dans ce cas, il faut choisir le principe qui est le plus important dans cette circonstance particulière.

C'est pourquoi un 'œil feng shui' expérimenté peut être un grand avantage. Dans le doute, il est utile d'avoir à l'esprit que la forme physique de l'environnement émet de puissantes énergies, et que le shar chi, le souffle-qui-tue (cf. p. 52-53), quand il est généré par une flèche empoisonnée particulièrement dangereuse, est capable de détruire toutes les autres dispositions soigneusement combinées, qui peuvent avoir pris en compte un grand nombre de principes. Aussi, avant de passer à l'étape suivante d'énergétisation pour créer un bon feng shui, voyez si rien ne vient blesser le feng shui de votre espace. Il est préférable d'opter toujours pour une approche défensive.

La condition et la qualité de votre feng shui extérieur sont plus importantes que la disposition et la décoration de votre intérieur. L'effet des structures extérieures, dans un rayon d'au moins un kilomètre, peut menacer votre bien-être familial, rendre votre vie stérile, et balayer toutes les occasions de l'améliorer. La boucle d'une rivière, le tournant d'une route, la forme d'un autopont, même le toit de la maison de votre voisin – et beaucoup d'autres structures qui émettent le souffle-qui-tue – peuvent, isolément ou ensemble, détruire l'harmonie de n'importe quel foyer, s'il a une mauvaise orientation. Cela arrive quand la façade de la

Les neuf grands principes du feng shui

1 Le Pa Kua et le Carré Lo Shu
2 Trouver des sites favorables
3 Choisir et créer des formes régulières
4 Énergétiser les cinq éléments
5 Équilibrer le yin et le yang
6 Le souffle cosmique du dragon
7 Détourner le souffle-qui-tue
8 Utiliser symboles et nombres
9 Feng shui de la formule

Conscience feng shui

Apprendre à voir avec des yeux feng shui signifie acquérir une conscience des spectacles et des odeurs de l'environnement, être conscient des niveaux du terrain, et des courbes, élévations, et dénivellations topographiques. Cela signifie être attentif aux vents et aux eaux qui vous environnent. Cela veut dire aussi prendre note des modifications qui se produisent dans l'environnement. Soyez sensible à la présence de nouveaux bâtiments, de nouvelles routes, et de nouveaux complexes. Et, c'est encore plus important, établissez toujours la relation entre ce qui est nouveau et la façon dont cela peut affecter votre maison et votre espace.

maison, et spécialement la porte principale, sont directement en face d'un bâtiment, d'une structure ou d'un objet, qui envoie vers elles des flèches empoisonnées symboliques. Il est par conséquent de la plus haute importance que l'acquisition de la conscience du feng shui commence par un examen complet de l'environnement immédiat de la demeure.

Regardez devant vous, derrière vous, et même au-dessus. Les bâtiments et les structures qui sont devant vous sont les plus susceptibles de nuire à votre feng shui. Derrière, c'est le manque de terrain, de structures et de bâtiments, qui cause le mauvais feng shui. Au-dessus, si des lignes aériennes vous survolent, le bruit et le dérangement quotidiens créent une turbulence, et on considère aussi cela comme un mauvais feng shui.

Si vous êtes à la recherche d'une nouvelle demeure, il est bon que vous enquêtiez sur le voisinage avant de faire votre acquisition. Recherchez tous les signes de bon feng shui – routes et chaussées propres, plantes luxuriantes, herbe verte, fleurs épanouies, maisons bien tenues. Vous devez chercher une atmosphère générale de prospérité et de bonheur. Les endroits affectés par un mauvais feng shui semblent toujours délabrés, à l'abandon. L'énergie corrompue diminue la chance dont bénéficient les résidants, faisant que les choses vont de pire en pire. Il y a une atmosphère de tristesse.

Le Pa Kua et le carré Lo Shu

La pratique du feng shui est censée avoir commencé il y a quatre mille ans – mais il ne s'agit que d'une supposition. On peut faire remonter les origines du feng shui au *I Ching*, le plus grand classique chinois. Le *I Ching* est le livre source d'une grande partie des traditions et de la pratique culturelle des Chinois. Les spécialistes attribuent maintenant au *I Ching* une antiquité encore plus grande que celle qui lui a été accordée.

Ainsi, les instruments les plus importants de l'analyse feng shui qui ont survécu aux siècles, présentent des similitudes passionnantes avec les autres branches de la pratique traditionnelle. Le plus important d'entre eux est peut-être les huit trigrammes – des ensembles de trois lignes, continues et/ou discontinues, qui constituent la racine du magnifique ensemble des 64 hexagrammes du *I Ching*. Ces huit trigrammes sont disposés autour d'une forme octogonale appelée Pa Kua, et la façon dont ils sont placés est l'essence des principes du feng shui.

Il y a aussi deux dispositions de ces trigrammes autour du Pa Kua, et, dans l'ancien temps, quand la pratique du feng shui concernait les maisons des vivants comme les maisons des morts, les deux éléments étaient utilisés dans l'analyse.

Feng shui yin

L'Arrangement du Ciel Antérieur des trigrammes autour du Pa Kua était utilisé quand le feng shui des cimetières et des sépultures était effectué. Les Chinois croyaient que cette branche du feng shui (le feng shui *yin*), était extrêmement puissante, et qu'elle était beaucoup plus efficace, par la longue portée de ses effets sur la destinée familiale, qu'aucun autre type de feng shui. Certains disent que ce feng shui *yin* dure au moins pendant cinq générations.

On peut voir la preuve la plus colorée de l'application du feng shui *yin* dans les tombeaux des Ming situés dans la proximité de

Pékin. Les Chinois racontent aussi des histoires sur l'orientation favorable des tombes des ancêtres, qui vont jusqu'à l'époque des derniers empereurs, Mao Tse Toung et Deng Xiao Ping.

Aujourd'hui, le feng shui *yin* est en voie de disparition rapide car beaucoup de vieux maîtres s'abstiennent de faire des consultations pour le design des tombes et des lieux de sépulture. À Taïwan, Hong Kong, en Malaisie et à Singapour, il y a cependant encore un petit groupe de magnats qui ont déjà réservé leur tombe, et qui ont pris des dispositions pour que le feng shui *yin* soit fait. Mais pour la majeure partie des gens moins riches, le feng shui *yin* est pratiquement hors de portée. Il est plus facile d'être brûlé, car la crémation ne cause ni bon ni mauvais feng shui.

Dans le Pa Kua *yin*, le trigramme *Chien* est placé au sud, directement à l'opposé du trigramme kun, qui est placé au nord. Cet Arrangement du Ciel Antérieur des trigrammes est censé faire du Pa Kua un puissant symbole de protection. C'est cette disposition que les vendeurs de matériel feng shui dessinent sur les Pa Kuas protecteurs, qui sont accrochés à l'extérieur des portes pour détourner le *shar chi* hostile causé par les obstacles, les voies droites et autres structures blessantes.

Le Pa Kua yin chez soi

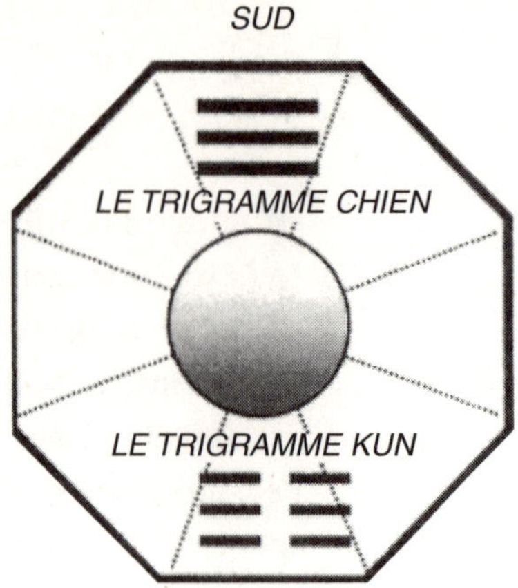

LE PA KUA YIN

Je conseille vivement à quiconque suit le conseil d'utiliser le Pa Kua Yin pour détourner les flèches empoisonnées de ne jamais le suspendre à l'intérieur de sa demeure ou de son bureau. Ce Pa Kua renvoie l'énergie-qui-tue qui cause une grave malchance. Il faut le suspendre à l'extérieur de la maison, et jamais à l'intérieur. Même pour l'extérieur, vous devez utiliser d'autres méthodes correctives si vous le dirigez vers votre voisinage. Essayez toujours de prendre des mesures qui ne blessent pas les autres.

Feng shui yang

Le feng shui yang ne s'applique qu'aux demeures des vivants, et le Pa Kua qui y correspond comporte l'Arrangement du Ciel Postérieur ; c'est le Pa Kua *yang*, où la disposition des trigrammes diffère considérablement du Pa Kua *yin*. L'amateur doit apprendre à reconnaître la différence entre ces deux Pa Kuas. Il suffit de remarquer où les trigrammes principaux, *chien* et *kun*, sont situés.

Dans le Pa Kua yang, le trigramme *chien* est placé au nord-ouest, tandis que le trigramme *kun* est placé au sud-ouest. Ainsi, dans le feng shui des maisons des vivants, la place du patriarche est le nord-ouest, et cette orientation ou ce secteur de la maison prend une très grande importance. Il ne faut pas, par conséquent, qu'il y ait là des toilettes, une cuisine, ou un débarras. De même, la place de la maîtresse de maison est le sud-ouest, et, de même, ce secteur de la maison ne doit pas héberger de toilettes.

Dans la pratique du feng shui yang, il est important d'utiliser le Pa Kua correct pour entreprendre l'analyse, étant donné que presque toutes les recommandations feng shui se rapportent aux directions, orientations, et éléments fondés sur l'arrangement yang des huit trigrammes. C'est l'étai principal de la théorie du feng shui.

La tortue lo shu

Un autre symbole important qui évoque l'ancienneté du feng shui, est le carré Lo Shu à neuf secteurs, que la légende associe à la tortue céleste. Il y a quatre mille ans, dit-on, une tortue céleste sortit des eaux de la rivière Lo, portant sur sa carapace un arrangement de nombres qui fournirent la clé permettant de mettre au jour les secrets du Pa Kua. Cette disposition des chiffres de 1 à 9 dans une grille ou un carré à neuf secteurs, est la base d'une grande partie de ce qui est parfois appelé magie feng shui, ou, de façon plus congrue, feng shui de la formule.

La carapace de la tortue était marquée des chiffres du Lo Shu

Des lettrés ont découvert que la disposition des chiffres dans le Lo Shu forme un symbole qui ressemble beaucoup à des signes de l'astrologie hindoue, et au signe de Saturne dans l'astrologie proche-orientale. Ce symbole est tracé ci-dessous (en lignes pointillées). Remarquez le courant des chiffres de 1 à 9, pour créer ce symbole.

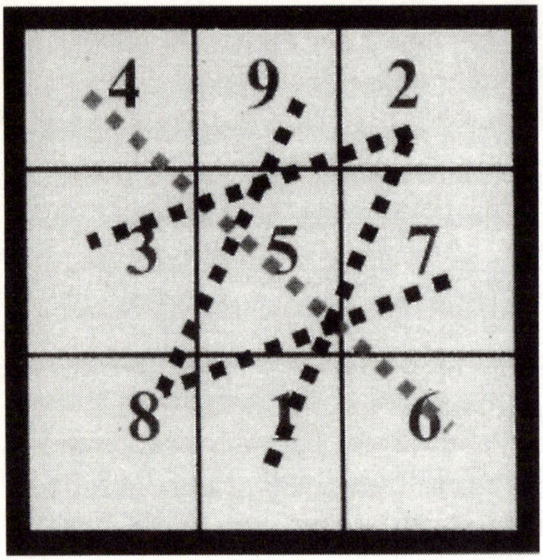

L'arrangement des chiffres du Lo Shu avec des lignes pointillées montrant le «courant» des chiffres de 1 à 9 qui créent ce symbole.

Trouver des terrains favorables

La pratique du feng shui commence toujours avec la recherche de sites favorables. Dans l'ancien temps, un bon site était tout, et des éléments naturels comme les collines et les cours d'eau avaient une place prépondérante dans la liste des choses à prendre en compte, dressée par l'expert. Aujourd'hui, les structures artificielles comme les routes, les bâtiments, les ensembles urbains, apportent des dimensions nouvelles à la pratique du feng shui. En conséquence, à l'analyse du paysage naturel doit maintenant s'ajouter celle des immeubles d'acier et de béton, ainsi que des routes, des autoponts, et des autoroutes.

Dragon vert tigre blanc

Avant d'aller plus loin, il est nécessaire de comprendre l'importance des termes «dragon vert» et «tigre blanc», car ils conditionnent la compréhension de ce qui rend un site favorable. À Hong Kong, «dragon vert tigre blanc» est synonyme de feng shui. Ce qui est évoqué ici, c'est le symbolisme des quatre créatures célestes qui représentent la fondation de la théorie du feng shui. Ces quatre créatures sont la tortue noire, le phénix rouge, le dragon vert et le tigre blanc. Ils représentent les paramètres du feng shui classique.

La tortue noire

Derrière, c'est-à-dire au nord, c'est la place de la tortue noire, qui confère l'influence de soutien. Si cette colline est absente, votre feng shui est incomplet, et l'influence qui vous protège, vous et votre famille, de génération, fera défaut. Les collines tortue noire sont très importantes, particulièrement pour le patriarche, ou la personne qui subvient aux besoins de la famille. En fait, la tortue est un symbole si

puissant que les familles qui élèvent des espèces de cette créature céleste, voient la destinée de leur famille s'améliorer régulièrement au fil des ans. La tortue apporte une amélioration régulière et lente, renforçant les destinées et les modes de vie. En trente années d'observation, je n'ai jamais vu échouer ce feng shui de la tortue.

Le phénix rouge

La place du phénix rouge, qui vous apporte l'influence propice aux occasions favorables, est devant votre demeure, directement en face de votre porte de devant, au sud. Si votre porte de devant est orientée au sud, c'est une excellente orientation pour attirer ce genre d'influence. Selon une vieille légende chinoise, le phénix est le roi mythique de toutes les créatures emplumées. On dit qu'il apparaît tous les mille ans, et seulement dans une période où un empereur grand et bienveillant gouverne le pays. Le phénix apparaît ainsi dans les périodes fastes. Le phénix est aussi révéré pour ses merveilleux pouvoirs de renaissance. De la terre, des cendres des rêves brisés et du désespoir, le phénix renaît, dans sa splendeur, pour recommencer sa quête, et réussir. Ainsi, le phénix symbolise la réussite, face à l'échec, et l'aide de secteurs inattendus. Dans le feng shui, cela se rapporte à une petite butte qui peut aussi symboliser un tabouret pour reposer vos jambes fatiguées. S'il vient à manquer, le tertre phénix est facile à créer – il doit faire à peu près un mètre de haut. Tout oiseau peut symboliser le phénix – particulièrement le coq, le flamant, le paon.

Le dragon vert

À gauche de votre porte principale – quand on regarde de l'intérieur vers l'extérieur – et mieux encore si cela correspond à l'orientation est de votre demeure (étant donné que le dragon est alors dans son élément propre), se trouve le site du dragon favorable. Cette créature apporte l'influence propice à n'importe quelle sorte de succès matériel – richesse, position, influence, et pouvoir. Le dragon est considéré comme le symbole suprême de la bonne destinée, et c'est la créature céleste la plus importante du panthéon chinois. Dans le feng shui, le côté qui représente les collines dragon vert doit être légèrement plus élevé que le côté droit. Cela permet à l'influence du dragon d'être dominante dans votre environnement personnel.

Le tigre blanc

À droite de la porte principale, – et il serait idéal que cela corresponde à l'orientation ouest de la maison –, se trouve la place du tigre blanc, qui confère l'influence de protection. Dans le feng shui, on croit que le tigre blanc n'est présent que dans les endroits où se trouve le dragon vert. Aussi, si aucune colline ne ressemble au dragon, ni ne le symbolise, le tigre aussi fait défaut. La protection du tigre blanc évite à la famille d'être volée, blessée, vaincue. L'influence du tigre blanc ne doit pas être sous-estimée.

Mais il est capital de s'assurer que la férocité du tigre ne se retourne jamais contre les résidants. Cela signifie que le niveau à droite de la maison ou du jardin doit être légèrement plus bas qu'à

Les sites les meilleurs

La montagne derrière cette maison représente la tortue protectrice et la colline à gauche représente le dragon vert.

Le type de terrain le plus favorable est ondulé, avec des pentes douces, des collines et des vallées ; il y a un bon mélange de soleil et d'ombre, et les vents ne soufflent pas trop fort.

Recherchez les endroits où l'herbe est luxuriante, où l'eau abonde. Ce sont des lieux qui hébergent le dragon, et qui, ainsi, sont bénéfiques.

gauche, permettant ainsi au dragon de rester dominant, gardant ainsi le tigre sous contrôle. Si le terrain du côté tigre est plus haut que celui du côté dragon, il faudra introduire des corrections feng shui pour dissiper le tigre blanc. À ce sujet, je déconseille toujours de mettre des représentations du tigre blanc à l'intérieur de la maison. Il est difficile de supporter l'énergie féroce de la présence du tigre – à moins qu'on ne soit né une année dragon, ou une année tigre (voir p. 72-74).

Remédier aux orientations défavorables

Comme le feng shui dans sa perspective la plus large, est l'étude de l'environnement, la connaissance du feng shui montre comment positionner sa maison, pour bénéficier de l'influence bénéfique de chacun des quatre animaux célestes. Une fois que vous avez compris les principes majeurs, vous êtes à même d'orienter votre maison ou votre immeuble en sorte qu'il bénéficie de l'énergie favorable du terrain, et de prendre des dispositions pour qu'il soit en harmonie avec cette énergie. Souvent, il ne s'agit de rien de plus important que de resituer ou réorienter la porte principale. Si c'est impossible, et que la demeure souffre d'une orientation défavorable, le feng shui correctif présente des méthodes pour mettre en place des éléments qui aident à supprimer les éléments mauvais, ou à faire obstacle aux vues défavorables.

Dans la campagne, commencez par rechercher le dragon vert. Cela désigne des endroits ondulés, et où il y a des collines ainsi que des vallées. Un terrain plat n'a pas de dragon – il n'a aucun lieu où bâtir son repaire. Le terrain plat est ainsi considéré comme défavo-

Un terrain entièrement plat n'est pas favorable : introduisez des élévations pour améliorer l'influence du feng shui.

rable – son énergie est baucoup trop yin. Dans l'ancien temps, ce genre de terrain était carrément rejeté. Mais on peut rendre cette terre bénéfique en y plaçant avec soin des rochers, des tertres, des bâtiments postérieurs, et autres structures qui apportent une dose saine d'énergie yang. Cela crée symboliquement le dragon, et transforme par conséquent un emplacement défavorable en un site bénéfique vibrant d'énergie yang.

Le terrain qui est en pente trop raide est aussi défavorable. Il est trop yang.

Un terrain en pente trop raide, avec des éminences pointues, ressemblant à des langues de feu, est aussi considéré comme défavorable. Il y a des endroits où les collines environnantes appartiennent à l'élément feu (voir p. 43) ; ils ne peuvent ainsi héberger le dragon, car ils sont beaucoup trop yang. Cependant, un paysagiste habile peut remodeler les collines feu, et les aplatir, et combler les vallées, créant ainsi un environnement beaucoup plus favorable, qui pourrait attirer le dragon. De même, des cours d'eau artificiels créés dans des endroits stratégiques peuvent renforcer l'énergie yin nécessaire. Ainsi, l'intervention de l'homme peut transformer un emplacement défavorable en un lieu bénéfique.

Les règles importantes du feng shui du paysage

La montagne doit être derrière

À droite : Le terrain à gauche est plus haut que le terrain à droite.

Cela signifie que votre maison, ou l'immeuble dans lequel se trouve votre appartement, doit être orienté de façon que la porte de devant principale, ou la porte d'entrée de l'immeuble, ne soit pas en face de la montagne. Si votre porte principale donne directement sur une montagne, votre feng shui est considéré comme très mauvais. C'est une situation d'affrontement.

À la ville, un mur haut ou un grand bâtiment est comme une montagne. Si votre entrée principale fait face à une telle structure, vous devez penser sérieusement à réorienter votre porte de façon que le grand élément soit derrière vous, plutôt que devant. Que votre porte de derrière donne sur la montagne. De la sorte, vous bénéficierez de ces énergies protectrices. Ayez à l'esprit que lorsque vous 'affrontez' la montagne, vous perdez toujours.

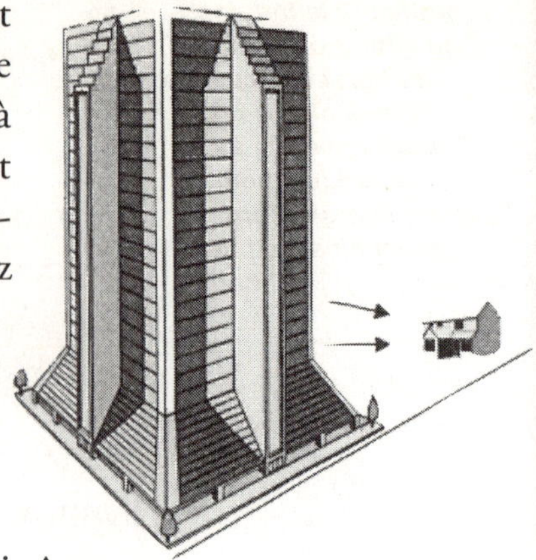

Ci-dessus : Cette maison n'a aucune chance contre cet énorme bâtiment qui se dresse devant elle. Il ne peut y avoir d'influences bénéfiques pour les résidants. La solution, c'est de condamner la porte principale et d'utiliser à la place la porte de derrière, faisant ainsi de l'immeuble une montagne protectrice.

L'eau devant votre maison

Tout élément aquatique à proximité de votre maison doit être devant, et il doit être très visible depuis la porte de devant. Quand je parle de l'eau, je veux dire un cours d'eau naturel, comme une rivière. Un cours d'eau proche passant derrière votre maison, indique des occasions qui sont hors de portée, et aussi que vous ne pourrez profiter de celles qui apparemment viennent à votre rencontre. Des accords et des promesses, que vous croyez être 'dans la poche', pourront ainsi vous échapper.

Une rivière doit passer devant la porte principale.

Ci-dessous : Il est préférable que l'eau qui est près de votre demeure soit visible depuis la porte de devant.

À droite : Si le terrain au côté droit (celui du tigre) est plus élevé, placez un éclairage élevé au côté 'dragon' pour élever l'énergie, corrigeant ainsi l'équilibre.

Niveaux de terrain

Le niveau du terrain qui se trouve à gauche de votre maison doit être plus élevé que celui qui est à droite. Le dragon (à gauche) doit dominer le tigre (à droite) pour que le feng shui soit favorable. Si le tigre est plus haut, pour corriger la situation, il convient de placer un éclairage très élevé du côté gauche, celui du dragon. Cela sert à élever le chi du côté dragon, créant l'équilibre si nécessaire. Une autre solution consiste à changer artificiellement les courbes de niveau en créant une petite colline sur le côté gauche, si c'est possible.

Ci-dessous : un bâtiment à gauche d'un autre bâtiment symbolise pour celui-ci le dragon vert ; et le bâtiment qui se trouve à droite est le tigre blanc. Le dragon vert doit être plus haut que le tigre blanc.

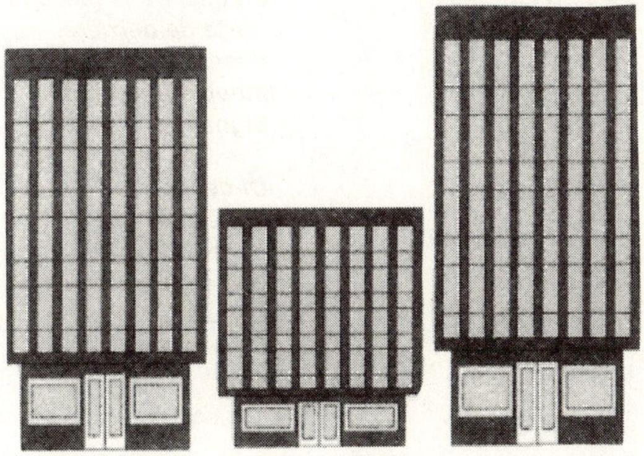

Si vous vivez à la ville, ce principe doit se refléter dans la présence d'un bâtiment légèrement plus élevé, sur le côté gauche de votre demeure. Cependant, assurez-vous que votre maison ne semble pas enserrée. Il n'est pas bon que des bâtiments vous flanquent de trop près.

Si votre maison est le bâtiment central, l'édifice qui se trouve à gauche est le dragon vert. S'il est légèrement plus haut que votre maison, c'est quelque chose de bénéfique. Et

L'eau sur la montagne

L'eau sur la montagne est l'un des quatre principaux points au sujet desquels le feng shui met en garde. Quand l'eau atteint son zénith, elle déborde, causant un grave malheur. Ainsi, les maisons ne doivent jamais avoir de tuiles bleues. Le bleu suggère l'élément eau, et cela seul peut causer de sévères pertes financières.

Cinq types de montagnes

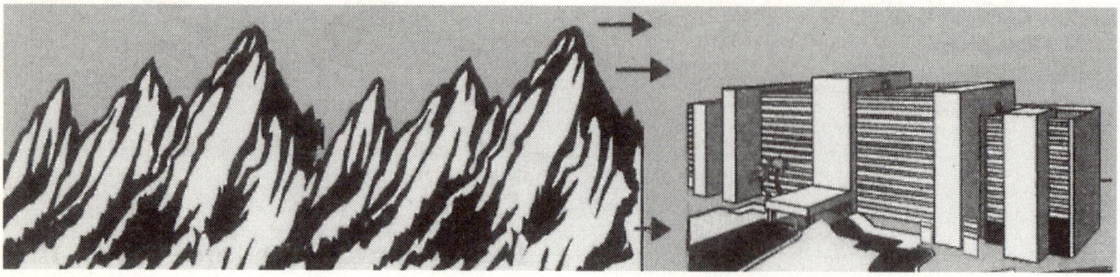

Ci-dessus : Les formes aiguës sont considérées comme défavorables, et il est préférable que sa demeure ne soit pas orientée vers ce genre de montagnes.

Quand vous regardez les collines et les montagnes qui entourent votre terrain, ou qui entourent une ville, il est utile que vous compreniez les significations feng shui qui sont associées à leur forme. Pour les Chinois, les montagnes ont toujours été des endroits de vie souhaitables, parce qu'ils croient que les éminences sont l'habitat naturel des dragons favorables de la terre.

Les collines et les montagnes peuvent être classées en cinq types de forme, chacun correspondant à l'un des cinq éléments – eau, feu, métal, bois et terre (voir p. 50-53). La classification est fondée sur leur profil quand on les considère de loin, et elle prend en compte la forme de leur sommet et leur angle d'inclinaison. La signification de la forme montagneuse a directement trait à sa place dans l'échelle des endroits favorables à un habitat.

L'amateur aura forcément des difficultés dans l'identification des divers types de collines et de montagnes, mais il ne doit pas se tracasser à ce sujet. Une fois que l'on connaît les différences fondamentales, on acquiert un 'œil feng shui', avec l'expérience. Ayez cependant à l'esprit que différentes formes se présentent ordinairement ensemble, et que ces combinaisons ont des implications feng shui dont l'interprétation requiert un œil expérimenté. La chose essentielle dont il faut se souvenir, c'est que les profils ondulés, doux, sont toujours favorables, tandis que le relief en dents de scie, avec des sommets aigus et des pentes raides, ne l'est pas. En fait, les lignes de relief pointues et anguleuses sont comparées à des flèches empoisonnées. Si une telle ligne de crête est orientée vers votre demeure, elle est considérée comme une flèche mortelle.

D'un point de vue feng shui, les trois types de formes montagneuses qui sont considérés comme bénéfiques, sont les formes qui correspondent aux éléments bois, terre, et métal. Les collines en dents de scie ressortissent à l'élément eau, et sont considérées comme trop yin, et, en général, les montagnes de forme conique relèvent de l'élément feu, et sont considérées comme trop yang. Ces deux types de montagnes ne sont pas considérés comme favorables, à moins que votre date de naissance ne soit en harmonie avec les éléments feu et eau (voir p. 86-88).

Les montagnes ayant la forme de l'élément bois sont en général rondes et hautes. Ce type de montagne est associé à la planète de la richesse, Jupiter. L'élément bois évoque aussi la croissance. Les gens qui sont nés une année 'feu' (voir p. 86-88) prospèreront considérablement s'ils vivent dans le voisinage de montagnes qui affectent cette forme. Ces montagnes sont aussi une demeure potentielle pour les dragons, et, ainsi, sont favorables.

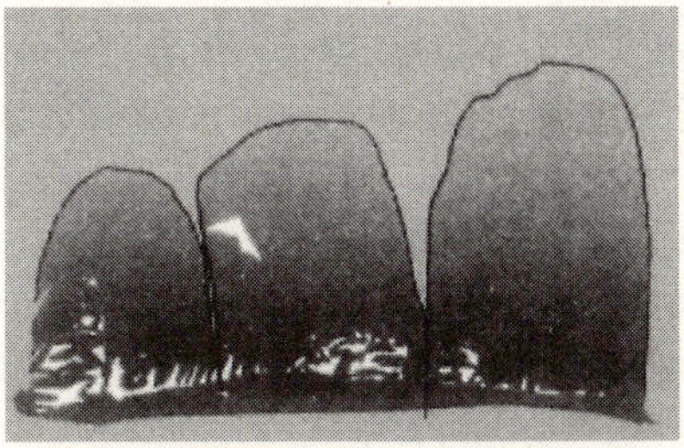

Les montagnes qui ont une forme correspondant à celle de l'élément bois améliorent l'influence de richesse.

Montagnes qui ont la forme carrée de l'élément terre

Les montagnes qui ont la forme de l'élément terre sont généralement carrées. Elles ressemblent à des plateaux avec un sommet plat, étendu. La planète associée à cette montagne est Saturne. Les personnes nées l'année de l'élément métal (voir p. 86-88) sont particulièrement en harmonie avec les montagnes qui ont cette forme caractéristique.

Les montagnes dont la forme correspond à l'élément métal sont extrêmement favorables.

Les montagnes qui ont la forme de l'élément métal sont doucement arrondies et oblongues. La base de ces montagnes est large, si bien que l'effet est une ondulation. Ce type de montagne évoque l'or, et est considéré comme très bénéfique.

si le bâtiment à droite est légèrement plus bas que celui qui est à gauche, le symbole parfait du tigre blanc a été créé, et on considère que votre maison a un feng shui favorable, du point de vue classique.

Maison à flanc de colline

Il importe de savoir quelle est la partie de la colline qui est la plus favorable. À Hong Kong, la communauté commerçante locale, surtout les plus riches, vit sur les versants de la colline de l'île. Ceux qui savent n'habitent ni au pied, ni au sommet de la colline, appelé le pic. Les Chinois préfèrent vivre dans des appartements et des maisons situés à mi-pente. Ils savent que la partie la plus favorable de la colline est le milieu, où ils peuvent jouir à la fois de la vue de la mer et de la protection du pic qui s'élève derrière leur demeure. La partie la moins propice de la colline est le sommet, surtout s'il se trouve au-dessus d'une ligne de brouillard. Selon les principes du feng shui, habiter au sommet d'une colline expose à des vents violents. Il n'y a ni protection, ni soutien.

Le même principe s'applique si vous vivez au dernier étage d'un immeuble élevé. Il est très bien de vivre à l'étage du haut si votre immeuble n'est pas le plus haut, mais je conseille de ne pas habiter au sommet d'un ensemble de bâtiments élevés. Le danger d'être tout en haut est aggravé s'il y a aussi de l'eau. Les 'penthouses' ou les maisons bâties au sommet d'une hauteur, qui ont de grandes piscines, sont particulièrement vulnérables.

Habiter au sommet d'une colline est très défavorable, spécialement si c'est le point le plus élevé.

Choisir et créer des formes régulières

Le principe suivant important, qui est essentiel au bon feng shui, c'est la régularité de la forme des terrains, des bâtiments, et autres structures. Cette règle englobe la philosophie de la complétude et de la symétrie. La complétude veut que les structures et les formes n'aient aucun secteur manquant. La symétrie exige qu'il y ait équilibre, de façon qu'aucun élément, ou type d'énergie, ne soit trop dominant.

Aussi, dans le feng shui, les profils qui ont des formes non équilibrées sont considérés comme non favorables. Ce principe est applicable aux parcelles, aux bâtiments, aux pièces et aux meubles. Les formes favorables sont toutes régulières, et les formes défavorables ont généralement un secteur manquant, et sont irrégulières.

Exemples de formes favorables

Elles peuvent être considérées comme des formes bi ou tri-dimensionnelles, et verticalement ou horizontalement, ou à partir de toutes élévations.

Ci-dessous : Quelques formes favorables. Remarquez l'équilibre de chaque contour.

CARRÉE ***RONDE*** ***RECTANGULAIRE*** ***OCTOGONALE***

Exemples de formes défavorables.

Vues de différentes élévations, ces formes tendent à avoir des secteurs manquants ou des lignes et des courbes irrégulières. Les formes triangulaires sont considérées comme défavorables. Si le bâtiment ressemble à un objet défavorable, comme, par exemple, un couteau, l'emplacement de la porte principale est de la plus haute importance pour déterminer l'influence générale de la demeure.

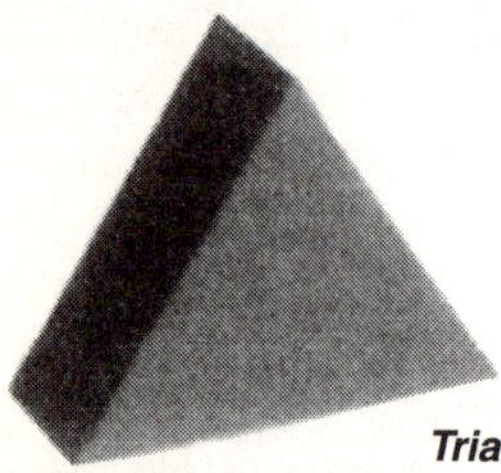

Triangulaire ***En croix*** ***Déséquilibrée***

À gauche : Quelques formes défavorables avec des secteurs manquants et des lignes irrégulières.

Le problème des secteurs manquants

Les formes régulières sont plus favorables que les formes irrégulières, parce que celles-ci créent le phénomène des secteurs manquants. D'ordinaire, cela crée un déséquilibre. Les secteurs manquants diminuent l'influence qu'ils représentent, et la gravité de cela est déterminée par l'attitude de l'occupant envers la vie.

Les secteurs manquants sont faciles à déterminer quand la forme de la maison peut être restituée en une figure quadrangulaire, comme dans les trois exemples montrés ci-dessous. Si l'on surimpose un rectangle sur le tracé, et que l'on rende régulière la forme de

Une maison en L ***Une maison en U*** ***Une maison en Z***

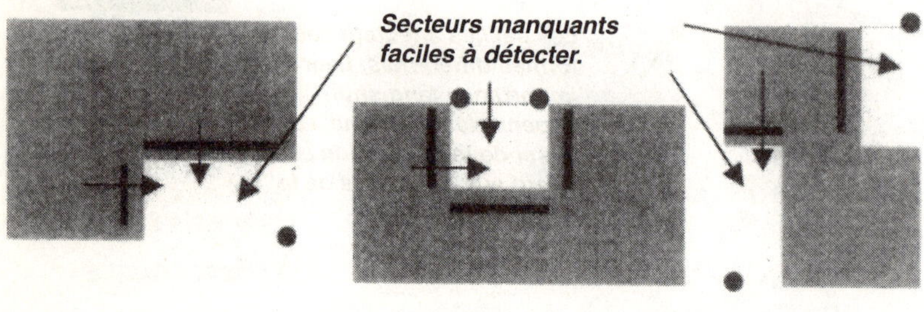

la maison, on repère immédiatement quels sont les secteurs manquants.

Pour corriger cela, il convient de procéder à des agrandissements pour recouvrir l'espace (ou les espaces) en question, afin d'obtenir une forme régulière. Il y a une autre méthode, qui consiste à placer des éclairages élevés dans les secteurs (ils sont indiqués par des points).

Dans la maison en U montrée au bas de la page précédente, les lumières peuvent flanquer l'entrée donnant au cœur de la demeure, comme il est montré. On peut aussi utiliser un miroir mural pour agrandir visuellement un mur. On ne peut recourir à cette méthode que si le miroir ne reflète pas la porte principale, la cage d'escalier, ou des toilettes.

Secteurs saillants

Une maison peut aussi avoir des secteurs saillants. Quand il y a saillie, l'énergie du secteur est renforcée. Les illustrations ci-dessous sont des exemples de secteurs saillants.

L'analyse feng shui peut déterminer le caractère favorable ou défavorable des secteurs manquants ou saillants pour votre demeure ; elle permet de savoir aussi quel est le membre de la famille qui est le plus affecté par cette bonne ou cette mauvaise influence.

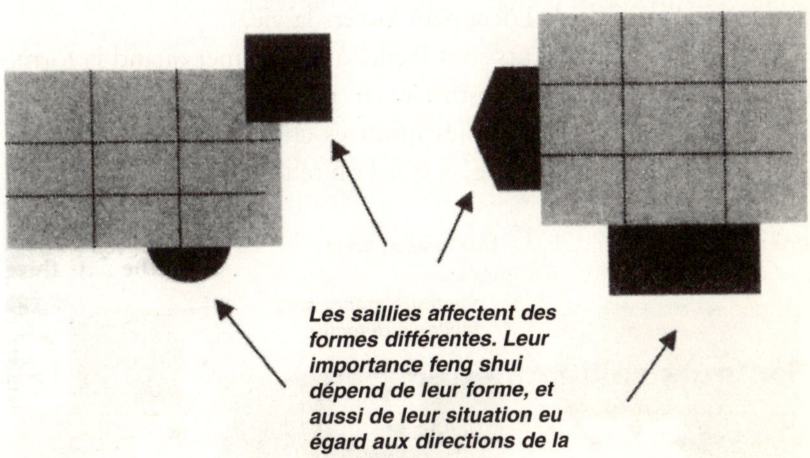

Les saillies affectent des formes différentes. Leur importance feng shui dépend de leur forme, et aussi de leur situation eu égard aux directions de la boussole.

Identifiez les différents secteurs de votre demeure

D'abord, faites l'acquisition d'une bonne boussole, mais il ne faut pas qu'elle soit très compliquée. Achetez une boussole de boy-scout, ou une boussole de randonnée. Il n'est pas nécessaire d'utiliser une boussole chinoise, ni de basculer les directions. Chaque direction dont il est parlé dans ce livre correspond à la direction relevée sur n'importe quelle boussole occidentale.

Pour identifier les différents secteurs de votre logis, déterminez la direction à partir de son centre, et identifiez chaque secteur du carré Lo Shu en superposant une grille à neuf secteurs sur le plan de la maison. Soyez aussi précis que possible quand vous prenez les mesures et les directions de la boussole.

Une fois que vous avez superposé une grille carrée ou rectangulaire à votre plan de maison, vous pouvez, en faisant un relevé de la boussole, identifier chaque direction et chaque secteur correspondant de la grille. Si l'aiguille désigne le nord, le secteur qui se trouve dans cette direction est le secteur nord. En superposant le carré au plan, vous pouvez identifier deux choses :

- La direction que chacun des autres secteurs représente. Ainsi, une fois que vous avez noté les huit directions, vous avez aussi identifié les huit secteurs de votre logis. Vous pouvez alors procéder à l'analyse feng shui, fondée sur les secteurs de la boussole. Ayez à l'esprit que cette méthode peut être utilisée dans chaque pièce, pour identifier les secteurs nord, sud, est et ouest.
- Cela vous permet aussi de déterminer les lignes de séparation entre les secteurs. Ces lignes sont imaginaires, mais parce que vous utilisez le carré Lo Shu pour diviser votre maison ou votre pièce en neuf secteurs égaux, vous utilisez effectivement le Lo Shu pour établir le périmètre de votre maison selon la boussole. Essayez d'être aussi précis que possible.

Secteurs saillants et éléments

Vous pouvez utiliser la méthode élémentale pour déterminer si la forme d'un secteur saillant est favorable ou défavorable. Déterminez quel élément la forme représente (voir ci-dessous) et comment il se

Déterminer la différence entre les secteurs manquants et les secteurs saillants

Le sud affecte la réputation et la popularité des résidants.

Le sud-est représente l'influence propice à la richesse. Si le secteur manque, les revenus diminuent.

L'est affecte l'influence favorable favorable à la santé.

Le nord-est affecte l'influence favorable aux études.

SECTEUR SUD-EST	*SECTEUR SUD*	*SECTEUR SUD-OUEST*
SECTEUR EST	*CENTRE*	*SECTEUR OUEST*
SECTEUR NORD-EST	*SECTEUR NORD*	*SECTEUR NORD-OUEST*

Un secteur sud-ouest manquant affecte de façon négative les relations matrimoniales et amoureuses.

À l'ouest, c'est l'influence relative aux enfants qui est affectée.

Le nord-ouest représente un secours de la part de gens 'importants'.

Le Nord affecte l'influence relative à la carrière.

La façon la plus simple d'identifier les espaces manquants ou les secteurs saillants, c'est de se servir du rectangle ou du carré comme forme de base, qui représente l'espace complet, ou total. Quand cette forme est superposée à un plan bidimensionnel de votre maison, appartement, ou bureau, vous êtes à même de voir immédiatement si vous avez un secteur manquant ou un secteur saillant. Par exemple, un plan en L a un secteur manquant, tandis que des fenêtres en saillie et des annexes représentent la plupart du temps des secteurs saillants.

Un secteur manquant diminue l'influence favorable de la direction qu'il représente, tandis qu'un secteur saillant renforce l'influence de cette direction. Le genre d'influence qui est affectée dépend de l'endroit où le secteur est situé, c'est-à-dire du secteur de la boussole (voir illustration, ci-dessus).

combine avec l'élément du secteur qu'il occupe. Si les éléments sont en harmonie, c'est-à-dire sont 'productifs', l'influence est bonne. Si les éléments sont en conflit, c'est-à-dire sont 'destructifs', l'influence est défavorable.

Formes carrées

Elles relèvent de l'élément terre. C'est une forme qui améliore tout ce qui représente l'élément métal. Les saillies carrées sont excellentes dans les secteurs nord-ouest et ouest. Elles portent chance aussi quand elles sont placées dans les secteurs sud-ouest et nord-ouest. Elles sont néfastes quand elles sont au secteur nord, ou si la porte principale est située au secteur nord. C'est à cause de la relation destructive entre les éléments terre et eau du nord.

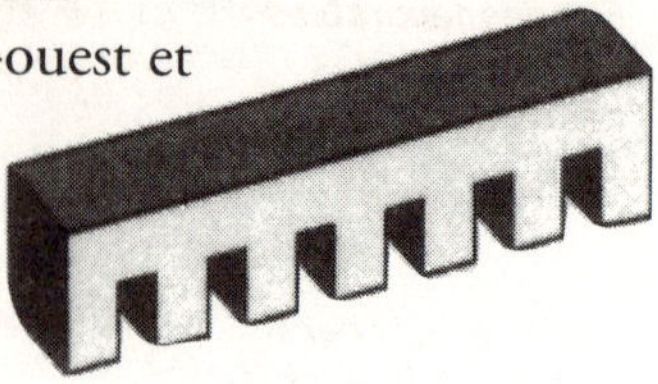

Saillies carrées

Formes rondes et semi-circulaires

Elles appartiennent à l'élément métal. Les structures en saillie de cette forme amélioreront les secteurs nord, nord-ouest et ouest d'une maison – aussi, si les portes principales sont situées dans ces secteurs. Cependant, les saillies rondes peuvent être néfastes pour les secteurs est et sud-est, et le seront aussi si la porte principale est située dans ces secteurs. C'est parce que le métal détruit l'élément bois de l'est et du sud-est.

Saillies rondes ou semi-circulaires

Formes rectangulaires

Les saillies avec cette forme appartiennent à l'élément bois. Elles apportent une influence favorable si elles sont placées aux secteurs sud-est, est et sud, ou si la porte principale est située dans ces secteurs. Elles sont censées faire diminuer la chance si elles sont situées au sud-ouest ou au nord-est. Le bois détruit le sud.

Saillies rectangulaires

Secteurs saillants triangulaires

Ils relèvent de l'élément feu, et sont favorables quand ils sont placés au sud. Ils sont aussi excellents pour les secteurs sud-ouest et nord-est, mais ils sont cause d'une perte de chance quand ils sont dans les secteurs nord-ouest et ouest. Les saillies de forme triangulaire ont différentes nuances (voir dessin à gauche).

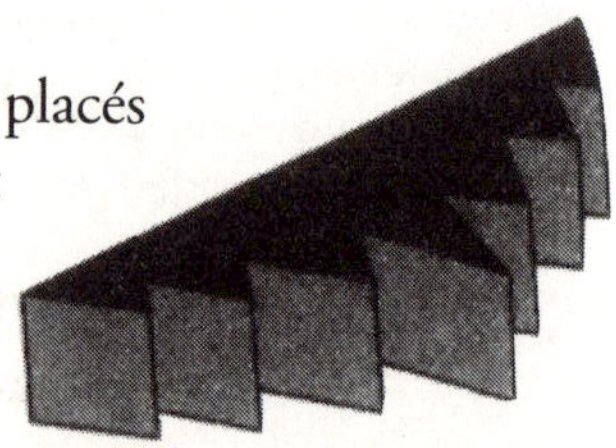

Saillies de forme triangulaire

Saillies ondulées

Comme le montre l'illustration à gauche, les saillies de forme ondulée ressortissent à l'élément eau, et sont favorables quand elles sont placées au nord, à l'est ou au sud-est. Elles sont nuisibles quand elles sont placées au sud.

Saillies de forme ondulée

Formes favorables fondées sur des caractères chinois.

La forme à gauche ressemble au mot **ji*****, qui signifie 'chance', tandis que la forme à droite ressemble à*** **wang*****, qui signifie 'roi'. Les deux formes sont considérées comme favorables.***

Formes défavorables fondées sur des caractères chinois.

La forme à gauche ressemble au mot **xia*****, qui signifie 'vers le bas', tandis que la forme à droite ressemble à*** **xiong*****, qui signifie 'malchance'. Les deux formes sont considérées comme très défavorables.***

Les degrés sont considérés avec méfiance, et les bâtiments dont le 'ventre' manque symbolisent une malchance extrême.

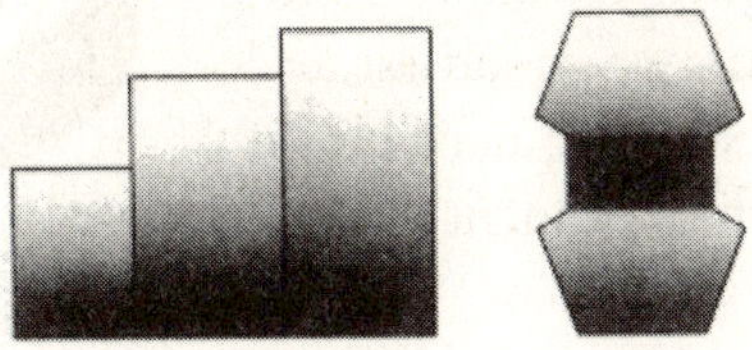

On ne s'accorde pas sur l'effet des degrés.
Mais l'effet 'ventre manquant' est sans aucun doute un mauvais feng shui.

Autre formes favorables et défavorables

Outre l'examen de la régularité de la forme, et l'application du symbolisme de l'élément, les experts en feng shui utilisent des méthodes pour déterminer l'influence donnée par les formes. Il y a, par exemple, une façon coutumière de juger de l'influence des bâtiments, qui consiste à voir à quel caractère chinois – si c'est le cas – le bâtiment ressemble. Voici quelques exemples de formes qui peuvent être vues soit en regardant l'élévation du bâtiment, soit en considérant son plan, c'est-à-dire en regardant d'en haut.

Membres de la famille et secteurs manquants ou saillants

Le membre de la famille qui est le plus affecté par un secteur manquant ou renforcé, est déterminé par la situation de celui-ci autour de la boussole, en se fondant sur l'Arrangement du Ciel Postérieur des trigrammes (voir ci-dessous).

Le secteur manquant qui cause le plus de dommage est d'ordinaire le nord-ouest, étant donné qu'il affecte la chance du patriarche de la maison, et c'est encore plus grave s'il est aussi celui qui gagne

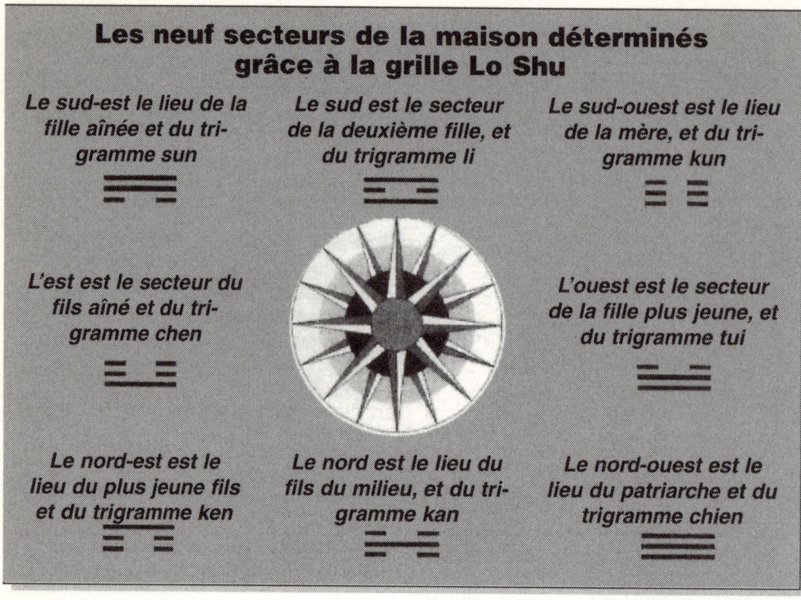

l'argent de la maisonnée. Il est plus souhaitable qu'il y ait ici un secteur saillant. Si, en revanche, c'est la maîtresse de maison qui est la personne qui gagne l'argent du ménage, c'est alors le sud-ouest qui devient le secteur à améliorer avec une saillie. Certains experts en feng shui soutiennent que de placer une porte principale dans ce secteur profitera aussi à la 'matriarche'.

Les directions favorables et défavorables de chaque membre de la famille doivent aussi être calculées en se fondant sur la formule du Pa Kua Lo Shu. Cette formule détermine le caractère favorable ou néfaste des secteurs pour des personnes, en se fondant sur leurs dates de naissance. Cette formule de la boussole, qui divise les gens en groupe est et groupe ouest, est donnée p.86-90. Si le secteur est considéré comme favorable pour vous, selon cette formule, alors, en général, un secteur manquant ici porte atteinte à votre chance, tandis qu'un agrandissement de ce secteur la renforce.

Choisir un terrain

Les formes, dans le feng shui, qu'il s'agisse des pièces, du bâtiment, ou du terrain, ont une signification importante, quand elles sont vues en élévation, ou à plat. Quand vous choisissez un site, cherchez quelque chose de forme régulière, aussi carré que possible, et plus profond que large. Examinez les parcelles ci-dessus – chacune semble assez régulière au premier coup d'œil.

La parcelle A a un secteur saillant à l'ouest.

La parcelle C a un secteur saillant à l'arrière, tandis que la parcelle G a un secteur manquant. La parcelle C a aussi une entrée large, et elle est étroite à l'arrière – certains experts en feng shui ont interprété cela comme quelque chose de défavorable à l'épargne de l'argent. La parcelle D a une petite bouche, et un large dos, et ce type de terrain ressemble, dit-on à un sac d'argent, ce qui a des connotations à l'évidence favorables. Les parcelles E et F sont les plus régulières et les plus favorables.

Si la forme du terrain est importante, il est aussi conseillé de déterminer les orientations, car cela indiquera l'éventail de directions disponibles pour l'orientation de votre maison. Examinez aussi la façon dont les courbes de niveau des environs affectent votre terrain. Dans l'exemple montré, le terrain est plus élevé à l'ouest que celui qui se trouve à l'est, étant donné que l'eau coule d'ouest en est (voir lignes pointillées). Cela aura différentes implications pour chaque parcelle de terrain, et pour chaque maison qui y sera édifiée.

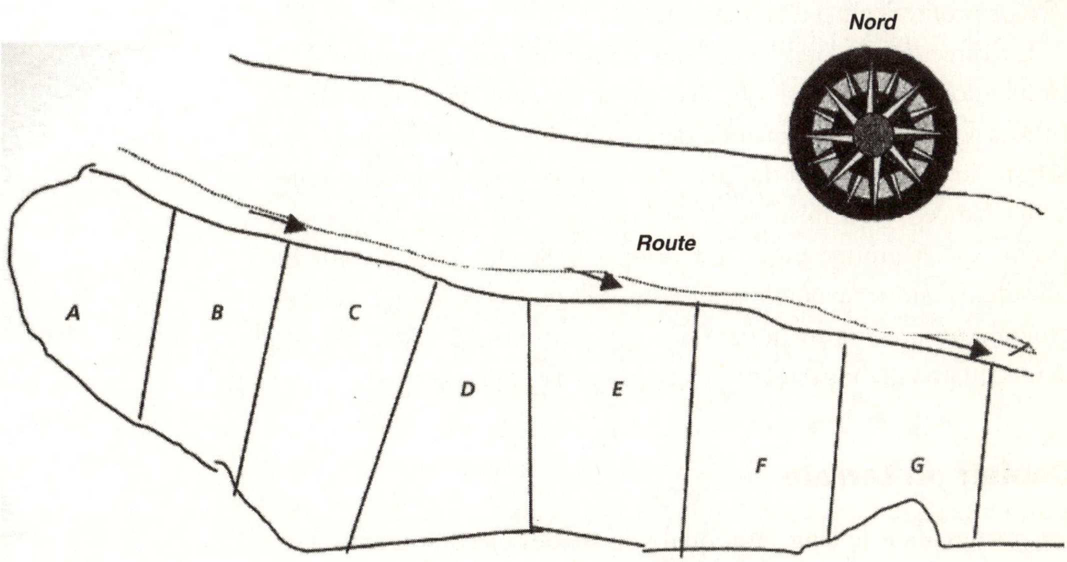

Énergétiser les cinq éléments

La théorie des cinq éléments est fondamentale pour toutes les branches de la pratique divinatoire chinoise. De la prédiction astrologique à la bonne aventure, la compréhension des cycles productifs et destructifs des cinq éléments – la façon dont ils interagissent pour créer une énergie positive favorable ou une énergie négative défavorable – est ce qui rend la pratique efficace.

Dans le feng shui, les attributs des éléments influencent chacun des huit secteurs de la boussole. Chacune des quatre directions cardinales et des quatre directions secondaires a un élément correspondant. Aussi, la méthode la plus facile pour créer un bon feng shui, consiste simplement à énergétiser l'élément de chaque secteur de la boussole. La compréhension des attributions élémentales est ainsi essentielle.

Le feng shui soutient aussi que tout ce qui se trouve dans l'univers possède des énergies invisibles qui ont un élément correspondant. Les saisons, les couleurs, les formes, les directions des courants d'énergie et même les nombres, ont leurs équivalents élémentaux. Leurs attributs et associations doivent être mémorisés parce que les applications de la théorie élémentale sous-tendent beaucoup de diagnostics feng shui présentés, et de remèdes feng shui évoqués dans ce livre. Beaucoup de techniques d'amélioration du feng shui ont aussi leur racine dans les cinq éléments, qui sont appelés *wu xing* en chinois.

Le recours à la thérapie élémentale dans le feng shui est très efficace. Mais elle est subtile, et la quantité de l'élément représenté contribue à l'équilibre subtil. N'oubliez jamais que le feng shui concerne l'équilibre et l'harmonie, et que l'excès d'un seul élément est défavorable. Trop d'eau noie toujours, et trop de feu brûle, dans tous les cas.

Les cinq éléments

Quand on utilise les éléments dans le feng shui, il est nécessaire d'être très subtil. Outre les quantités et la dimension des éléments représentés, d'autres facteurs sont à considérer. Le moment de l'année, la saison, les couleurs de la pièce, les formes qui entourent l'espace. L'analyse feng shui doit toujours embrasser l'ensemble.

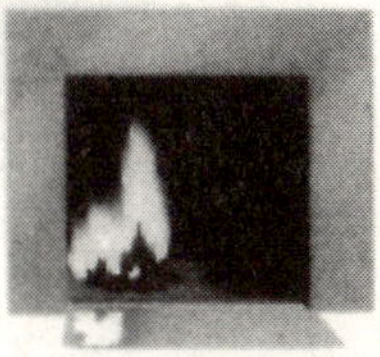

Une cheminée au sud renforce l'élément feu au sud.

Feu

L'élément yang par excellence. C'est un élément extrêmement puissant, mais il n'existe pas par lui-même. Il faut le créer. À la différence des autres éléments, le feu ne peut être emmagasiné. L'énergie du feu offre le succès dans la vie publique, apporte la gloire, la reconnaissance et et la réalisation brillante à ceux qui activent efficacement ses énergies. Mais le feu doit aussi être tout le temps tenu sous contrôle. Un excès d'énergie ignée peut être fatal. Le feu est associé au sud.

Placé au nord, le motif aquatique apporte une influence favorable à la carrière.

Eau

L'énergie de richesse dans le feng shui. Comme le feu, c'est un élément extrêmement puissant qui peut devenir incontrôlable. L'énergie de l'eau est descendante, aussi, quand elle déborde, elle crée la destruction et la perte. L'énergie de l'eau apporte la prospérité. Si vous l'énergétisez correctement et selon un alignement convenable avec les autres énergies, de façon qu'il y ait un équilibre favorable, l'énergie de l'eau vous rendra riche au-delà de vos espérances. L'eau est identifiée au nord.

Il n'y a pas meilleur symbole de la terre que le globe. Placé dans les secteurs terre, il active une excellente influence.

Terre

L'énergie d'enracinement, qui est le cœur même du feng shui. Recourir à l'énergie de la terre, apporte harmonie et grand bonheur familial, généralement associés aux efforts de la matriarche. La terre est l'élément qui domine le sud-ouest, le nord-est, et le centre d'une maison.

Le bois peut être représenté par un tronc d'arbre.

Bois

Cette énergie apporte croissance, expansion et avancement. Le bois est la direction de l'est et du sud-est. Ses énergies apportent la chance du succès matériel. Comme les branches d'un arbre, la chance pousse de plus en plus vers l'extérieur – le bois étant le seul élément qui ait la vie. L'énergie du bois confère aussi une excellente influence de descendance aux familles, et elle est spécialement bénéfique pour les fils de la famille.

Métal

Cette énergie apporte l'influence favorable à l'aide de gens puissants et serviables, que les Chinois appellent hommes célestes. Le métal est l'élément de l'ouest et du nord-ouest. Il symbolise la force du ciel et le pouvoir du patriarche. Le métal est toujours associé à l'or et à l'argent, et son énergie est dense et centripète. Si vous recourez avec succès à l'énergie favorable du métal, votre vie est une vie de pouvoir et de grande influence. Si vous souhaitez énergétiser l'influence favorable aux gens secourables, l'une des méthodes les plus efficaces, c'est de suspendre une minuscule cloche dorée dans le secteur nord-ouest de votre demeure.

Placée au nord-ouest, une cloche dorée apporte une chance immense.

Autres attributs des cinq éléments

Utilisez ces attributs additionnels pour une analyse et une créativité plus subtiles dans la pratique.

	BOIS	EAU	FEU	MÉTAL	TERRE
Saison	printemps	hiver	été	automne	entre
Direction	est/SE	nord	sud	ouest/NO	SO/NE
Couleur	vert	bleu/noir	rouge	blanc	ocre
Forme	rectangulaire	ondulée	triangulaire	ronde	carrée
Énergie	centrifuge	descendante	ascendante	centripète	latérale
Chiffres	3, 4	1	9	6, 7	2, 5, 8

Eléments correspondant aux secteurs des maisons

Le meilleur moyen d'utiliser la théorie élémentale pour améliorer le feng shui d'une demeure ou d'une pièce, c'est d'identifier d'abord leurs secteurs. L'exercice peut être fait pour l'ensemble de la maison, ou pour une pièce prise séparément. Il peut aussi s'appliquer à un

Énergétiser les éléments

LE SUD-EST ***Énergétiser avec le bois***	***LE SUD*** ***Énergétiser avec le feu***	***LE SUD-OUEST*** ***Énergétiser avec la terre***
L'EST ***Énergétiser avec le bois***		***L'OUEST*** ***Énergétiser avec le métal***
LE NORD-EST ***Énergétiser avec la terre***	***LE NORD*** ***Énergétiser avec l'eau***	***LE NORD-OUEST*** ***Énergétiser avec le métal***

dessus de bureau ou de table. Une application des méthodes de feng shui dépend de la façon dont on considère son espace. Ainsi, quand on parle, disons, du sud, cela peut signifier le secteur sud de votre pièce, de votre maison, de votre terrain, de votre ville ou de votre pays. L'effet grandit en un cercle toujours plus large. C'est parce que le feng shui reconnaît qu'une direction n'a de sens qu'en relation avec une autre.

Une façon aisée d'appliquer la thérapie à votre maison, c'est d'utiliser les couleurs et les combinaisons de couleurs correctes pour les différents secteurs et pièces. Ainsi le rouge, ou toute nuance de rouge, sera une bonne couleur à utiliser pour des rideaux mis à des fenêtres situées dans la partie sud de la maison ou au mur sud d'une pièce particulière. Ce principe s'applique également aux tapis, couvertures, housses de coussins et papier mural. En usant de la même analogie, examinez le tableau de la page ci-contre afin de trouver les couleurs correspondantes pour les autres secteurs, et intégrez ces directives dans votre design d'intérieur.

L'énergétisation de l'influence du secteur peut aussi être réalisée en plaçant des objets qui symbolisent l'élément correct. Par exemple, énergétisez le sud avec une cheminée, le sud-ouest avec un cristal, l'ouest avec un fer à cheval, le nord-ouest avec un carillon éolien, le nord avec un bol d'eau, le nord-est avec un pot de céramique, et le sud et l'est avec une plante en pot. Ces objets ne sont que des suggestions ; ce sont ceux que j'utilise avec un grand succès.

Le cycle interactif des éléments

Les énergies des éléments ne sont pas statiques. Elles interagissent sans cesse avec les autres objets de l'environnement. Ces objets émettent des énergies des cinq éléments. L'interaction des éléments dans l'atmosphère est ainsi dynamique et constamment changeante. Certains éléments sont en relation productive, et sont ainsi mutuellement favorables – créant le cycle productif. D'autres interagissent de façon défavorable, créant le cycle destructif.

Quand on applique l'analyse élémentale à l'environnement à des fins feng shui, il est essentiel que l'on prenne note de ces cycles harmonieux et discordants. Leur effet peut être ressenti dans les combinaisons de couleur placées dans les secteurs des pièces, dans l'utilisation des matériaux et de leur mélange, et dans le design des formes et des lignes à des fins de disposition et de décoration intérieure.

Combinaisons de couleurs

Il y a des combinaisons de couleur favorables et défavorables. Voici certaines combinaisons défavorables :

Rouge/bleu ou rouge/noir (très mauvais dans le secteur sud)
Rouge/métallique (très mauvais dans le secteur ouest ou nord-ouest)
Vert/jaune (très nuisible au sud-ouest et au nord-est)
Jaune/bleu (très mauvais au nord)
Vert/métallique (très mauvais à l'est et au sud-est)

Et voici certaines des combinaisons favorables :

Vert/rouge (excellent au sud, bon à l'est et sud-est au cours des mois d'hiver)
Rouge/jaune (excellent au sud-ouest et au nord-est)
Jaune/ métallique (excellent à l'ouest et au nord-ouest)
Métallique/bleu (excellent pour le nord)
Bleu/vert (excellent à l'est et au sud-est).

Combinaisons de formes

Les combinaisons favorables sont :

1 Triangle ajouté au carré au sud-ouest et au nord-est
2 Carré ajouté au rond au nord-ouest et à l'ouest
3 Rectangle ajouté au triangle au sud
4 Ondulation ajoutée au rectangle au sud-est et à l'est.

Le cycle productif des éléments

Le cycle des éléments montre un cycle indéfini de production. C'est une interaction harmonieuse, qui est favorable pour l'attraction du *sheng* chi bénéfique (voir p. 61-62). Un élément produit un autre dans un courant circulaire d'énergie. C'est le genre d'harmonie que nous devons nous efforcer de créer dans notre espace de vie.

Selon le cycle productif, les attributs suivants peuvent être appliqués à des fins feng shui :

L'Eau est bonne pour le Bois, mais le Bois épuise l'Eau
Le Bois est bon pour le Feu, mais le Feu épuise le Bois
Le Feu est bon pour la Terre, mais la Terre épuise le Feu
La Terre est bonne pour le Métal, mais le Métal épuise le Feu
Le Métal est bon pour l'Eau, mais l'Eau épuise le Métal.

Pour éclaircir l'analyse, voici un exemple des éléments utilisés de façon constructive :

Pour énergétiser l'élément bois du sud-est, nous pouvons introduire un élément aquatique (par exemple une fontaine ou une vasque pour les oiseaux). Cela apporte une énergie additionnelle au sud-est. Mais pour énergétiser l'élément eau du nord, nous ne devons pas introduire un élément bois (par exemple une plante) car cela ne fait que tirer de l'eau du nord, et l'épuiser ainsi. Le résultat est un affaiblissement de l'énergie intrinsèque du nord, bien que ces deux éléments, le bois et l'eau, ne soient pas en dysharmonie.

Il est de loin préférable d'énergétiser l'eau du nord avec l'introduction d'un récipient de métal, qui symboliquement contient de l'eau. C'est parce que le métal produit de l'eau, tandis que le bois l'épuise.

Le cycle destructif des éléments

C'est le contraire du corps productif. Le cycle montre que la grave hostilité de certaines combinaisons élémentales peuvent aboutir à la destruction. C'est exactement la combinaison d'éléments que nous devons continuellement nous efforcer d'éviter.

Le cycle destructif illustre l'hostilité d'un élément envers un autre. Aussi, à des fins pratiques, cela signifie qu'il serait désastreux de mettre un élément métal dans un secteur bois, étant donné que le métal détruit le bois. Considérez, cependant, l'effet du petit métal sur le gros bois ; ici, l'effet mortel du métal sur le bois est équilibré par la taille de l'élément bois. Dans ce processus, la relation du métal au bois est renforcée, parce que le petit métal (sous la forme d'outils) peut renforcer la valeur du bois (par exemple quand il devient du mobilier).

De même, prenez le cas du feu et du métal. Le feu détruit le métal, mais sans la chaleur du feu, comment les ornements et les bijoux pourraient-ils être produits ?

Ou le cas du feu et de l'eau. L'eau est censée éteindre le feu et, ainsi, être mauvaise pour le feu, ce qui fait que les deux éléments ne doivent pas être mis ensemble. Mais comme le feu transforme l'eau en vapeur, qui représente la puissance, dans certains circonstances, la relation du feu et de l'eau peut être favorable.

Équilibrer le yin et le yang

L'influence de la cosmologie yin yang dans la pratique du feng shui est un reflet universel de la façon dont les Chinois considèrent les énergies de la terre. Idéalement, chaque être, chaque chose, doit être dans un état équilibré. Alors les choses arrivent sans heurt. Quand les énergies sont décalées, les problèmes commencent et des perturbations se font jour. Le yin et le yang sont considérés comme des forces primordiales qui possèdent des attributs complètement opposés. Mais malgré cela, ou peut-être à cause de cela, l'un donne l'existence à l'autre. Sans yin, il n'y a pas de yang, et vice versa.

Les attributs du yin et du yang

YIN est obscurité, calme, absence de vie, mort.
YIN est la lune, les heures de la nuit, ce qui est négatif
YIN est le froid, la vallée, l'eau stagnante
YIN est féminin, passif, faible, doux, accommodant.

YANG est lumière, éclat, lumière du soleil, soleil
YANG est activités, sons, feu, force, détermination
YANG est mouvement, vie, terres élevées, montagnes, dragon
YANG est masculin, dominant, dureté, chaleur.

Le yin et le yang sont en interaction constante, créant les changements, les modifications. Ainsi, l'été, qui est yang, cède la place à l'hiver, qui est yin, et qui devient à son tour l'été. L'obscurité devient la lumière ... L'application du yin et du yang à l'environnement pour comprendre les forces qui affectent le feng shui exige une compréhension parfaite de la nature et de l'essence de l'énergie yin et de l'énergie yang. Aucune n'est bonne ni mauvaise. L'une doit être considérée en relation avec l'autre. Comme la théorie des éléments, les forces yin/yang doivent être considérées dans leur interaction et leur réciprocité.

Dans le feng shui des demeures pour les vivants (au contraire du feng shui des tombeaux), l'énergie yang doit dominer, mais jamais au point d'éclipser complètement l'énergie yin. C'est particulièrement vrai pour les pièces occupées par des enfants en croissance, étant donné qu'ils ont besoin de salubres doses d'énergie yang. Dans des chambres qui abritent des convalescents, la forte présence de l'énergie yang aide le corps à guérir.

L'énergie yang est animée, pleine de vie. Elle brille, apportant la chance. Mais à l'instant où le yang éclipse complètement le yin, le yang lui-même cesse d'exister. Les pièces et les maisons doivent être disposées en sorte que le yang puisse dominer, mais sans supprimer totalement l'énergie yin, surtout dans les chambres, qui sont des lieux de repos et de relaxation qui ont besoin d'énergies yin dominantes. Cependant, ici aussi, le yin ne doit pas être trop fort, au point d'annihiler l'énergie yang.

Ainsi, la clef de l'équilibre entre le yin et le yang, c'est d'avoir le mélange convenable, fondé sur le genre de la pièce dont on s'occupe. L'équilibre correct du yin et du yang dépend presque entièrement de l'utilisation de la pièce, et de la destination du bâtiment.

L'énergie yin et l'énergie yang dans le bureau

Les bâtiments et les centres commerciaux doivent être très yang, avec beaucoup de couleurs vives, d'activité, de bruit, qui donnent une apparence d'énergie positive. Dans de tels lieux, l'énergie yang apporte une influence favorable aux affaires. Les Chinois décorent toujours leurs boutiques commerciales et leurs restaurants avec des doses salubres d'énergies yang , en utilisant beaucoup de rouge. Ils gardent aussi le devant de leur boutique bien éclairé, ce qui est aussi très yang.

Les bureaux bénéficient de l'abondance d'énergie yang ; aussi, veillez à ce que les décorateurs d'intérieur ne s'égarent pas, et ne rendent le bureau si yin que les affaires en pâtissent. C'est ce qui arrive quand il y a un excès de meubles classeurs en acier gris, de murs sombres, et de secteurs obscurs et silencieux. De tels bureaux sont si calmes et yin qu'ils symbolisent la mort. Il y a de nombreux

Apprenez à sentir les énergies qui tuent

Une grande partie de l'efficacité du feng shui au bureau vient de la sensibilité aux énergies qui entourent votre espace de travail. Je me revois, il y a des années, quand nous corrigions le feng shui de la salle des marchés du département de trésorerie de notre banque, observer le maître de feng shui identifier une flèche empoisonnée après l'autre, dans le petit espace encombré. Les salles des marchés sont toujours en désordre. Souvent, elles sont également sales, viciées – pleines d'odeurs de mégot refroidi et cela fait que les énergies de l'espace deviennent imprégnées d'énergies négatives trop yin.

Nous avons nettoyé notre salle des marchés, lui avons donné un coup de pinceau, avons redisposé les meubles pour faire en sorte qu'aucun marchand de titres ne s'assoie sous une poutre apparente, ou en direction d'un angle saillant. Dès lors, notre salle des marchés fut le théâtre de rapports stables, voire parfois remarquables, dans les marchés monétaires et de valeurs. Ce sont des expériences semblables qui reforcèrent ma conviction que le feng shui était un très utile instrument de management.

L'énergie yang représente la croissance, la vie et l'activité, tandis que l'énergie yin symbolise la mort, l'obscurité et l'absence d'activité. Dans les affaires, l'énergie yang est quasi essentielle pour la survie. C'est la raison pour laquelle le rouge est considéré comme une couleur très favorable – parce que le rouge symbolise la précieuse énergie yang. Aussi soyez sensible à la qualité de votre espace de travail. Si l'air est humide et moite à cause de l'utilisation de l'air conditionné pendant des années, ouvrez les fenêtres et laissez le soleil entrer. Remplacez les vieux rideaux sales qui n'ont jamais été lavés, ou dont l'état de défraîchissement est un appel au changement. Toutes ces situations créent un excès d'énergie yin. Souvent, il suffit de laisser simplement la lumière pénétrer en ouvrant les fenêtres, pour purifier l'air.

Mais le feng shui concerne aussi l'équilibre. Les énergies yang ne doivent pas être en excès, et devenir ainsi nuisibles. Ainsi, quand votre bureau est directement exposé au soleil de midi et d'après-midi, l'éclat et la chaleur de ce soleil trop fort font que l'air est chargé d'énergie qui tue. Le yin a été annihilé, et le déséquilibre en a résulté. Dans de telles situations, il y a deux méthodes permettant de rectifier les choses. Vous pouvez utiliser des rideaux ou des stores épais pour isoler la pièce du soleil de l'après-midi, ou suspendre toute une série de boules de cristal pour fragmenter les rayons du soleil, en arcs-en-ciel sains et équilibrants. Le spectre chromatique restaure l'équilibre du yin et du yang. En plus, les couleurs de l'arc-en-ciel attirent le précieux sheng chi, l'énergie de croissance, et c'est particulièrement bon pour le feng shui des affaires.

exemples de ce genre de bureau. De longs couloirs avec des pièces donnant sur eux, qui ressemblent à des cellules, unissent le yin excessif au *shar chi* (voir p. 62-63). Le feng shui de ce genre de bureau n'est pas bon.

Les bureaux yang sont toujours clairs et aérés ; les énergies n'y sont jamais viciées ni stagnantes. Ces bureaux sont aussi propres, et de saines plantes yang les rendent vivants. Quand il y a de la musique, les énergies yang sont encore accrues, et le feng shui est amélioré. Les salles de réunion doivent être avec vue, ce qui apporte aussi de la clarté. Les jardinières accroissent le sentiment de vie et d'activité. Ce sont des éléments yang, qui améliorent le feng shui du bureau.

L'énergie yin et l'énergie yang chez soi

Les maisons résidentielles n'ont pas besoin des mêmes quantités d'énergie yang que les lieux de travail. Néanmoins, le yang doit encore dominer. Trop d'énergie yin est cause de maladie, de perte, et même de mort. Si la maison est trop calme, surtout pendant la journée, quand les résidants sont partis au travail ou à l'école, l'énergie yin s'accumule vite. Dans ce cas, il est bon d'avoir des animaux domestiques. La présence de la vie, sous la forme de chats ou de chiens, de plantes, de poissons rouges ou d'eau en mouvement, fait circuler l'énergie yang, faisant en sorte que l'équilibre yin/yang soit correct. Ou bien vous pouvez garder allumée une lampe tournante chez vous pendant que vous êtes au travail, de façon que les énergies yin ne commencent pas à s'accumuler.

Un excès d'énergie yang est aussi cause de déséquilibre. Quand le chaud soleil d'après-midi 'tape' sans rémission sur la maison, cela provoque trop de yang. Baissez les stores pour modérer l'ardeur du soleil. Quand une maison est trop bruyante, qu'il y a trop de gens ; quand les couleurs sont trop écrasantes, et que les radios braillent, une énergie yang excessive est créée – causant des emportements, des cris, et d'autres manifestations d'énergie excessive. Contrez le yang excessif avec des couleurs sombres. Ayez des lumières tamisées, et gardez les rideaux fermés.

Le souffle cosmique du dragon

Chi bénéfique, serpentant.

Le souffle du dragon est le thème central du feng shui. C'est une référence symbolique à l'énergie bénéfique qui tourbillonne autour de l'environnement. Décrit comme une force magique, le chi pénètre chaque endroit de l'univers, et le but du feng shui est de choisir des environnements naturels qui ont une abondance de chi, ou de créer des demeures et des bâtiments qui attirent une abondance de chi.

Le choix de l'environnement exige de l'expérience dans le choix des formes naturelles et de la topographie, et la création ou l'attraction du chi requiert une compréhension de ses caractéristiques.

Chi bénéfique contre chi nuisible

Sheng chi

Pour commencer, il est nécessaire de savoir que le chi bénéfique, appelé en chinois *sheng chi*, serpente toujours lentement. Jamais il ne va vite. Il ne se meut jamais en ligne droite. Dans les endroits où il y a un bon équilibre de yin et de yang, il tend à se calmer et à s'accumuler. Le chi a besoin aussi d'un air frais et pur. Quand l'atmosphère devient trop humide, renfermée, sèche ou chaude, le chi se vicie. Et quand l'endroit est sale, le chi devient aussi souillé.

Le chi bénéfique porte chance ; il est vif, énergétique, plein de vigueur. Il est différent du vent, mais il voyage avec le vent. Il existe dans l'air, sous le sol, dans l'eau et dans le corps humain. Le chi humain est considéré comme une force vitale qui donne une force concentrée aux adeptes des arts martiaux, et des compétences spéciales aux artistes et aux artisans. Les méthodes curatives et les régimes diététiques chinois utilisent l'analyse du chi pour diagnostiquer les blocages dans la circulation du chi à l'intérieur du corps humain.

Dans le feng shui, le chi qui circule autour de la demeure ne doit pas être bloqué. Quand les sanitaires sont bouchés, il est conseillé de les réparer le plus vite possible. Quand l'écoulement est empêché, la famille voit sa chance diminuer. En même temps, le design des portes et des fenêtres qui permettent au chi de circuler de pièce en pièce dans une maison, doit toujours être tel qu'il le fait serpenter ; il ne faut jamais que le chi se déplace en droite ligne.

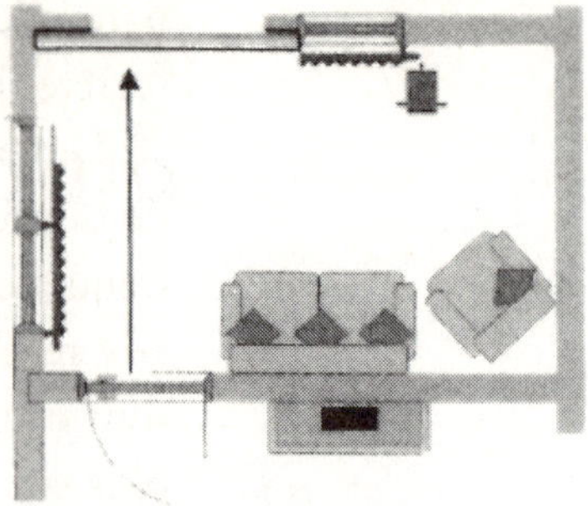

Ci-dessus : Les miroirs doivent être positionnés soigneusement dans la maison. Ne suspendez jamais directement de miroir derrière la porte de devant, car cela fait ressortir immédiatement le chi qui vient d'entrer.

Quand le chi accumule de la vitesse, il devient nuisible. Pour cette raison, l'une des principales règles du feng shui concerne l'alignement des portes, qui doit toujours être évité (voir p. 95). Un miroir reflétant directement la porte principale ressortit à la même disposition très nuisible. On dit que cela fait que le chi qui entre dans la maison en ressort tout de suite. Ainsi, si les miroirs peuvent être un bon remède pour de nombreuses maladies feng shui, il faut néanmoins en user avec prudence, et il est essentiel de se rappeler que les miroirs ne reflètent jamais la porte principale (voir p. 94). Autrement, le patriarche tombera malade.

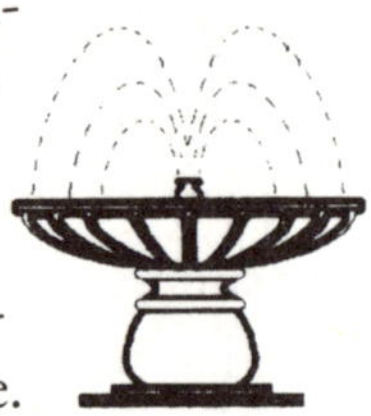

À gauche : Un élément aquatique dans la maison apporte une bonne influence à la porte de devant.

Le chi s'arrête et se rassemble chaque fois qu'il rencontre de l'eau ; c'est pourquoi les éléments aquatiques sont considérés comme favorables. Dans le feng shui, l'eau représente toujours l'argent, et la présence d'eau près d'une demeure tend à apporter une bonne influence à la porte de devant. Mais l'eau doit être orientée correctement, pour qu'on puisse en bénéficier pleinement.

Shar chi

Le feng shui a aussi pour objet la présence d'énergies hostiles dans l'espace vital. Ces énergies, appelées souffle-qui-tue, ou shar chi, causent une très grave malchance. Parfois, elles causent la mort de ceux qui résident dans des bâtiments ou des pièces qui se trouvent sur leur passage, ou qui sont frappés par elles. Dans le feng shui, le souffle hostile est, dit-on, causé par des structures,

L'arête de ce bâtiment représente une flèche empoisonnée mortelle. Tout ce qui est tranchant, pointu ou droit est une flèche empoisonnée en puissance.

naturelles et artificielles, qui envoient les flèches empoisonnées secrètes en ligne droite.

Le feng shui montre comment on peut éviter, rendre diffuses, et détourner, ces énergies hostiles. Beaucoup de malheurs, allant de la fréquence des maladies, à la perte de son emploi ou de son revenu, aux revers de fortune, querelles, ruptures, problèmes relationnels, sont causés par ce qui ne va pas dans le feng shui de la maison. Le plus souvent, c'est dû à la présence d'énergies hostiles qui ont été créées par les flèches empoisonnées. Quand ces flèches frappent directement votre porte principale, la malchance créée est extrêmement grave, spécialement quand la structure qui représente la flèche empoisonnée est lourde, massive, très aiguë, pointue, et ainsi très hostile. Citons pour exemples le rebord d'un grand bâtiment, une route droite, ou simplement le toit d'une maison voisine ; il faut que vous vous protégiez contre ces flèches empoisonnées. Le feng shui consiste à identifier ces flèches empoisonnées dans l'environnement, et à les renvoyer.

Vivre avec le courant de chi

Les caractéristiques physiques de l'environnement affectent la nature intrinsèque du chi. Qu'il soit favorable ou non, cela dépend des montagnes et des collines environnantes – si elles l'incitent à se rassembler, ou font qu'il se dissipe. Les structures artificielles affectent aussi la circulation du chi. Quand des bâtiments, des routes et des autoroutes se fondent harmonieusement dans l'environnement naturel, la circulation du chi est améliorée, et ses qualités bénéfiques sont accrues. Mais dans le voisinage de structures aiguës ou anguleuses, le chi se transforme en énergie nuisible.

Vivre à côté de routes

Évitez d'habiter en bout de route. Ici, le chi stagne. Si votre chance se dégrade, une telle configuration amplifie votre malchance, car elle signifie qu'il n'y a pas d'issue à vos problèmes. Quand vous êtes dans une période faste, vivre dans une impasse ne créera pas de problème. Mais quand les temps deviennent durs, cela ne fait qu'aggraver la malchance.

Vivre près des routes

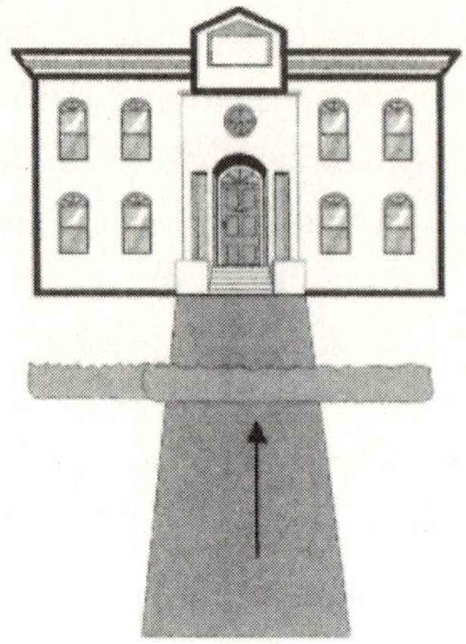

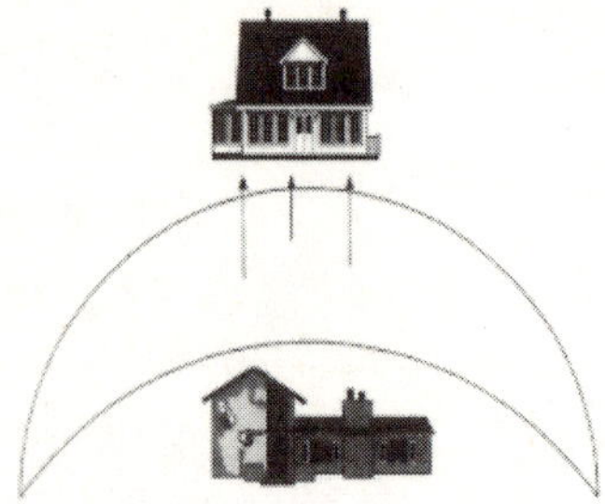

Ci-dessus : Le mauvais feng shui est causé par le fait d'habiter dans une impasse.

À droite : Le chi mortel d'une route droite peut être bloqué par une haie, un mur, ou des arbres.

Habiter à l'intérieur ou à l'extérieur d'un tournant d'une route peut affecter le feng shui de votre maison. La maison qui est dans la concavité de cette route courbe jouit d'un souffle bienveillant ! La maison sur la convexité de la courbe a un feng shui défavorable.

Vous devez aussi éviter d'habiter une maison ou un bâtiment qui fait directement face à une route droite arrivant. C'est le classique carrefour en T, si nuisible que le mauvais chi qui entre chez vous est considéré comme un tueur. L'effet est mortel.

Si vous vivez près de voies sinueuses, ou quand il y a un tournant en face de votre maison, il est préférable d'être dans la concavité de la courbe, plutôt que du côté convexe. Quand votre maison est située sur la convexité de la courbe, la route devient un couteau qui tranche symboliquement votre maison (voir illustrations ci-dessus). Le chi sur ce côté de la route est malveillant, tandis que le chi qui est de l'autre côté est bienveillant. Aussi, faites toujours en sorte que la route 'embrasse' votre maison. Dans l'illustration, la maison qui est étreinte par la route a un bien meilleur feng shui que celle qui est en face.

Le niveau de la maison

Les routes droites et les carrefours en T ne vous blessent pas si votre maison est bâtie sur un terrain élevé. Le chi mortel ne peut atteindre des maisons qui sont situées plus haut que la route. D'autre part, si votre maison est installée sur un terrain qui est plus bas que la route, vous devez symboliquement élever le chi de votre demeure avec des éclairages. Ou, mieux encore, vous pouvez édifier un autre niveau

Si votre maison est plus basse que le terrain environnant, mettez un éclairage derrière elle pour renforcer le chi.

de votre maison, de façon que le niveau de votre toit soit plus haut que celui de la route. Encore mieux, faites les deux !

Le chi qui se trouve au-dessous du niveau de la route n'est jamais favorable. C'est pour cette raison que les Chinois qui ont émigré dans les pays occidentaux préfèrent éviter les rez-de-chaussée. Ils répugnent à vivre au rez-de-chaussée, à moins qu'il n'y ait un jardin à niveau pour compenser le niveau inférieur à celui de la route. Mais même ainsi, dormir au-dessous du niveau de la route fait que les résidants souffrent d'un mauvais chi.

Une maison prise en sandwich entre deux demeures plus hautes peut avoir un mauvais feng shui, à cause du shar chi qui la vise.

Constructions proches

Il n'est pas bon non plus de vivre dans une maison à un seul niveau qui est prise en sandwich entre deux maisons imposantes, à plusieurs étages. Ces maisons font obstruction à la circulation du chi bénéfique en direction de votre maison, affectant ainsi défavorablement votre feng shui. La même règle s'applique aux bâtiments commerciaux de la ville. Pour résoudre le problème, installez un éclairage sur le sol près de votre maison, de façon que son ampoule soit orientée vers le haut.

N'habitez pas trop près de quelque chose de plus haut, plus grand que votre maison, si cette structure est en face de votre porte de devant. Il peut s'agir d'un mur élevé, du rebord d'un grand bâtiment, ou simplement d'un terrain élevé. Ce sont des exemples de structures qui empêchent complètement le chi bénéfique d'entrer chez vous. Si vous vivez en ce moment dans ce genre de maison, il est probable que vous n'ayez guère bénéficié d'influences bénéfiques. Plus la structure blessante est proche, plus la malchance est grande, qui peut se manifester sous la forme d'une maladie, d'une perte de revenu ou d'emploi, et d'incessantes complications à la maison et au travail.

Circulation

La compréhension de la façon dont le chi circule fournit des indices précieux sur la façon dont les voies affectent le feng shui de votre demeure. En général, il n'est guère souhaitable d'habiter trop près de routes ou d'autoroutes, où la circulation est extrêmement rapide. Comme le trafic, le chi se déplace aussi beaucoup trop rapidement, apportant beaucoup d'influences nuisibles. Il est cependant considéré comme bénéfique de loger près d'une route à grande circulation, si celle-ci est lente, mais n'est pas bloqué par des bouchons.

Si vous vivez dans une zone résidentielle, il est rare que la circulation soit assez rapide pour être nuisible, à moins qu'il y ait un autopont à proximité. Ces routes surélevées peuvent causer un feng shui désastreux à ceux qui sont dans leur rayon d'influence. Si vous vivez trop près d'un autopont – à moins de 500 m – je vous conseille de mettre de grands arbres entre votre maison et l'autoroute. Ou encore, si vous en avez la possibilité, n'hésitez pas, déménagez !

Renvoyer le souffle-qui-tue

Il n'est pas possible de passer en revue tout ce qui peut représenter potentiellement une flèche empoisonnée. Il n'est pas non plus nécessaire de devenir 'paranoïaque' eu égard à cet aspect de la pratique du feng shui, au point de voir des flèches empoisonnées là où il n'y en a goutte. Ayez à l'esprit que pour qu'une structure dans l'environnement vous blesse, elle doit avoir les caractéristiques suivantes. Si vous pouvez répondre 'oui' à toutes ces questions, c'est alors, et seulement alors, que la structure ou l'objet blesse votre foyer. Autrement, ne vous en faites pas.

1 Est-ce que la structure est aiguë, pointue, ou droite ?
2 Fait-elle directement face à votre porte principale, en ligne droite ?
3 Est-elle plus grosse et grande que votre maison ?
4 Ressemble-t-elle à une forme hostile, à quelque chose qui peut blesser, comme la forme d'un animal féroce, un tigre par exemple, ou celle d'un couteau, d'un fusil ou d'un arc et d'une flèche ? Tout ce qui évoque l'hostilité est mauvais.
5 Semble-t-elle 'en équilibre', sur le point de tomber sur votre maison ?

Si vous êtes en face d'une arête tranchante

Les flèches empoisonnées les plus graves sont celles qui sont causées par les constructions artificielles – et cela va des bâtiments massifs et élevés des grandes villes, aux usines, supermarchés et autres centres commerciaux qui sont maintenant fréquents dans les

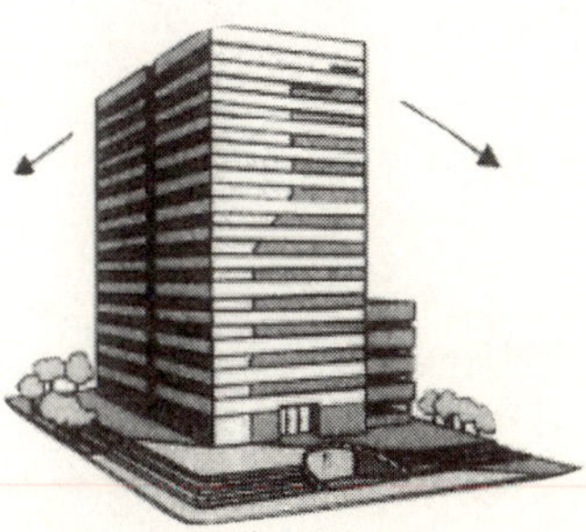

Ci-dessous à gauche et à droite. Les arêtes tranchantes de ces bâtiments émettent beaucoup de souffle-qui-tue. Faites en sorte que votre porte ne soit pas en face d'une telle arête. Dans les villes, les quatre angles des tours abritant des bureaux émettent un shar chi, tandis que dans les banlieues, ce sont les arêtes des supermarchés qui peuvent vous blesser.

Ci-dessus.
Remarquez le triangle de ce toit. La maison devient une flèche empoisonnée mortelle si elle fait directement face à votre porte principale.

banlieues. Ces bâtiments ne sont pas en soi nuisibles. Ils ne deviennent dangereux que si votre maison et votre porte principale font directement face aux arêtes aiguës causées par leurs angles. Du point de vue feng shui, peu de choses sont aussi dangereuses que l'arête d'un grand bâtiment. À Taïwan, beaucoup de bâtiments du centre de Taïpeh ont leurs rebords arrondis, pour adoucir les arêtes. Cela a pour effet une moindre nuisance pour le voisinage, et ainsi moins de chances de représailles de sa part avec un miroir Pa Kua !

Un bouquet d'arbres est un excellent remède feng shui.

Le rebord de toit triangulaire d'un grand bâtiment, ou d'une maison voisine, est probablement aussi nuisible qu'un rebord tranchant. J'ai vu des lignes de toit à l'aspect terriblement hostile, qui émettent de fortes doses d'influence maléfique vers quiconque a la malchance de leur faire face. Elles ont des angles aigus, la pointe directement dirigée vers votre porte de devant.

La meilleure façon de contrer les flèches empoisonnées, comme celles qui sont présentées de la page précédente, c'est de créer une barrière, qui protège efficacement votre maison de leur énergie néfaste. La meilleure barrière sera faite de grands et gros arbres, car le bruissement des feuilles crée un rideau d'énergie qui transforme et adoucit le shar chi, le souffle-qui-tue, en en faisant quelque chose de moins nuisible. Si la flèche empoisonnée est causée par la ligne de toit de la toute petite maison de votre voisin, il vous suffira de suspendre un carillon éolien, pour venir à bout de la mauvaise influence.

Si vous faites face à des structures grandes ou élevées

C'est comme affronter quelque chose qui vous écrasera. L'exemple le plus commun, c'est d'être en face d'un mur de briques, un versant de colline, un grand bâtiment, ou – pire que tout – une énorme

L'effet salle claire

L'une des dispositions feng shui les plus favorables que l'on puisse avoir, c'est quand la porte principale fait face à un parc, un terrain de football, etc., tout espace inoccupé. Cela crée ce que les maîtres de feng shui appellent 'l'effet salle claire', et c'est véritablement bénéfique. Si votre demeure est en face de ce genre de 'salle claire', vous bénéficierez vraiment d'une grande chance.

Cependant, s'il y a une statue comme celle qui est montrée ici, et qu'elle soit directement en face de votre porte de devant, elle deviendra une mortelle flèche empoisonnée qui menacera la bonne influence générée par la 'salle claire'. Il est alors nécessaire de cacher la vue de la statue, ou de réorienter votre porte, même au prix de l'abandon de votre très favorable 'salle claire'. Cet exemple montre comment le feng shui doit et peut être pratiqué.

Cette maison chanceuse est en face d'une 'salle claire' qui apporte une chance abondante. Mais si la porte fait directement face à un obstacle comme une statue, l'influence bénéfique est neutralisée.

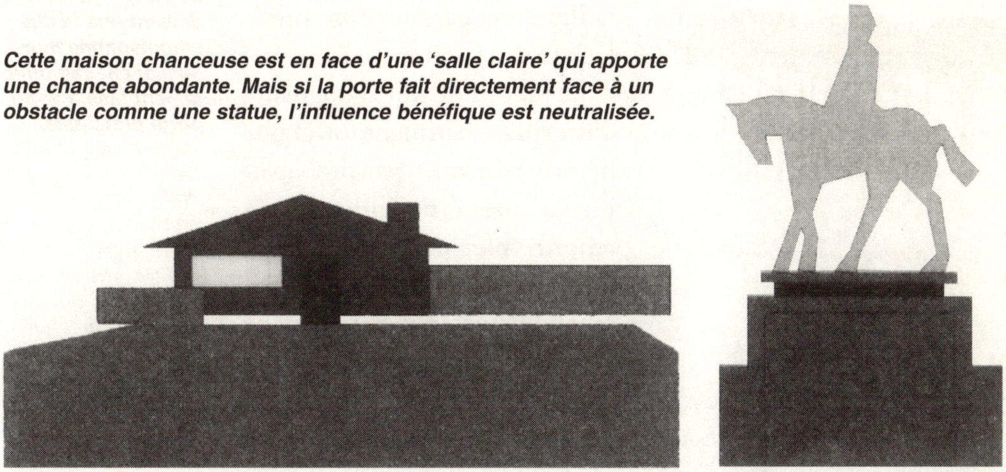

montagne. Pour combattre cette situation, essayez de condamner la porte qui est directement en face du grand immeuble ou du mur. Utilisez une autre porte, ce qui vous permettra de changer efficacement l'orientation de votre logis, de façon que le bâtiment, le mur ou la colline menaçants, deviennent un soutien postérieur. En bref, mettez-le derrière vous !

Si vous ne pouvez repositionner votre porte, installez un éclairage juste à l'extérieur, pour renforcer l'énergie yang. Laissez les lumières allumées la majeure partie de la soirée. Vous aurez aussi intérêt à peindre votre porte en rouge vif, car cela crée une précieuse énergie yang qui contre efficacement l'énergie négative venant de l'autre côté de la route. Ou bien suspendez un

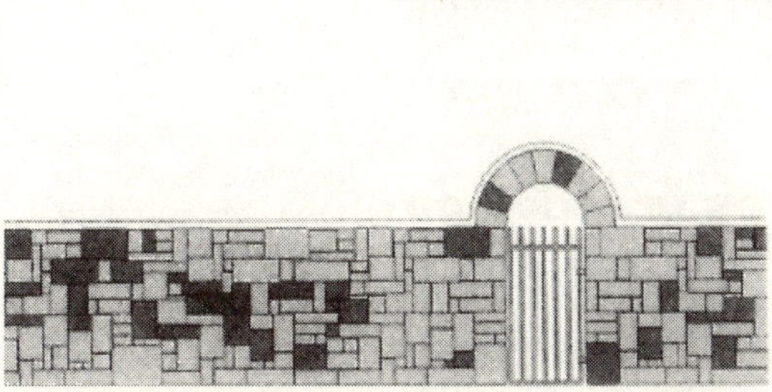

Faites en sorte que votre porte principale ne donne pas sur un mur de briques trop proche.

carillon éolien pour transformer l'énergie étouffée, de façon qu'elle soit moins négative.

Quand la structure élevée qui fait face à votre maison est plus éloignée, l'effet défavorable n'est pas aussi prononcé, surtout s'il y a des arbres entre votre maison et la structure agressive. Les arbres sont excellents pour combattre le chi dangereux. Néanmoins, des structures comme les tours de transmission, les grandes cheminées des usines ou les tours de télécommunication, émettent des doses massives de shar chi – le souffle-qui-tue – et cela en général rend malades ceux qui en sont affectés. Les tours de transmission d'électricité sont spécialement nuisibles – il faut à tout prix éviter de demeurer à proximité de l'une d'elles.

Être en face d'une tour comme celle-ci est une grande malchance. Les arbres sont le meilleur remède permettant de contrecarrer le chi nuisible ; faites-en pousser entre votre maison et la grande structure, s'il y en a une, qui se trouve devant vous.

Les ponts, les centrales électriques, et autres édifices massifs de béton et d'acier, sont d'autres structures potentiellement nuisibles, qui peuvent poser des problèmes de feng shui. Ils peuvent être très menaçants s'ils font directement face à votre demeure. Essayez de faire en sorte qu'ils soient derrière vous, et plantez toujours des arbres pour créer une barrière de feuilles entre eux et votre maison.

Un pont, aussi, peut être nuisible.

Si vous faites face à des carrefours nuisibles

Il est très fâcheux que votre maison soit positionnée à un carrefour, en sorte qu'une route droite se dirige vers votre porte de devant. Dans le feng shui, on dit que c'est comme si des tigres attaquaient

À gauche : des carrefours en Y peuvent être aussi mortels que des carrefours en T.

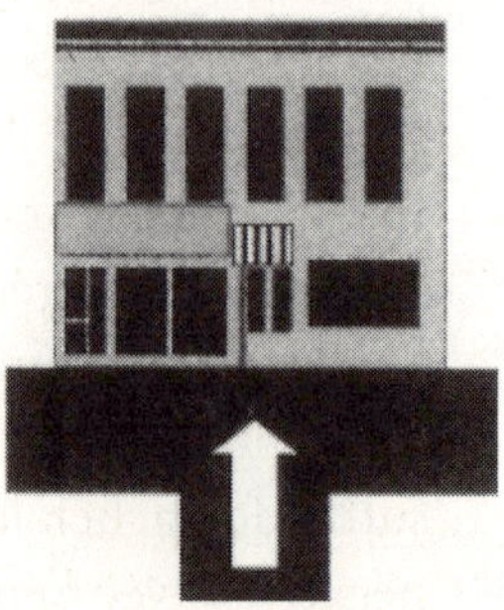

À gauche : Il est dangereux d'habiter au fond d'un carrefour en T.

votre demeure la nuit. Les phares des voitures qui vont en direction de votre maison ressemblent aux énergies farouches des tigres nocturnes. Regardez les deux carrefours nuisibles typiques illustrés ci-avant. Voyez comment, dans chaque cas, les bâtiments, et spécialement leurs portes de devant respectives, sont positionnés directement sur le chemin de l'énergie nuisible venant de la route.

Si vous vivez avec une telle configuration, et que votre porte principale (ou votre portail d'entrée) soit frappée par un shar chi aussi pernicieux, je vous conseille fortement de prendre des mesures correctives. Édifiez une barrière, si c'est possible, en plantant une haie ou un bouquet d'arbres, ou en construisant un mur bas.

Cinq remèdes efficaces

Il y a cinq remèdes extrêmement efficaces contre les effets d'un carrefour qui blesse votre demeure. Ces méthodes sont fondées sur les formules de la boussole.

1 Suspendez un couteau recourbé si la route vient de l'est ou du sud-est.
2 Placez un gros rocher entre votre porte et la route, si la route vient du nord.
3 Placez un projecteur et dirigez-le vers l'extérieur depuis le dessus de votre porte, si la route vient de l'ouest ou du nord-ouest.
4 Placez une urne d'eau devant votre maison si la route vient du sud.
5 Plantez un bouquet d'arbres devant la maison si la route vient vers vous du sud-ouest ou du nord-est.

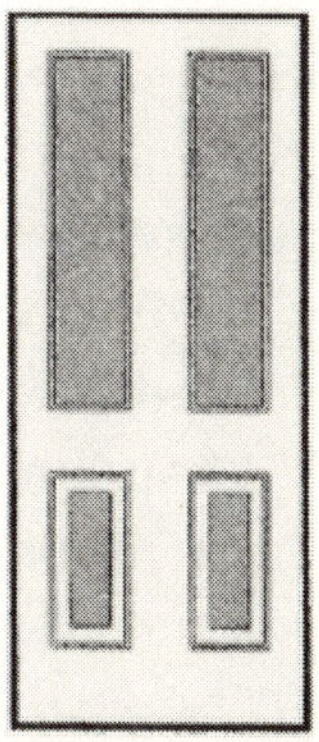

Ci-dessus : Si votre maison fait directement face à un cimetière, un hôpital, un poste de police ou une entreprise de pompes funèbres, il convient, pour en contrer les effets, de peindre votre porte en jaune, en rouge, en blanc ou en orange.

Si l'endroit est trop yin

Les endroits qui sont considérés comme ayant un taux excessif d'énergie yin sont ceux qui sont associés à la mort. Il est considéré comme très défavorable de vivre près des hôpitaux, des abattoirs, des maisons funéraires, et des postes de police, par exemple. D'habiter dans le voisinage de tels lieux fait que votre maison est enveloppée de trop d'énergie yin, qui fait que vous et votre famille êtes victimes des effets débilitants de l'excessive énergie yin, si bien que vous vous sentez apathiques, démotivés, et négatifs.

Le moyen de remédier à une telle situation, c'est d'équilibrer l'énergie yin excessive avec de fortes doses d'énergie yang. Cela signifie peindre la porte de devant en une couleur vive yang (rouge, jaune, orange ou blanc), laisser sa radio ouverte toute la journée, pour créer le yang du son et de la musique, et installer beaucoup d'éclairages. Il n'est pas nécessaire de déménager, simplement parce qu'on vit près d'un cimetière, par exemple. Il suffit de cacher la vue du cimetière, et de contrer les énergies négatives avec l'énergie yang.

Une autre façon efficace d'accumuler une précieuse énergie yang, consiste à avoir des plantes dans son jardin. Tout ce qui symbolise la croissance et l'activité est yang : il est toujours bon d'avoir des petits chiens jappeurs ! Il n'est rien de tel que des animaux domestiques pour stimuler l'énergie yang essentielle.

Si vous faites directement face à un hôpital, la meilleure façon d'en contrer l'énergie négative, c'est de faire pousser un bouquet d'arbres pour cacher la vue, et d'installer une lumière en hauteur qui éclaire vers le haut. Cela a pour effet d'augmenter l'énergie autour de votre demeure, et cela contre efficacement toute énergie négative qui peut viser ou entourer votre maison.

La couleur rouge

Le rouge a toujours été considéré par les Chinois comme une couleur favorable. Ils l'utilisent pour symboliser toutes les occasions heureuses ; aussi est-il abondamment présent les jours importants, comme les célébrations de la Nouvelle Année, des mariages et des naissances. Le premier jour de l'An Neuf, les Chinois portent du rouge pour que l'énergie yang les entoure en cette importante occasion. Les jeunes mariées portent aussi du rouge pour la même raison, et les naissances sont célébrées avec des œufs durs teints en rouge sombre pour que prévale toujours l'influence propice à la fertilité.

Si vous êtes en face d'un abattoir ou d'une maison de pompes funèbres, l'énergie de mort est très forte. La façon la plus efficace de contrer cette énergie négative, c'est d'utiliser le rouge, qui est yang, et qui est aussi une couleur très puissante.

Si l'endroit émet un souffle vicié

Un bon feng shui présuppose toujours un environnement sain, vivant et pur, où toutes choses fonctionnent dans l'ordre. Ainsi, le premier conseil que je donne aux amis qui me demandent comment ils peuvent avoir un bon feng shui, c'est de veiller à ce que leur logis soit bien tenu. Ça n'a pas l'air de grand-chose, mais de la peinture qui s'écaille, des tuyaux en mauvais état, et des éclairages déficients, évoquent des énergies stagnantes et viciées, qui sont la bête noire du feng shui.

Il y a d'autres choses qui créent un souffle vicié autour de la maison : ce sont les égouts stagnants, les canalisations d'évacuation bouchées. Vous devez toujours veiller à ce que l'eau à l'intérieur, autour, et près de votre maison ne soit jamais bloquée, et ne stagne jamais. Les tuyaux d'évacuation des eaux usées, sales, polluées, causent aussi le souffle vicié, et ce peut être parfois une puanteur. Ils sont nuisibles aux énergies qui entourent votre maison, et il faut se débarrasser de ce genre de problème. Prenez l'habitude de vérifier cela au moins une fois par mois. La pratique du feng shui n'est pas l'affaire d'une seule fois. Pour bénéficier d'un bon feng shui toute l'année durant, il est toujours nécessaire d'examiner les tuyaux d'écoulement et les plantes, ainsi que les autres modifications qui peuvent avoir lieu dans l'environnement.

Imaginez que ce tas de détritus et d'ordures soit devant votre porte principale. Peut-il vous apporter autre chose qu'un mauvais feng shui ?

La pire forme de souffle vicié, pour la porte principale, c'est quand elle est en face d'un tas de détritus, ou d'une poubelle. J'ai dit plusieurs fois à une voisine d'enlever l'horrible poubelle qu'elle mettait juste devant sa porte principale. Je me souviens qu'elle me demandait souvent de l'aider à faire son feng shui. Mais elle oubliait toujours de suivre mes conseils. Je ne fus pas étonnée, quand elle me dit que son mari avait fait faillite, et qu'elle avait contracté une maladie. Je saisis cette occasion pour répéter que le feng shui n'est pas quelque chose de terriblement complexe et mystérieux. Une chose toute simple, comme de mettre la poubelle hors de vue de la porte principale, par exemple, est du feng shui.

Instruments feng shui de dissuasion contre le shar chi

Dans cette section, je vais entrer dans les détails sur la manière dont on peut utiliser des objets pour corriger les problèmes ordinaires de feng shui. Dans le feng shui, ce qui est soustrait à la vue est considéré comme ayant été effectivement détourné dans une certaine mesure, à moins que l'objet qui envoie cette mauvaise énergie ne soit très grand, et, ainsi, très dangereux. Ordinairement, des écrans, des plantes, des meubles, et d'autres articles ordinaires communément disponibles, peuvent devenir d'excellents instruments de feng shui. Il n'est pas nécessaire d'acheter des miroirs Pa Kua, des carillons éoliens spéciaux, ou des boussoles chinoises élaborées, pour contrer le souffle-qui-tue de l'énergie mauvaise. Ces objets traditionnels de protection sont certes excellents, si on peut s'en procurer, mais ce ne sont pas les seuls outils dont on peut user.

Miroirs Pa Kua

Au cours des dernières années, le merveilleux Pa Kua octogonal a bénéficié d'une attention et d'une appréciation beaucoup plus grandes, mais ayez à l'esprit que vous devez utiliser le Pa Kua yin, dans lequel les trigrammes sont disposés selon l'Arrangement du Ciel Antérieur (voir p. 27). Vous pouvez acheter ce Pa Kua dans n'importe quel magasin chinois, mais soyez très prudent. Le Pa Kua protecteur est réputé être un instrument feng shui extrêmement puissant, et il l'est réellement. Accroché à l'extérieur du bureau, et au-dessus d'une porte d'entrée, il renvoie une multitude d'énergies mauvaises. Il est particulièrement utile quand on s'en sert pour contrer le souffle-qui-tue des arbres, des routes droites, des carrefours nuisibles, et de dangereuses lignes de toit.

Un miroir Pa Kua accroché au-dessus de la porte principale pour dissuader le shar chi d'un carrefour néfaste. Il ne faut jamais le mettre à l'intérieur.

Cependant, il faut utiliser le Pa Kua avec prudence. C'est un symbole très efficace, et il opère en émettant une puissante énergie négative qui lui est propre, pour contrer la mauvaise énergie qui vient assaillir votre porte. Sa puissance est censée venir non seulement de sa forme, mais aussi du miroir qui est en son centre, et de la disposition des trigrammes qui sont autour.

Vous ne devez en aucun cas mettre ce Pa Kua à l'intérieur de votre bureau ou de votre demeure. Si vous devez régler des problèmes posés par le feng shui de votre intérieur, servez-vous de l'un des autres instruments évoqués ci-dessous, ou de plusieurs, mais ne vous servez surtout pas du Pa Kua. Si jamais vous le faisiez, toutes les personnes présentes dans votre bureau ou votre demeure, se mettraient à se quereller. Les relations et la productivité en souffriraient, et, là où vos problèmes sont petits, ils deviendraient considérables. En fait, je n'encourage pas du tout les gens à se servir du Pa Kua, parce que, en détournant le mauvais feng shui, il blesse automatiquement les autres. Il est de loin préférable de faire usage d'autres remèdes feng shui, moins nuisibles.

Il n'est pas non plus souhaitable de mettre des miroirs dans la chambre. Qu'ils soient aux murs ou au plafond, il faut éviter d'en avoir, à moins qu'on ne les utilise à une fin particulière, comme par exemple, faire une correction pour un secteur manquant (voir p. 43). En fait, quand vous utilisez des glaces, quelle qu'en soit la raison, il est bon de prendre des précautions pour que, tout en résolvant votre problème, vous n'en créiez pas d'autres sans le savoir.

Les miroirs de la salle de séjour peuvent refléter sans qu'on le veuille la porte principale, ce qui serait défavorable pour cette pièce, car elle est associée à la richesse. Quant aux carreaux miroirs, ils sont indésirables partout dans la maison, étant donné qu'ils reflètent de façon brisée. Evitez-les comme la peste, car ils 'découpent' les gens par leurs reflets distordus, créant ainsi des énergies négatives.

Ci-dessus : Une plante saine apporte une énergie saine dans une pièce.

Ci-dessous : En revanche, une plante morte fait le contraire.

Ci-dessous : Il est préférable d'utiliser des plantes véritables, plutôt que des plantes artificielles ; et il faut les remplacer dès qu'elles commencent à se flétrir.

Les plantes

Il y a de merveilleux remèdes feng shui, et ils font d'excellents stimulants. Il y a certaines directives à suivre, à des fins de correction.

Soyez judicieux dans votre choix de plantes. Dans un environnement de bureau, choisissez des plantes résistantes. C'est qu'il est vraisemblable que dans le bureau, les plantes souffrent d'un manque de soin, d'un manque de lumière solaire, et d'un manque d'ouverture sur l'extérieur. Aussi, ne vous attendez pas à ce qu'elles prospèrent. Il serait préférable que vous les remplaciez régulièrement, probablement chaque mois. Arrangez-vous avec un fleuriste pour qu'il fasse cela. Les plantes malades sont un mauvais feng shui.

Il est préférable d'avoir des plantes véritables, plutôt que des plantes artificielles. Celles-ci peuvent être utlisées comme instrument de feng shui, mais les plantes réelles émettent de meilleures quantités d'énergie yang. Cependant, si vous préférez vous servir de plantes en soie, pour un meilleur entretien, c'est tout à fait acceptable. Cela fait des années que j'ai des érables et des ficus en soie, et j'en suis fort satisfaite. Si vous préférez la soie, choisissez les plantes qui ont un feuillage bien équilibré, comme celle qui est représentée ici. Notez que même les plantes artificielles doivent être renouvelées chaque année, parce que lorsque leurs feuilles ont l'air flétries, comme pour les plantes véritables, elles perdent leur énergie yang. De même, les fleurs séchées qui sont bien sûr mortes, émettent trop d'énergie yin ; aussi, ne les gardez pas chez vous ni dans votre bureau.

Ne placez jamais de plantes qui ont des épines, ou dont les feuilles ressemblent à des aiguilles, à l'intérieur du bureau. À cet égard, je déconseille d'exposer des cactus épineux. Même quand elles sont placés sur des rebords de fenêtres comme ornements, ces beautés épineuses émettent de minuscules éclats de souffle-qui-tue qui vous blessent sans que vous vous en rendiez compte. On peut

Placez une plante grimpante en bonne santé directement contre le rebord aigu d'un pilier carré, un angle saillant, ou l'arête formée par deux murs. C'est une façon efficace de renvoyer le souffle-qui-tue créé par le rebord tranchant.

Un cactus placé à l'extérieur du bureau contre efficacement le mauvais chi des escaliers, escaliers mécaniques et ascenseurs qui font directement face à la porte.

cependant se servir de cactus comme dispositif feng shui, juste devant la porte principale du bureau. Une paire de cactus, par exemple, peut efficacement renvoyer les mauvaises influences dont des escaliers, un tapis roulant, ou un ascenseur, peuvent accabler la porte principale. Si elles sont ainsi utilisées, les plantes doivent être assez grandes. Il faut bien se souvenir qu'elles doivent être placées à l'extérieur du bureau, pas à l'intérieur.

Bambous

Les tiges de bambous sont un autre auxiliaire de feng shui efficace et que l'on peut facilement se procurer, et j'en parle souvent dans ce livre. L'effet des tiges de bambou est semblable à celui qui est créé par l'utilisation de carillons éoliens et de flûtes. C'est pour cette raison que je recommande d'attacher un ruban rouge ou une ficelle rouge au bambou. Cela active symboliquement les propriétés canalisantes de la tige de bambou, incitant ainsi l'énergie hostile à s'écouler dans la tige et à en sortir, ralentie, et transformée en bonne énergie. Le bambou est considéré comme un puissant symbole de longévité et d'harmonie, et les textes feng shui lui accordent souvent une place importante dans l'ensemble de la pratique.

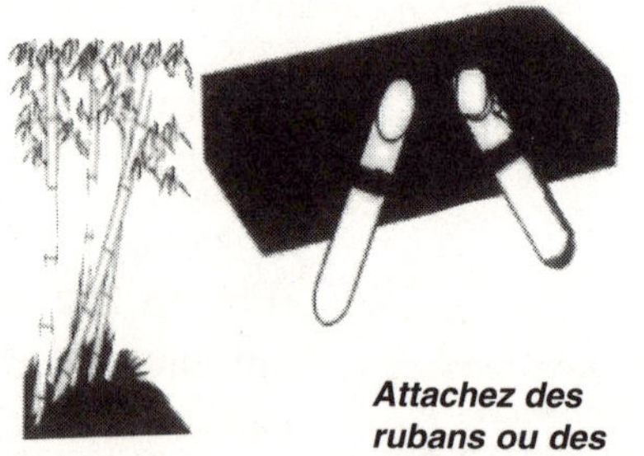

Attachez des rubans ou des ficelles rouges à une paire de bambous creux, et suspendez-les comme le dessin l'indique pour contrer le fort souffle-qui-tue des poutres apparentes.

Carillons éoliens

Les carillons éoliens ont des styles très variés. La popularité croissante du feng shui, au cours des dernières années, a stimulé une grande créativité chez les fabricants de carillons éoliens, ce qui fait

Choses importantes qu'il faut se rappeler au sujet des carillons éoliens

1 Les baguettes qui constituent le carillon éolien doivent être creuses, et ouvertes aux deux extrémités. Les carillons éoliens pleins n'ont pas d'effet feng shui, parce qu'ils ne peuvent être efficaces qu'en canalisant, c'est-à-dire en attirant le chi à travers le creux des baguettes, changeant ainsi la mauvaise énergie en bonne.

2 Les carillons éoliens peuvent être de bois, de métal (cuivre, aluminium, acier, et même argent) et de procelaine. Choisissez le matériau approprié pour le secteur dans lequel vous devez suspendre votre carillon éolien, en observant les directives suivantes :
Si votre carillon éolien est utilisé comme mesure protectrice pour neutraliser un mauvais angle ou une poutre apparente :
* accrochez un carillon éolien métallique à l'est ou au sud-est,
* suspendez un carillon éolien en bois au nord-est ou au sud-ouest,
* mettez un carillon éolien en céramique au nord.

Si le carillon éolien n'est pas utilisé à des fins correctives, le type utilisé doit être différent :
* suspendez un carillon éolien en bois à l'est et au sud-est,
* suspendez un carillon éolien en céramique au nord-est et au sud-ouest,
* suspendez un carillon éolien en métal à l'ouest et au nord-ouest.

3 Prenez note du nombre de baguettes que comporte le carillon éolien. Les carillons éoliens utilisés pour venir à bout du shar chi doivent toujours avoir cinq baguettes. Les carillons éoliens utilisés pour renforcer les différents secteurs doivent être conçus ainsi :
pour le sud-ouest : 2 baguettes
pour l'est : 3 baguettes
pour le sud-est : 4 baguettes
pour le nord-ouest : 6 baguettes
pour l'ouest : 7 baguettes
pour le nord-est : 8 baguettes
pour le sud : 9 baguettes.

que ces merveilleux objets cliquetants sont maintenant exposés un peu partout, en toutes sortes d'occasions, et qu'on peut trouver des carillons éoliens simples dans les supermarchés et chez les marchands de bibelots chinois du monde entier.

Les carillons éoliens ne sont pas des mobiles. Il n'est pas nécessaire d'avoir des poissons et autres objets pendants avec les baguettes. En fait, de tels objets peuvent être nuisibles si leur forme est tranchante ou pointue. Si vous achetez des carillons éoliens, choisissez-en de style traditionnel. Les carillons éoliens qui comportent des pagodes et le signe du double bonheur sont excellents. Ils sont également bon marché, et petits. Ils n'en sont pas moins efficaces, et ils remplissent leur fonction à merveille. Suspendez le carillon éolien haut dans la pièce, pour inciter le chi à avoir une circulation ascendante, à travers les baguettes, ce qui profite ainsi à la maison entière.

Écrans et cloisons

Ils peuvent très bien aller dans le bureau principal, mais ils sont aussi d'excellents éléments correcteurs pour les bureaux qui ont une forme défavorable. Dans une pièce en L, par exemple, l'écran – ou la cloison – est excellent pour créer deux parties de forme régulière. Quand on utilise des écrans, il y a deux conseils utiles à avoir à l'esprit.

1 Choisissez les écrans décorés d'objets favorables, décoratifs. Tous les écrans orientaux – chinois ou japonais – ont généralement de très favorables peintures de grues, lotus, légendes, déités, ou d'arbres, de fruits et de fleurs bénéfiques. Il est excellent de choisir un de ces écrans pour son bureau, car ils comportent en outre un aspect symbolique bénéfique. Si vous préférez quelque chose de plus moderne, ne choisissez pas des écrans décorés de dessins anguleux. Certains motifs de style déco peuvent être nuisibles ; les motifs art nouveau, avec leurs lignes courbes, représentent un feng shui bien préférable.

2 Quand vous exposez des écrans et que vous les utilisez comme cloisons de séparation, ne les disposez pas en zigzag, même si c'est pour être ainsi qu'ils ont été conçus. Suspendez-les plutôt au plafond, comme des panneaux droits, ou fixez-les bien au sol, de façon qu'ils soient droits. S'ils sont mis en zigzag, cela fait beaucoup trop d'arêtes qui émettent du shar chi dans la pièce, devenant ainsi des flèches empoisonnées.

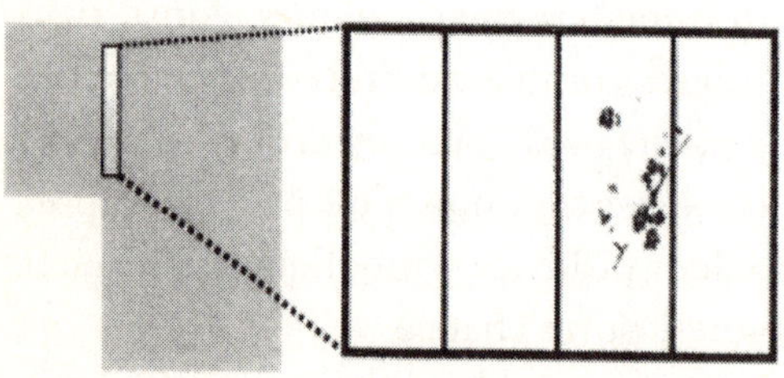

Utilisez un écran avec un design favorable comme cloison de séparation pour créer deux parties régulières dans une pièce en L. Veillez à mettre l'écran vertical et droit, plutôt qu'en zigzag. Les écrans en zigzag créent des flèches empoisonnées dans la pièce.

Ayez des meubles qui s'adaptent bien aux angles, pour avoir un bon feng shui.

Utilisation des symboles et des nombres

Le symbolisme est une partie essentielle du feng shui. Dans la langue des anciens, une grande partie de cette tradition fut communiquée, et cachée, grâce à des symboles. Le feng shui comporte une appréciation vitale des signes et représentations favorables, qui vont des fleurs, des fruits et des arbres, aux oiseaux et aux autres animaux. On pourrait écrire une encyclopédie entière pour couvrir tous les sens de ces symboles.

La présence symbolique de fleurs et d'animaux, apporte quelque chose de paisible dans un foyer.

Les Chinois ont toujours tout un panthéon de déités qui sont des parangons de vertus et d'aspirations symbolisant la bonne vie. Il y a des dieux de la Richesse et de la Longévité, et ce sont des déités qui protègent et défendent. Dans le monde animal, il y a le daim et la grue, qui symbolisent la longévité ; l'éléphant qui symbolise la force et la chance ; les chiens tigre et lion, qui protègent et gardent.

Il y a des animaux célestes qui sont censés apporter une chance extrême, des créatures dont l'existence est mythique, légendaire. Dans le feng shui, le symbolisme du dragon et du phénix est censé être présent quand il y a des élévations dans l'environnement immédiat. Ils sont, avec le tigre et la tortue, toujours associés à des collines et des montagnes environnantes. Ainsi, trois pics en vue de la maison considérés comme extrêmement favorables pour le fils aîné. On ne sait si les dragons et les phénix existent vraiment. Pour les Chinois, qu'ils existent ou non n'est pas très important. Ce qui importe, c'est que leur présence symbolique, manifestée dans les collines et les montagnes, porte chance.

La présence symbolique d'objets favorables – fleurs ou animaux – peut exister sous la forme de leurs images, peintes et accrochées au mur, ou modelées en figurines de céramique. C'est pour cette raison que presque toutes les œuvres d'art venant de Chine représentent des fleurs, des animaux ou des déités favorables, ou montrent des légendes qui manifestent un aspect favorable. En particulier, les légendes des Huit Immortels sont un sujet favori, étant donné que l'immortalité et la longévité sont les deux aspirations permanentes les plus fortes des Chinois.

Du point de vue du symbolisme, les deux aspirations populaires du foyer chinois sont la richesse et la longévité. Ainsi, les trois Dieux Étoiles, Fuk Luk Sau (les Dieux de la richesse, de la santé et de la longévité) sont toujours présents. Ces trois dieux (rarement adorés mais toujours exposés) sont censés apporter une abondante et excellente chance, portant sur la prospérité et la longévité. On peut en acheter dans n'importe quel supermarché chinois, mais il faut se rappeler que ce sont des entités symboliques, pas des dieux ou des déités à adorer.

Le Dieu de la Longévité – Sau – est presque toujours représenté avec les deux autres symboles de longévité – le daim et la pêche. Parfois, le pin, un autre symbole de longévité, est présent dans les rouleaux peints chinois.

Les chiffres et leur signification

Le symbolisme des chiffres apporte des dimensions supplémentaires à la pratique du feng shui. Les Chinois font spécialement attention quand il s'agit des chiffres importants qui gouvernent leurs affaires ou leur vie professionnelle. Ils font toujours des pieds et des mains pour que leurs numéros de téléphone et de fax finissent par les chiffres favorables 8 ou 9.

- Le chiffre 8 est considérée comme extrêmement favorable. Pour les Cantonais, c'est parce que le mot qui signifie 'huit' sonne comme celui qui signifie 'croît en richesse'. Mais même selon la numérologie Lo Shu du feng shui, 8 est un chiffre de prospérité qui annonce une prospérité continue dans le futur.
- Le chiffre 9 est un autre chiffre favorable, et certains disent qu'il est encore meilleur que 8, car il symbolise la plénitude du ciel et de la terre. (C'est le seul chiffre qui, multiplié autant de fois qu'on le veut, a un résultat dont la somme des chiffres donne toujours 9 : par exemple, trois fois 9=27, 2+7=9, etc.). C'est ainsi un chiffre qui ne peut être 'corrompu'.

Le chiffre 9

Ce chiffre représente la prospérité durable. À Hong Kong, mon ami Dickson Poon me dit un jour que le meilleur cadeau que feu son père lui eût jamais fait, c'était l'immatriculation de sa voiture avec le nombre 9999, qu'il fixa à sa Rolls Royce. À cette époque Dickson n'était à la tête que de quinze boutiques de distribution. Aujourd'hui cet ancien entrepreneur a bâti un empire mondial de distribution qui regroupe Harvey Nichols de Londres, ST Dupont de Paris, et Barneys aux États-Unis.

Les autres voitures de Dickson portent le numéro d'immatriculation 928, qui est aussi considéré comme extrêmement favorable. C'est parce qu'il signifie 'facilité à s'agrandir avec la prospértité'.

- Les Chinois considèrent aussi le chiffre 7 comme très bénéfique, parce que, selon le calendrier chinois, nous sommes présentement dans une période de 7, qui durera jusqu'en 2003, où le chiffre sera le 8. Après cette date, donc, 8 sera doublement favorable.
- Les combinaisons des chiffres 7, 8 et 9 dans n'importe quelle configuration, sont hautement prisées. Les commerçants chinois aiment afficher un prix qui finit par un 8, pour leurs marchandises, comme $388 ou $28,88 ou $3,988. Ils croient que cela porte chance à l'acheteur et au vendeur.
- Le chiffre 4 est en revanche considéré comme défavorable. Tout ce qui se termine par ce nombre évoque la mort, la perte, les problèmes. Ainsi, le 14° étage dans un grand immeuble comporte des connotations néfastes, plus graves encore que le 13 occidental (qui, soit dit en passant, est considéré comme favorable pour les Chinois).
- Les maisons qui comportent dans leur adresse le 4 redouté ne peuvent se vendre, et les appartements du 4e étage sont très impopulaires. Cela dit, il est intéressant de remarquer que 44 et 48 sont considérés comme extrêmement favorables. C'est parce que le double 4 donne le merveilleux 8, et que 48 signifie beaucoup de 8 bénéfiques ! (Oui, je sais ... il n'est pas facile de suivre la logique chinoise !)

Feng shui de la formule

Les chiffres du Lo Shu forment la base du calcul des dates favorables et défavorables contenues dans le *Tong Shu*, l'*Almanach chinois*, un livre de référence des jours fastes et néfastes de l'année qui est un best-seller annuel à Hong Kong et Taïwan. Il est utilisé dans ces pays et ailleurs pour toutes sortes d'activités, que ce soit lancer une nouvelle entreprise ou signer des accords, changer de maison ou voyager, etc. La plupart des hommes d'affaires chinois prendront rarement des décisions importantes, ne se lanceront jamais dans une entreprise importante, sans avoir consulté le *Tong Shu.*

L'almanach contient aussi des calculs valables sur le fengs shui de l'étoile volante, une formule avancée qui est extrêmement en vogue chez les adeptes de Hong Kong. Le feng shui de l'étoile volante est une excellente technique utilisée pour déterminer avec exactitude les secteurs favorables et ceux qui ne le sont pas de n'importe quel immeuble ou maison, pour chaque jour, semaine, et mois de l'année. Il est dit qu'en utilisant cette méthode, les experts peuvent prévoir quand une maladie frappera les résidants qui ont leur chambre dans tel ou tel secteur ; ou quand une maison sera pillée, selon la situation de la porte de devant. Ou quand une grave calamité frappera une famille, en se fondant encore une fois sur la situation de la porte principale, entrant en conflit avec de très mauvaises combinaisons d'étoiles volantes.

Le feng shui de l'étoile volante

Cette branche du feng shui est fondée sur l'arrangement des nombres du carré Lo Shu. C'est une branche avancée du feng shui, et les calculs y sont complexes. Cependant, il est facile d'utiliser les étoiles volantes, si on obtient d'un maître de feng shui qu'il établisse les calculs pour les années à venir, et applique les résultats à sa demeure. Des représentations simplifiées de ces calculs sont données dans les pages suivantes.

Le feng shui de l'étoile volante est une méthode populaire de feng shui qui considère les aspects temporels du feng shui. Il complète la dimension espace des concepts feng shui présentés jusqu'à maintenant, et il présente une méthode de calcul de chaque secteur de chaque pièce dans une année, un mois ou une période de vingt ans, donnés. En outre, la technique du feng shui de l'étoile volante présente une méthode spécifique permettant de dresser le thème de naissance de tout bâtiment, maison, ou appartement.

Un maître de feng shui versé dans cette méthode peut établir un thème de naissance pour une maison ou un immeuble, et, simplement en étudiant les chiffres et les combinaisons de chiffres, il peut décrire l'influence qui prévaut dans tous les secteurs du foyer. Il est ainsi à même de prévoir les conséquences malheureuses dont pâtiront les résidants de certaines pièces défavorables, et de faire aussi des mises en garde concernant le sommeil et le travail dans certaines pièces défavorables. Ce sont les chiffres, et leurs combinaisons, qui disent au maître de feng shui quel genre de malchance pourrait advenir avec les étoiles volantes.

Il n'est pas nécessaire, pour les amateurs, de se perdre dans les détails techniques des calculs de l'étoile volante. Mais il est utile d'avoir une table de référence qui permet aux lecteurs de prendre connaissance de l'impact des étoiles volantes sur leur propre feng shui, et qui le met ainsi en garde contre les étoiles qui apportent une grave malchance, c'est-à-dire la maladie, la perte, le malheur.

Il faut savoir qu'un expert en feng shui ne connaît pas forcément les étoiles volantes. C'est une branche du feng shui très avancée et très difficile, et sa pratique efficace exige une connaissance de la méthode pour mener à bien les calculs, ainsi qu'un bon jugement et des compétences interprétatives. La pratique de l'étoile volante suppose la connaissance des formules ainsi que l'expérience pratique.

Que sont les étoiles volantes ?

Les étoiles désignent les chiffres de 1 à 9 disposés autour du carré magique Lo Shu. Les chiffres autour de la grille 'volent', c'est-à-dire changent avec le temps. La façon dont ils changent est le point crucial de cette méthode de feng shui. Chaque jour, chaque mois, chaque année, et chaque période de vingt ans, a sa propre disposition des chiffres autour du carré. Chaque chiffre a ses propres significations, et il parle à l'expert en feng shui, qui en connaît les multiples interprétations. Si l'on ne cherche que les mises en garde, il suffit de s'occuper des étoiles de la période et de l'année.

Le carré Lo Shu original à neuf secteurs a le chiffre 5 au centre. Dans ce carré, les chiffres ont été disposés de façon que la somme de trois chiffres, pris verticalement, horizontalement, ou en diagonale, soit 15. C'est le nombre de jours qui séparent la nouvelle lune de la pleine lune. Les nombres reflètent ainsi le passage du temps d'une certaine façon. Dans le feng shui de l'étoile volante, les chiffres vont de secteur en secteur, et ils sont réinterprétés selon leur position dans le carré. Chaque secteur de la grille représente un secteur de la maison, le sud étant placé en haut, selon la tradition. Utilisez une boussole et suivez les instructions données p. 44-45, pour identifier les secteurs véritables de votre maison, et tourner le carré selon.

Le carré Lo Shu original

SUD

4	9	2
3	5	7
8	1	6

La période de 7

Nous vivons présentement dans une période de 7, qui a commencé en 1984, et qui ne finira qu'en 2003. Au cours de cette période, le chiffre 7 est considéré comme très favorable. La carré Lo Shu pour cette période est représenté à gauche, et selon une interprétation des chiffres, il montre les secteurs favorables et défavorables jusqu'à l'an 2003.

Au cours de la période de 7, le chiffre 5 néfaste est situé à l'est. C'est censé dire que si la porte principale de votre maison est située à l'est, vous devez faire attention pendant toute cette période de 20 ans, qui s'achève en 2003. Cela signifie aussi que les personnes qui dorment dans des chambres situées à l'est doivent prendre garde à ne pas être 'poignardées dans le dos'. L'étoile néfaste 2 est située au sud au cours de cette période. Les étoiles favorables (et leurs secteurs correspondants) sont marquées d'un *.

Le carré Lo Shu de la période de 7

SUD

	*6	2	4	
E	5	7	9	**O**
	*1	3	*8	

N

Les mises en garde au sujet des pertes et de la malchance deviendront plus précises quand les investigations incluront les étoiles de l'année ainsi que du mois en question, et c'est quand deux ou trois étoiles sont des 5 ou des 2, ou 5 et 2 dans le même secteur, que les pertes dues à une extrême malchance sont certaines pendant ce mois et cette année, pour les gens dont la chambre est dans le secteur où les mauvais chiffres apparaissent ensemble ! Quand vous connaissez les périodes défavorables de votre maison, une façon de contrer la malchance consiste à partir en vacances, échappant ainsi au mauvais sort.

Le tableau de référence annuelle

Ce tableau montre les secteurs où les étoiles 5 et 2 apparaissent ensemble au cours d'une année. Là où le 2 ou le 5 apparaissent ensemble, ce secteur devient dangereux, et quiconque occupe une pièce dans ce secteur, aurait intérêt à la quitter, ou peut-être à prendre des vacances. Soyez particulièrement prudent quand les étoiles 2 et 5 tombent dans le secteur est. C'est parce que c'est le secteur affligé par le 5, dans l'étoile volante de la période de 20 ans. Ou au sud, parce que c'est là que le chiffre 2 est placé dans la période de vingt ans.

Année*	**L'étoile 2 est**	**L'étoile 5 est**
1997	au sud-est	à l'ouest
1998	au centre	au nord-est
1999	au nord-ouest	au sud*
2000	à l'ouest	au nord
2001	au nord-est	au sud-ouest
2002	au sud*	à l'est*
2003	au nord	au sud-est
2004		

(* selon l'année lunaire)

Le tableau de référence ci-dessus montre que les pièces qui sont au sud sont susceptibles de provoquer des maladies en 1999. En 2002, les pièces qui sont au sud et à l'est doivent être évitées, et, en 2005, les pièces à l'est seront affligées par une mauvaise influence, se manifestant sous la forme de maladies, d'accidents, de vols.

Le tableau de référence mensuel

Le tableau ci-dessous indique les secteurs dangereux pendant chacun des douze mois lunaires, au cours des cinq dernières années. Ce sont les secteurs où les étoiles 2 et 5 sont situées au cours de ce mois. Comparez le secteur où les étoiles 2 et 5 tombent pour le mois indiqué à ceux des étoiles annuelles et des étoiles de la période vigintésimale.

Si des lecteurs sont généralement guidés par les directions défavorables données dans le tableau ci-dessous, et qu'ils prennent des précautions, par exemple ne pas dormir dans des secteurs défavorables aux époques indiquées, ils peuvent éviter de grands malheurs. Si la porte principale d'une maison est située dans un secteur défavorable au cours d'un mois particulier, il est alors préférable d'être en dehors de la maison au cours de ce mois. Une façon de conjurer les étoiles néfastes, consisterait, pour la famille, à prendre des vacances.

Année	Mois											
	1	2	3	4	5	6	7	8	9	10	11	12
1997	SO	E NO	SE** O	NE	S* NO	O N	NE SO	S* E*	N SE	SO	E* NO	SE O
1998	NE*	NO S*	O N	NE SO	S* E*	S* E*	N SE	SO	E NO	SE O	NE*	NO S
1999	NE SO	S* E*	N SE	SO	E* NO *	SE O	NE	NO * S*	O N	NE SO	S* E*	N SE
2000	SO	E* NO	SE O*	NE	NO S*	O N	NE SO	S* E*	N SE	SO	E* NO	SE O*
2001	NE	NO S*	O N	NE* SO *	S* E*	N SE	SO *	E* NO	SE O	NE	NO S*	O N
2002	SO NE	S* E*	N* SE	NO	E* NO	SE O	NE	S NO	N O	NE SO	E* S*	SE N
2003	SO *	E NO	SE* O	NE	S NE	N* O	SO NE	S E	SE N*	SO *	E NO	SE* O

(*selon le mois lunaire)

L'École de la formule et les directions

La meilleure façon d'aborder les directions et les orientations, c'est d'utiliser la formule de la boussole relative aux directions. Cette formule du Pa Kua Lo Shu est puissante, et facile à utiliser. Elle est aussi plus précise que les recommandations générales contenues dans le Classique des Demeures Yang.

La première chose à faire quand on utilise cette méthode, c'est calculer son chiffre Kua en se fondant sur sa date de naissance et son genre (féminin ou masculin). Les tableaux des pages suivantes donnent le chiffre Kua des hommes et des femmes nés entre 1912 en 2008.

ANIMAUX	DATES DU CALENDRIER OCCIDENTAL	Elément de l'année	Kua pour les hommes	Kua pour les femmes
RAT (eau)	18 fév 1912 – 5 fév 1913	eau	7	8
BUFFLE (terre)	6 fév 1913 – 25 jan 1914	eau	6	9
TIGRE (bois)	26 jan 1914 – 13 fév 1915	bois	5	1
LAPIN (bois)	14 fév 1915 – 2 fév 1916	bois	4	2
DRAGON (terre)	3 fév 1916 – 22 jan 1917	feu	3	3
SERPENT (feu)	23 jan 1917 – 10 fév 1918	feu	2	4
CHEVAL (feu)	11 fév 1918 – 31 jan 1919	terre	1	5
MOUTON (terre)	1 fév 1919 – 19 fév 1920	terre	9	6
SINGE (terre)	20 fév 1920 – 7 fév 1921	métal	8	7
COQ (métal)	8 fév 1921 – 27 jan 1922	métal	7	8
CHIEN (terre)	28 jan 1922 – 15 fév 1923	eau	6	9
SANGLIER (eau)	16 fév 1923 – 4 fév 1924	eau	5	1
RAT (eau)	5 fév 1924 – 23 jan 1925	bois	4	2
BUFFLE (terre)	24 jan 1925 – 12 fév 1926	bois	3	3
TIGRE (bois)	13 fév 1926 – 1 fév 1927	feu	2	4
LAPIN (bois)	2 fév 1927 – 22 jan 1928	feu	1	5
DRAGON (terre)	23 jan 1928 – 9 fév 1929	terre	9	6
SERPENT (feu)	10 fév 1929 – 29 jan 1930	terre	8	7
CHEVAL (feu)	30 jan 1930 – 16 fév 1931	métal	7	8
MOUTON (terre)	17 fév 1931 – 5 fév 1932	métal	6	9
SINGE (métal)	6 fév 1932 – 25 jan 1933	eau	5	1
COQ (métal)	26 jan 1933 – 13 fév 1934	eau	4	2
CHIEN (terre)	14 fév 1934 – 3 fév 1935	bois	3	3
SANGLIER (eau)	4 fév 1935 – 23 jan 1936	bois	2	4
RAT (eau)	24 jan 1936 -10 fév 1937	feu	1	5
BUFFLE (terre)	11 fév 1937 – 30 jan 1938	feu	9	6
TIGRE (bois)	31 jan 1938 – 18 fév 1939	terre	8	7
LAPIN (bois)	19 fév 1939 – 7 fév 1940	terre	7	8
DRAGON (terre)	8 fév 1940 – 26 jan 1941	métal	6	9
SERPENT (feu)	27 jan 1941 – 14 fév 1942	métal	5	1
CHEVAL (feu)	15 fév 1942 – 4 fév 1943	eau	4	2
MOUTON (terre)	5 fév 1943 – 24 jan 1944	eau	3	3
SINGE (métal)	25 jan 1944 – 12 fév 1945	bois	2	4
COQ (métal)	13 fév 1945 – 1 fév 1946	bois	1	5
CHIEN (terre)	2 fév 1946 – 21 jan 1947	feu	9	6
SANGLIER (eau)	22 jan 1947 – 9 fév 1948	feu	8	7
RAT (eau)	10 fév 1948 – 28 jan 1949	terre	7	8
BUFFLE (terre)	29 jan 1949 – 16 fév 1950	terre	6	9
TIGRE (bois)	17 fév 1950 – 5 fév 1951	métal	5	1
LAPIN (bois)	6 fév 1951 – 26 jan 1952	métal	4	2
DRAGON (terre)	27 jan 1952 – 13 fév 1953	eau	3	3
SERPENT (feu)	14 fév 1953 – 2 fév 1954	eau	2	4
CHEVAL (feu)	3 fév 1954 – 23 jan 1955	bois	1	5
MOUTON (terre)	24 jan 1955 – 11 fév 1956	bois	9	6
SINGE (métal)	12 fév 1956 – 30 jan 1957	feu	8	7
COQ (métal)	31 jan 1957 – 17 fév 1958	feu	7	8
CHIEN (terre)	18 fév 1958 – 7 fév 1959	terre	6	9
SANGLIER (eau)	8 fév 1959 – 27 jan 1960	terre	5	1

ANIMAL	DATES DU CALENDRIER OCCIDENTAL	Elément de l'année	Kua pour les hommes	Kua pour les femmes
RAT (eau)	28 jan 1960 – 14 fév 1961	métal	4	2
BUFFLE (terre)	15 fév 1961– 4 fév 1962	métal	3	3
TIGRE (bois)	5 fév 1962 – 24 jan 1963	eau	2	4
LAPIN (bois)	25 jan 1963 – 12 fév 1964	eau	1	5
DRAGON (terre)	13 fév 1964 – 1 fév 1965	bois	9	6
SERPENT (feu)	2 fév 1965 – 20 jan 1966	bois	8	7
CHEVAL (feu)	21 jan 1966 – 8 fév 1967	feu	7	8
MOUTON (terre)	9 fév 1967 – 29 jan 1968	feu	6	9
SINGE (métal)	30 jan 1968 – 16 fév 1969	terre	5	1
COQ (métal)	17 fév 1969 – 5 fév 1970	terre	4	2
CHIEN (terre)	6 fév 1970 – 26 jan 1971	métal	3	3
SANGLIER (eau)	27 jan 1971 – 14 fév 1972	métal	2	4
RAT (eau)	15 fév 1972 – 2 fév 1973	eau	1	5
BUFFLE (terre)	3 fév 1973 – 22 jan 1974	eau	9	6
TIGRE (bois)	23 jan 1974 – 10 fév 1975	bois	8	7
LAPIN (bois)	11 fév 1975 – 30 jan 1976	bois	7	8
DRAGON (terre)	31 jan 1976 – 17 fév 1977	feu	6	9
SERPENT (feu)	18 fév 1977 – 6 fév 1978	feu	5	1
CHEVAL (feu)	7 fév 1978 – 27 jan 1979	terre	4	2
MOUTON (terre)	28 jan 1979 – 15 fév 1980	terre	3	3
SINGE (métal)	16 fév 1980 – 4 fév 1981	métal	2	4
COQ (métal)	5 fév 1981 – 24 jan 1982	métal	1	5
CHIEN (terre)	25 jan 1982 – 12 fév 1983	eau	9	6
SANGLIER (eau)	13 fév 1983 – 1 fév 1984	eau	8	7
RAT (eau)	2 fév 1984 – 19 jan 1985	bois	7	8
BUFFLE (terre)	20 jan 1985 – 8 fév 1986	bois	6	9
TIGRE (bois)	9 fév 1986 – 28 jan 1987	feu	5	1
LAPIN (bois)	29 jan 1987 – 16 fév 1988	feu	4	2
DRAGON (terre)	17 fév 1988 – 5 fév 1989	terre	3	3
SERPENT (feu)	6 fév 1989 – 26 jan 1990	terre	2	4
CHEVAL (feu)	27 jan 1990 – 14 fév 1991	métal	1	5
MOUTON (terre)	15 fév 1991 – 3 fév 1992	métal	9	6
SINGE (métal)	4 fév 1992 – 22 jan 1993	eau	8	7
COQ (métal)	23 jan 1993 – 9 fév 1994	eau	7	8
CHIEN (terre)	10 fév 1994 – 30 jan 1995	bois	6	9
SANGLIER (eau)	31 jan 1995 – 18 fév 1996	bois	5	1
RAT (eau)	19 fév 1996 – 6 fév 1997	feu	4	2
BUFFLE (terre)	7 fév 1997 – 27 jan 1998	feu	3	3
TIGRE (bois)	28 jan 1998 – 15 fév 1999	terre	2	4
LAPIN (bois)	16 fév 1999 – 4 fév 2000	terre	1	5
DRAGON (terre)	5 fév 2000 – 23 jan 2001	métal	9	6
SERPENT (feu)	24 jan 2001– 11 fév 2002	métal	8	7
CHEVAL (feu)	12 fév 2002 – 31 jan 2003	eau	7	8
MOUTON (terre)	1 fév 2003 – 21 jan 2004	eau	6	9
SINGE (métal)	22 jan 2004 – 8 fév 2005	bois	5	1
COQ (métal)	9 fév 2005 – 28 jan 2006	bois	4	2
CHIEN (terre)	29 jan 2006 – 17 fév 2007	feu	3	3
SANGLIER (eau)	18 fév 2007 – 6 fév 2008	feu	2	4

Déterminez si vous êtes une personne du groupe est ou ouest

Si votre chiffre Kua est 1, 3, 4, ou 9, vous êtes une personne du groupe est et vos directions favorables et défavorables sont comme l'établit le tableau ci-dessous. Elles s'appliquent aux hommes comme aux femmes. Si votre chiffre Kua est 5, 2, 6, 7 ou 8, vous êtes une personne du groupe ouest, et vos directions favorables et défavorables sont établies dans le tableau en bas de page.

Directions du groupe est

CHIFFRES Kua	1	3	4	9
MEILLEURE DIRECTION	sud-est	sud	nord	est
DIRECTION DE SANTÉ	est	nord	sud	sud-est
DIRECTION D'AMOUR	sud	sud-est	est	nord
DIRECTION DE CROISSANCE PERSONNELLE	nord	est	sud-est	sud
DIRECTION DÉFAVORABLE	ouest	sud-ouest	nord-ouest	nord-est
DIRECTION DES CINQ FANTÔMES	nord-est	nord-ouest	sud-ouest	ouest
DIRECTION DES SIX MEURTRES	nord-ouest	nord-est	ouest	sud-ouest
DIRECTION DE LA PERTE TOTALE	sud-ouest	ouest	nord-est	nord-ouest

Directions du groupe ouest

CHIFFRES	5	5	2	6	7	8
Kua	hommes	femmes	pour TOUS	pour TOUS	pour TOUS	pour TOUS
MEILLEURE DIRECTION	nord-est	sud-ouest	nord-est	ouest	nord-ouest	sud-ouest
DIRECTION DE SANTÉ	ouest	nord-ouest	ouest	nord-est	sud-ouest	nord-ouest
DIRECTION D'AMOUR	nord-ouest	ouest	nord-ouest	sud-ouest	nord-est	ouest
DIRECTION DE CROISSANCE PERSONNELLE	sud-ouest	nord-est	sud-ouest	nord-ouest	nord-est	ouest
DIRECTION DÉFAVORABLE	est	sud	est	sud-est	nord	sud
DIRECTION DES CINQ FANTÔMES	sud-est	nord	sud-est	est	sud	nord
DIRECTION DES SIX MEURTRES	sud	est	sud	nord	sud-est	est
DIRECTION DE LA PERTE TOTALE	nord	sud-est	nord	sud	est	sud-est

Utiliser les tableaux

Les directions du groupe est sont l'est, le sud, le nord, et le sud-est ; les directions du groupe ouest sont l'ouest, le sud-ouest, le nord-ouest et le nord-est. Que vous soyez une personne du groupe est ou du groupe ouest, vos directions propres vous portent chance. Selon votre chiffre Kua exact, chacune des quatre directions vous apportera un genre différent de chance, et vous devrez orienter votre maison de façon que la porte principale soit en face de votre meilleure direction, comme il est indiqué dans le tableau qui vous concerne. De même, si vous êtes une personne du groupe est, toutes les directions du groupe ouest seront défavorables pour vous. La gravité de cette malchance dépend de votre chiffre Kua. Si vous êtes du groupe ouest, c'est l'inverse qui est vrai.

Utilisez les tableaux ci-dessus pour déterminer quelle direction spécifique vous devez activer pour les types spécifiques d'influence favorable, et aussi déterminer la gravité de chacune des directions de groupe à votre égard.

Sachez, par exemple, que si votre maison fait face à votre direction de 'perte totale', il est vraisemblable que la malchance sera votre lot. Une fois que vous savez quelles sont vos directions défavorables, vous êtes à même de dire immédiatement si l'orientation d'une maison particulière est favorable ou défavorable pour vous. Vérifiez simplement quelle est la direction à laquelle la porte principale fait face (de l'intérieur, en regardant au dehors).

Ayez à l'esprit qu'en utilisant la méthode de la formule sur les orientations, vous devez en même temps éviter d'être 'frappé' par des structures physiques de l'environnement immédiat. Le feng shui de la formule est efficace pour ce qui est de vous apporter une influence favorable, en harmonisant votre chi personnel avec celui de l'environnement ; mais il n'est pas assez puissant pour venir à bout du shar chi émis par des structures physiques hostiles comme des bâtiments, des autoponts, et des montagnes. Elles peuvent détruire tout votre bon feng shui de la formule si elles vous menacent.

Quand vous utilisez les méthodes de la formule, il faut que vous sachiez que les directions favorables et défavorables s'appliquent à la porte principale, et pas à la porte de derrière. Les directions peuvent être utilisées pour déterminer celle de la maison, ainsi que de chaque pièce. Il y a aussi d'autres utilisations, dont nous parlerons plus loin.

Questions posées au sujet des principes du feng shui

Q : Le Pa Kua est-il un symbole religieux ou spirituel ?
R : Je ne le considère pas comme un symbole religieux, mais je crois qu'il y a des connotations spirituelles attachées à l'utilisation du Pa Kua comme symbole protecteur. Je sais que les Chinois aiment faire bénir leur Pa Lua au temple avant de l'installer au-dessus de leur porte de devant. Je n'utilise, pour ma part, le Pa Kua qu'en dernier ressort. Je n'y attache aucune connotation religieuse ni spirituelle.

Q : Quelle est la signification du sceau de Saturne formé par l'arrangement des chiffres du Lo Shu ?
R : Cela permet de penser que le feng shui comme pratique est peut-être apparenté à des pratiques d'autres cultures. Je crois que les Chinois n'ont pas une connaissance exclusive de cette pratique environnementale si prometteuse. D'autres cultures ont probablement quelque chose de semblable au feng shui. Simplement, elles ne sont peut-être pas aussi clairement établies.

Q : Y a-t-il d'autres significations et associations attachées aux trigrammes, que vous n'ayez pas mentionnées dans ce livre ?
R : Oh ! Certainement ! Si vous lisez attentivement le *I Ching*, et que vous étudiiez les significations multiples des trigrammes et des hexagrammes, vous découvrirez de grandes quantités d'information. Je me reporte à la traduction de Richard Wilhelm, car elles est la plus complète. N'essayez pas d'étudier le *I Ching* à partir d'une version simplifiée. C'est un texte trop profond pour qu'on en fasse une lecture superficielle.

Q : Qu'en est-il si je ne peux effectuer les changements nécessaires pour améliorer mon feng shui ?

R : Dans des situations qui appellent des changements drastiques dans le mobilier ou les structures, utilisez exclusivement les méthodes du feng shui de la formule, à moins que ce qui est mauvais dans votre demeure ne soit dû au fait qu'elle est en face d'une motnagne. Dans ce cas, il n'y a rien d'autre à faire que de réorienter la maison. Autrement, un simple réagencement des directions d'assise et de sommeil donnera les résultats les plus extraordinaires.

Q : Commes puis-je déterminer le côté dragon et le côté tigre de ma maison ?
R : Il y a deux méthodes. Pour la première, tenez-vous légèrement à l'intérieur de votre entrée principale, et regardez vers l'extérieur. Le terrain qui est à votre gauche est le côté dragon, tandis que celui qui est à votre droite est le côté tigre.

La deuxième méthode utilise les directions de la boussole. Ainsi, le côté est de votre maison (là où brille le soleil matinal) est le côté du dragon, tandis que le côté ouest est celui du tigre. C'est le côté qui reçoit les rayons du soleil l'après-midi. La plupart des maîtres de feng shui utilisent l'une ou l'autre de ces méthodes. Ce serait idéal si le côté gauche coïncidait aussi avec l'est ... alors, vous n'auriez pas à choisir entre ces deux méthodes.

Les problèmes apparaissent, cependant, quand le côté gauche est l'ouest, et que le droit est l'est. Dans un tel cas, je préfère opter, quant à moi, pour la méthode de la boussole, mais je tiens à souligner que des maîtres de feng shui que je respecte sont en désaccord avec moi.

Q : Comment puis-je déterminer la forme de ma maison si elle est totalement irrégulière, et qu'en est-il si elle comporte des combinaisons de carrés, de cercles et de triangles ? Quelle perspective dois-je adopter – le plan ou l'élévation ?
R : Vous pouvez séparer artificiellement les parties et entreprendre votre analyse fondamentale selon, ou bien, comme le recommandent la plupart des maîtres de feng shui, prendre une vue intégrale de la forme de votre maison. Personnellement, je préfère la méthode intégrale, étant donné qu'ainsi, tout ce dont j'ai à m'occuper, c'est du problème des secteurs manquants. Les carrés, les cercles et les

triangles indiquent différentes énergies élémentales, et vous examinez simplement le secteur de la boussole pour voir si les énergies sont en harmonie selon le lieu où les formes sont situées. Quant à savoir si vous prenez le plan ou l'élévation, ma réponse est : 'les deux'. Les deux perspectives sont importantes, mais la plus importante est selon moi l'élévation.

Q : Comment savoir si l'équilibre yin/yang de ma maison est correct ? Dois-je redisposer le mobilier à chaque fois qu'il y a un changement de saison ?

R : Quand les énergies du yin et du yang seront bien équilibrées, vous vous trouverez bien plus à l'aise. Certaines personnes disent que c'est 'instinctif'. C'est peut-être vrai. Cependant, pour ma part, je pense que les demeures yang des vivants doivent avoir plus d'énergie yang que d'énergie yin. Le problème qui se pose communément, c'est celui de l'insuffisance d'énergie yang. Ou, dit autrement, il y a trop d'énergie yin quand votre maison est mal éclairée, sale, encombrée, humide, ou qu'y règne une odeur malsaine. Souvent, en pareils cas, il suffit d'ouvrir les fenêtres pour laisser entrer le soleil, qui purifiera les énergies. Ou bien, ouvrez à l'occasion toutes les portes et toutes les fenêtres pour faire entrer l'énergie fraîche, afin de renouveler les énergies viciées d'un espace qui a été clos toute l'année. Quant à la nécessité de s'adapter aux changements climatiques de la saison, la réponse est oui, mais il n'est pas besoin que vous redisposiez votre mobilier. Utilisez des éclairages, des cheminées et des ventilateurs pour augmenter ou diminuer les énergies yin et yang. Comme dans n'importe quelle pratique, il y a de la place pour la créativité et l'initiative.

Q : Que dois-je faire si ma porte principale est 'frappée' par une flèche empoisonnée, et que je sois dans l'impossibilité de la repositionner ?

R : Vous pouvez essayer de modifier légèrement l'orientation. Même quelques degrés pourraient faire la différence. Ou bien, créez une manière de barrière entre votre porte et la structure agressive qui vous vise – un bouquet d'arbres au feuillage dense est efficace ; vous pouvez encore suspendre un Pa Kua protecteur.

Q : Comment puis-je savoir si ma maison a un mauvais feng shui ?
R : Vous savez que quelque chose ne va pas si vous subissez une série de revers peu de temps après vous être installé dans une nouvelle demeure. Par exemple, si les membres de votre famille tombent malades les uns après les autres, ou que vous perdiez votre emploi sans raison valable. Que l'on soit victime d'un accident, ou que l'on soit volé ... la malchance peut parfois être due à l'hostilité temporaire des astres, que peut déterminer votre thème astrologique, mais si toutes les personnes qui vivent dans le même foyer semblent être en butte à la malchance, il serait utile de voir si quelque chose de nuisible n'affecte pas le feng shui de votre maison.

Généralement, ces changements ont lieu au cours du passage à une nouvelle période de feng shui : en général, la nouvelle année ... et le grand changement de période prochain, qui aura lieu en 2003.

Q : Que pensez-vous des piscines ?
R : Je déconseille en général de construire des piscines dans les demeures privées. La présence d'un corps d'eau si grand tout près de votre maison peut causer de graves problèmes feng shui. À moins que le terrain ne soit très grand, le danger que la piscine 'écrase' la maison est très réel. Il n'est pas non plus facile de positionner exactement la piscine. Si on la place à droite de la porte principale, par exemple, les résidants auront des problèmes de ménage. Et si elle est située au sud, cela nuira gravement à la réputation des résidants.

DEUXIÈME PARTIE

Le feng shui dans la maison et autour de la maison

Dispositions harmonieuses

Les maisons ont, dit-on, un feng shui favorable quand tous les éléments et énergies sont en harmonie mutuelle. De telles maisons vivent dans l'étreinte des créatures célestes – la tortue, le phénix, le dragon et le tigre – protégées par des montagnes, et adoucies par la vue de l'eau, qui apporte aussi une chance extrême. Les cinq éléments interagissent harmonieusement, et les énergies yin yang sont équilibrées tout le temps. Ces maisons sont d'ordinaire nichées dans un secteur favorable d'un versant de colline, abritées des flèches empoisonnées, et elles bénéficient des afflux favorables du souffle cosmique du dragon.

Pour ce qui est de l'intérieur, les logis favorables sont conçus pour permettre au sheng chi de serpenter harmonieusement et lentement de pièce en pièce. La circulation du chi n'a pas le loisir d'être hostile. Aucune disposition ne lui permet non plus de stagner ou de se vicier. Dans une telle demeure, il n'y aura jamais d'angles aigus, de couloirs droits, ni de portes en enfilade. La vivacité des énergies est entretenue, grâce à des soins réguliers et appropriés.

La disposition de la maison et des pièces sera bénéfique si le feng shui peut entrer dans la maison sans obstruction, en serpentant. Il faut prendre garde aux principaux tabous du feng shui. Les portes et les fenêtres ne doivent pas être disposées en sorte que le chi entre, et se sauve tout de suite. Toutes les flèches empoisonnées doivent être soit renvoyées, soit neutralisées. Alors, avec une disposition favorable, vous pouvez être sûr à 70% de jouir d'un bon feng shui.

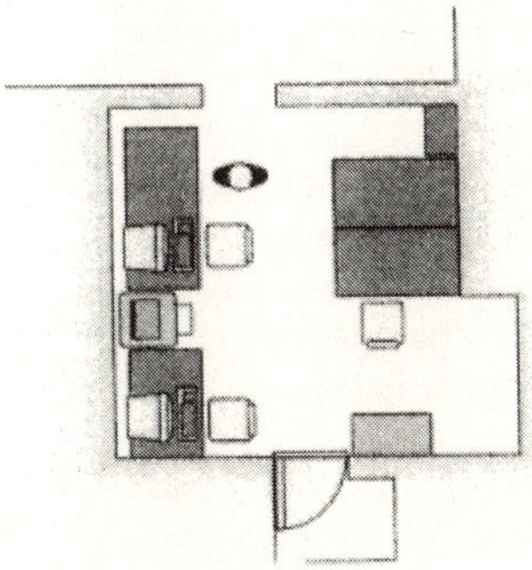

Le chi doit serpenter à travers une demeure ; aussi est-il préférable que la porte principale et la porte de derrière ne soient pas alignées.

Les principes d'une bonne disposition sont :

1 La porte principale ne doit pas donner sur un espace encombré, ni sur des toilettes, une fenêtre, un escalier, un pilier, un angle, ou un miroir.

2 La salle de séjour doit être dans la moitié extérieure de la maison, plus près de la porte de devant que de la porte de derrière.

3 La salle à manger et le salon doivent être situés dans la partie centrale de la maison. Cela contribue à l'harmonie familiale.

4 La cuisine doit être dans la moitié intérieure de la maison, et plus près de la porte de derrière que de la porte de devant.

5 Les toilettes doivent être petites, et toujours fermées, et la porte des toilettes ne doit pas être en face d'une autre porte, d'un esaclier, du lit ou de la table de la salle à manger. Il est préférable que les toilettes ne soient pas situées au nord-ouest et au nord-est d'une demeure.

6 Si la maison a des niveaux multiples, la salle à manger doit être plus haute que la salle de séjour, et les chambres doivent être au niveau supérieur. Les maisons à niveaux multiples sont acceptables, mais les maisons à 'deux niveaux' sont considérées comme déséquilibrées. Elles causent de graves pertes financières.

7 Il ne doit pas y avoir de longs couloirs à l'intérieur de la maison, étant donné qu'ils créent du shar chi, et des querelles et l'incompréhension en résulteront.

8 Tous les piliers, toutes les poutres de structure, doivent être encastrés dans les murs de la maison. Les poutres apparentes et les angles saillants créent un shar chi massif.

Une note sur les appartements à deux niveaux et les mezzanines

Généralement, ce ne sont pas des dispositions favorables d'un point de vue feng shui. Les logements à deux niveaux créent une confusion et une incertitude tandis qu'une mezzanine est considérée comme une pièce sans fondation.

Un mot sur les toilettes

Dans le feng shui, on dit que les toilettes créent un souffle vicié qui apporte une multitude de malchances et de mésaventures, la nature de ces malheurs dépendant du secteur occupé par les toilettes. Dans la Chine ancienne, la plupart des maisons étaient dépourvues de toilettes. Les riches mandarins et la maison impériale se faisaient apporter tous les jours des bains et des toilettes par des esclaves. Les classes pauvres, et même les plus pauvres de tous, les paysans, construisaient leurs toilettes à quelque distance de leur demeure. Cela reflétait leur conviction fondamentale selon laquelle le lieu où ils dormaient, mangeaient et travaillaient, ne devait pas être trop proche de celui où ils éliminaient leurs impuretés.

Ce principe particulier du feng shui est difficile à suivre dans l'environnement moderne, et c'est pour cela que je conseille d'avoir des toilettes petites, de toujours garder leur porte fermée. Les chapitres suivants parlent d'autres tabous relatifs au positionnement des toilettes, et de la façon de diminuer les effets de la mauvaise influence causée par celles-ci.

À gauche : Les toilettes sont peut-être peu de chose dans la maison, mais leur importance est grande parce qu'elles peuvent 'écraser' les influences favorables.

9 Les portes et les fenêtres ne doivent pas être en face les unes des autres, en étant placées à des murs opposés.

10 Les portes principales, les tables de salle à manger, et les tables de travail ne doivent pas être placées juste au-dessous de toilettes. Les toilettes ne doivent pas être à l'étage, pour que cela n'arrive pas.

Maisons favorables et maisons défavorables

Quand on vit dans une maison pourvue d'un bon feng shui, on se sent bien. On est en bonne santé, plein d'énergie. Sa carrière progresse sans heurt, il y a des occasions d'avancement. Les revenus croissent sans cesse et toutes les relations sont sans accroc. Votre attitude mentale est positive. Vos enfants travaillent bien à l'école, le ménage s'entend bien, et mène une vie gratifiante.

Ci-dessus : Une maison qui est blottie dans des montagnes protectrices a un bon feng shui.

Ci-dessous : Habiter sous une saillie rocheuse apporte malchance et malheur.

Si l'on a la malchance de vivre dans une maison affligée d'un mauvais feng shui, la vie est très déplaisante, très négative. Presque tout ira mal. Les occasions seront rares, et même quand elles se présenteront, on se trouvera dans l'incapacité d'en profiter. Il y a aura des querelles et de l'incompréhension, la maladie prévaudra. Des accidents et des malheurs arriveront à tout moment. Les relations interfamiliales, et avec les autres gens, ne seront pas bonnes. Les revenus ne sont pas bons non plus, et, dans des cas extrêmes, il y a des pertes financières. La maladie peut avoir une issue fatale. Les enfants sont apathiques et désobéissants, et les parents se trouvent pris dans un bourbier de problèmes et de maladies. La vie devient résolument terrible. Il est urgent de corriger le mauvais feng shui.

Si vous êtes victime d'un mauvais feng shui, vous pouvez, et devez, faire quelque chose à ce sujet. Parcourez systématiquement votre demeure, identifiez, une par une, les choses qui pourraient être néfastes pour vous. Le plus souvent, il n'est pas difficile de repérer les secteurs problématiques, et de les rectifier.

Il n'est pas nécessaire que le feng shui correctif soit difficile. Souvent, la solution peut être simple. Il n'est pas non plus nécessaire de faire venir un expert en feng shui, étant donné que la plus grande partie du feng shui est assez facile pour que vous vous en occupiez vous-même. Ne vous laissez pas mystifier par ceux qui voudraient vous faire croire que le feng shui est quelque chose de spirituel, qui nécessite des pouvoirs psychiques ou intuitifs. Le feng shui est une antique pratique, qui est merveilleusement scientifique. Et c'est parce qu'il est si facile à pratiquer, qu'il est devenu tellement en vogue. Tout le monde peut pratiquer le feng shui ; le feng shui est à votre portée.

Les Chinois utilisent le feng shui depuis des milliers d'années. Il fait partie de notre tradition culturelle, et beaucoup de Chinois occidentalisés dont les ancêtres émigrèrent de Chine continuent à pratiquer le feng shui. À Hong Kong et Taïwan, le feng shui est un mode de vie. Les hommes d'affaires ne changeront jamais de demeure sans examiner le feng shui de leur nouveau foyer, et la plupart des anciens préfèrent ne pas déménager, quelle que soit leur fortune. C'est parce qu'ils sont persuadés que leur chance est venue de leur maison originale.

Le nouveau gouverneur de Hong Kong – CH Tung – préféra, dit-on, vivre dans sa propre demeure et trouver un nouveau bureau, parce qu'il était convaincu que la maison et le bureau du dernier gouverneur britannique sortant, avait un feng shui défavorable.

À Singapour et en Malaisie, le feng shui est très populaire dans la population chinoise, et la connaissance du feng shui s'est aussi frayé un chemin vers l'Occident où il est accueilli avec un intérêt considérable, simplement parce qu'il est très efficace. Quand ils sont respectés, les principes du feng shui améliorent la chance – et ce n'est guère coûteux.

À droite : Les hommes d'affaires de Hong Kong considèrent le feng shui comme un mode de vie.

Orientations et directions

Une grande partie du feng shui se rapporte à la correction des orientations. Si une maison n'est pas positionnée de façon à faire l'usage maximum de la topographie environnante, son feng shui ne peut être maximisé. Cela signifie positionner la maison, et ajuster son orientation d'une façon qui lui permet de faire en sorte que ses courbes de niveau et ses élévations environnantes émettent un chi favorable en direction de la maison, plutôt que dans une direction opposée.

Cela signifie aussi positionner la maison pour faire en sorte que la porte principale soit de façon adéquate protégée des pierres et des flèches du souffle-qui-tue qui peut être présent dans l'environnement. La préoccupation initiale doit être de protéger la demeure du mauvais feng shui.

Chacune des huit directions principales de la boussole émet différentes sortes de chi, et la qualité de ce chi pour les résidants de la maison est ce qui leur donne une chance extraordinaire, ou au contraire ce qui provoque pertes et malheurs. Généralement, il y a deux façons de déterminer si la direction de votre maison est considérée comme favorable ou non. La première méthode est à la portée de tous, et elles est esquissée ici ; la seconde méthode est fondée sur la formule du Pa Kua Lo Shu présentée p. 86-90, et elle est décrite p. 88.

Le phénix rouge donne des occasions d'avancement.

La direction de la porte de devant

Le traité sur les directions se trouve dans le *Traité des Demeures Yang*, et ce livre affirme avec force que la porte principale d'une maison – la 'bouche' de la maison – doit être orientée au sud. Ce conseil se fonde sur les attributs de cette direction particulière. Son élément est le feu et son trigramme est li – ce sont des indications d'une forte énergie yang.

Le sud est considéré comme la source de beaucoup de bonnes choses dans le symbolisme feng shui. Ainsi, si votre maison est orientée au sud, et que derrière se trouve une colline ou un terrain surélevé qui vous donne un soutien, alors votre feng shui de direction peut être considéré comme généralement favorable. Aussi, en faisant face au sud, votre demeure se conformera à l'autre configuration feng shui classique, qui recommande que les maisons soient face au lieu du phénix rouge (voir p. 32) bénéficiant ainsi des nombreuses occasions d'avancement qu'apporte cette créature céleste. Le lieu du phénix est le sud.

Il y a d'autres recommandations pour les directions qui sont favorables, et pour celles qu'il faut éviter. Certaines écoles de feng shui mettent formellement en garde contre l'orientation sud-ouest, disant que cette direction est l'entrée de l'enfer. Personnellement, je ne souscris pas à cette règle particulière, étant donné que cette direction est celle de la 'matriarche', et l'endroit du trigramme Kun, qui est, naturellement, considéré comme l'opposé du trigramme chien, celui du patriarche.

Le sud-ouest est le secteur qui est le plus yin du point de vue de l'énergie, et c'est peut-être cette interprétation qui a conduit à la mise en garde contre l'orientation des portes au sud-ouest. Ma propre maison fait face à cette direction, et cela fait trente ans que ça dure, et je ne crois pas que cela m'ait posé le moindre problème. Le sud-ouest m'est favorable, mais je suspends deux lustres de cristal, l'un au côté intérieur, l'autre au côté extérieur de la porte. Ceux dont la porte de devant est orientée au sud-ouest, au sud et au nord-est, peuvent faire la même chose.

Le nord-ouest est le lieu du patriarche. Si votre porte principale fait à face à cette direction yang suprême, gardez-la ouverte quelques heures au moins par semaine, pour accueillir cette énergie qui vient, dit-on, du ciel. Le nord-ouest est la direction du trigramme Chien, qui symbolise le ciel.

Un lustre dans la maison

Un lustre fait entrer une précieuse énergie yang qui équilibre le yin de cette direction, mais il crée aussi un élément d'harmonie vitale. La lumière, étant de l'élément feu, crée l'élément terre, qui est l'énergie intrinsèque de ce secteur. Je conseille vivement le lustre de cristal, et si vous pouvez en trouver, je vous recommande fortement d'en acheter un que vous suspendrez au milieu de votre salle de séjour. Le lustre crée surtout d'excellentes vibrations pour la maison, attirant l'influence favorable à l'argent et à la réussite pour chaque membre de la famille. Les lustres de cristal apportent une chance encore plus grande si leur localisation coïncide avec les secteurs feu ou terre de la maison ou de la pièce – ce sont les secteurs sud, sud-ouest, et nord-est.

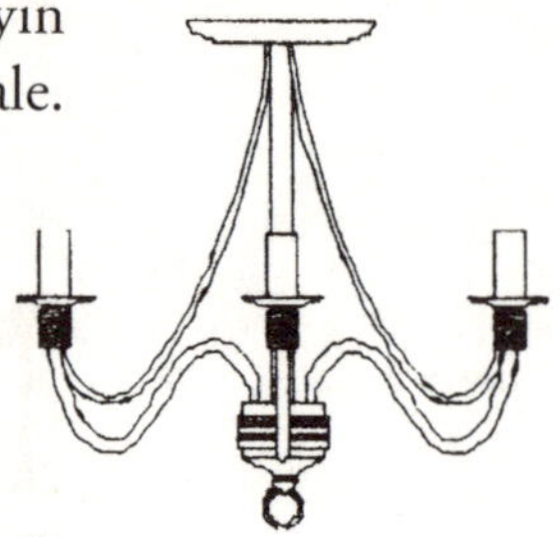

Les lustres sont un excellent feng shui pour la porte principale.

La formule du Pa Kua Lo Shu

Selon la formule du Pa Kua Lo Shu, les alignements nord-sud sont soit extrêmement bons soit extrêmement mauvais. Si vous êtes une personne du groupe est (voir p. 87-88), d'avoir votre porte principale orientée au nord ou au sud vous profitera énormément. Cependant, si la formule du Pa Kua Lo Shu vous désigne comme une personne du groupe ouest, cet alignement vous causera beaucoup de problèmes, surtout si la porte fait face au nord, le lieu du trigramme kan, le trigramme dangereux.

Quelques exemples de personnes du groupe est et du groupe ouest

Les Palais de la Cité Interdite à Pékin ont été édifiés selon l'axe nord-sud, avec l'entrée face au sud, en accord avec le Classique de la Demeure Yang. Le complexe palatial fut ainsi extrêmement favorable à la dernière impératrice de Chine, Tzu Hi, qui était une personne du groupe est. Elle passa du rang de simple concubine à celui d'Impératrice douairière, et elle devint ainsi la personne la plus puissante du pays jusqu'à sa mort.

Mao Zedong, le leader communiste charismatique, était, lui, une personne du groupe ouest. Il lui fut dit que le complexe palatial détruirait sa chance. Aussi, durant son séjour à Pékin, Mao ne mit pas le pied dans la Cité Interdite. Il s'établit dans une autre partie de la ville, qui lui convenait, et aligna la direction de sa porte principale sur ses directions favorables.

Routes et allées

Nous avons déjà parlé du mauvais feng shui de carrefours défavorables qui créent un souffle-qui-tue ; de routes droites qui apportent mort et malheur, et d'autoponts qui nuisent à l'environnement des maisons et immeubles (voir p. 64-65). Il y a cependant d'autres éléments externes plus proches de la maison qui causent un feng shui défavorable. Voici quelques-uns des plus communs de ces problèmes, dont il faut tout le temps avoir conscience.

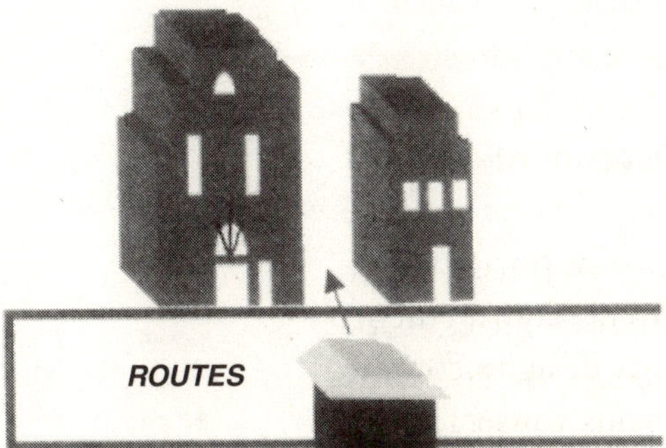

Faire face à un passage étroit causé par de hauts immeubles est aussi un mauvais feng shui.

Être pris en sandwich entre deux grands immeubles porte malchance.

1. Une maison, ou plus particulièrement une porte principale, qui donne sur une allée étroite entre deux grands immeubles, souffre d'un mauvais feng shui. La conséquence en est une pression accrue au travail, une perte d'énergie et d'enthousisasme, et la maladie.

Si vous ne pouvez changer de logis, le meilleur remède est de réorienter votre porte principale au cas où vous faites face à ce passage étroit, et d'installer un éclairage au-dessus du toit de votre maison si vous êtes pris en sandwich entre deux immeubles. Cela élève le chi, et doit améliorer la situation. Une autre solution consiste à placer un grand miroir concave sur le toit, qui renverra symboliquement l'image de bâtiments attenants.

2. Une maison, et particulièrement la porte principale, qui fait face à un cul-de-sac, ou, pire encore, qui donne sur une allée circulaire ressemblant à une tombe chinoise, peut être cause que ses occupants tombent fréquemment malades. Il y aura aussi beaucoup de dysharmonie. Les enfants souffriront et deviendront difficiles à contrôler, et l'excès

Être en face de ce genre de disposition de route, c'est comme faire face à une tombe à cause de la forme de la route, et la façon dont elle s'arrondit. Faites pousser un bouquet d'arbres comme l'indique le dessin.

d'énergie donne naissance à de la mauvaise humeur, des querelles, et une immense malchance dans tout ce que l'on entreprend. Donner sur un cul-de-sac, cela signifie aucune échappatoire. La solution, c'est de peindre votre porte en rouge vif, d'installer deux lumières de portail d'entrée à au moins 3 m au-dessus du niveau du sol, et de planter un bouquet d'arbres pour cacher à la vue la disposition néfaste de la route.

3. Les allées ne doivent jamais être des voies droites dirigées vers les portes principales. C'est aussi mauvais qu'un carrefour en T, et les effets sont similaires. Les allées doivent de préférence être courbées *vers* la porte principale, mais pas *à* la porte principale. Les allées circulaires sont considérées comme favorables, mais elles doivent être véritablement circulaires, et non point recourbées comme un couteau. Les allées circulaires avec une fontaine au milieu sont particulièment favorables. Il est préférable d'avoir un seul portail, avec une allée circulaire, plutôt que deux, à moins d'avoir une propriété énorme. Deux portails devant une maison rédidentielle de taille

Cette allée n'est pas bénéfique.

Elle doit être courbe, ou circulaire, comme celle-ci.

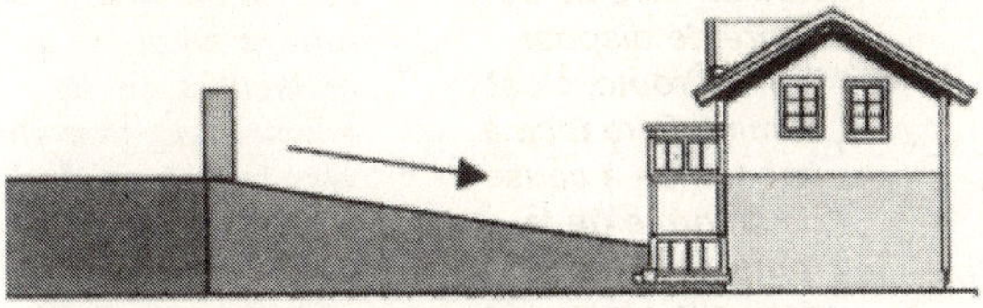

Il n'est pas recommandé d'avoir une allée qui descend vers la maison. Cela signifie aussi que la maison est au-dessous du niveau de la route. Il est préférable que l'allée soit au même niveau que la route.

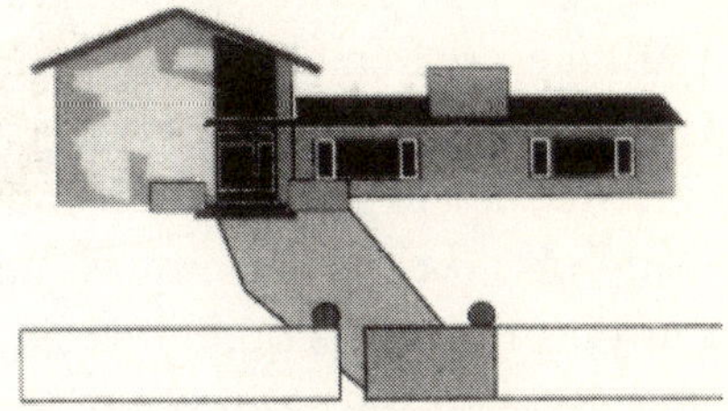

Une allée qui se rétrécit vers l'extérieur est une mauvaise disposition.

moyenne, peuvent provoquer un déséquilibre et faire que l'argent 's'écoule à l'extérieur'. Ce n'est pas recommandé.

4. Les allées doivent être plates. Quand la route descend trop rapidement vers la maison, le feng shui est mauvais. Quand elle monte, le feng shui n'est pas aussi mauvais, mais ce n'est pas aussi bon que d'avoir une allée qui soit de niveau avec la route qui dessert la propriété.

5. Les allées peuvent et doivent toujours être renforcées par des éclairages. Une lumière de chaque côté de l'allée permet à l'énergie de rester équilibrée. Les allées doivent être toujours de même largeur, sans élargissement ni rétrécissement, qui créent un déséquilibre et sont cause de malchance – occasions qui ne portent pas leurs fruits, difficultés à économiser, etc. Tout revenu qui vient dans la maison en repart aussitôt. Les meilleures allées sont parallèles à la porte de devant. Mieux encore, elles doivent sembler serpenter vers la porte principale.

Clôtures et portails

Les limites d'une propriété délimitent les paramètres des énergies qui tourbillonnent autour du logis. Aussi convient-il d'observer d'importants principes de feng shui relatifs aux clôtures et aux portails. Ils ont trait aux niveaux, formes, matériaux utilisés, et motifs décoratifs.

1. Toute clôture entourant une propriété doit être de même hauteur, surtout de chaque côté du portail de devant. Si un côté est plus haut que l'autre, il y a déséquilibre. Il n'est pas favorable d'avoir une semblable clôture, et les chances peuvent fluctuer et ne pas être solides.

2. Les clôtures pleines sont meilleures que les clôtures à claire-voie. Ainsi, il est préférable d'avoir un mur de clôture en briques, ou une palissade en bois, plutôt qu'une clôture grillagée ou faite de chaînes. Cela dit, les experts conseillent de faire une analyse élémentale quand on s'occupe des limites. Les murs sud, sud-ouest et nord-est sont plus favorables quand ils sont en briques et en béton. Les clôtures à l'ouest, au nord-ouest, et au nord, doivent être d'acier ou d'un autre métal. Les clôtures à l'est et au sud-est doivent être en bois.

3. Il faut faire attention quand on fait le design de clôtures grillagées et en palissade – être sensible aux formes qui peuvent être néfastes. Les choses à éviter sont les flèches pointées – soit pointées vers l'intérieur (qui vous blessent), soit dirigées vers l'extérieur (qui blessent vos voisins). En fait, éviter les pointes, à moins qu'elles ne soient dirigées vers le haut. Les clôtures en bois ne doivent pas comporter de croix ni de flèches dirigées vers le bas, car cela tend à nuire à la maison.

4. Il faut observer pour les portails les mêmes principes que pour les clôtures. Choisissez les matériaux en fonction du secteur où le portail principal est situé.

Les motifs cruciformes ne sont pas conseillés, car ils envoient du shar chi vers la maison. Les motifs en forme de diamant ne sont pas non plus conseillés. Toute ce qui est pointu crée un shar chi.

La porte principale

Après vous être occupé des structures externes les plus communes qui peuvent blesser le feng shui de votre porte principale, il convient d'examiner les positionnements et les objets qui peuvent poser des problèmes de feng shui à la porte principale depuis l'intérieur de la maison. Des objets peuvent s'opposer à l'harmonie de la maison, soit en empêchant le sheng chi de venir dans la maison, soit en empêchant le chi de circuler librement à travers la demeure. Ou encore, ils empêchent le shar chi de frapper directement à la porte principale.

La porte principale est l'un des éléments les plus importants de la pratique du feng shui, et son feng shui doit être préservé à tout prix. La réorientation de la porte doit être bénéfique. Rien ne doit non plus venir nuire à la porte principale. Le feng shui est catégorique à cet égard – veillez à ce que la porte principale ait un bon feng shui, et votre feng shui est bon à 80%. En revanche, si le feng shui de la porte principale est défectueux, l'effet est amplifié, et la malchance causée est grave. Voici d'importantes règles de base à observer, quant au feng shui de votre porte principale.

La porte principale et l'emplacement des toilettes

Il ne faut pas que des toilettes soient placées directement au-dessus de la porte principale, à l'étage supérieur. Cela cause une grave malchance. Veillez à ce que les salles de bain et les toilettes du premier étage ne soient pas directement au-dessus de l'entrée ou du vestibule, et ne blessent pas votre porte principale. Si jamais c'était le cas, changez le positionnement de la porte, ou faites d'une autre porte votre porte principale. Si ce n'est pas possible, n'utilisez pas les toilettes à l'étage, et placez un éclairage à haut voltage au plafond de l'entrée. Cela purifie la mauvaise énergie dans une certaine mesure.

La porte principale ne doit pas s'ouvrir sur des toilettes. Si c'est le cas, toute influence entrant dans votre maison sera chassée. C'est

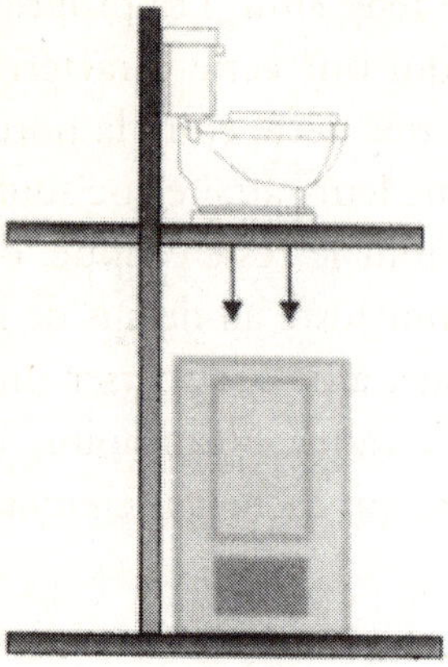

À gauche : Ne placez pas de toilettes directement au-dessus de la porte principale.

À droite : N'installez pas non plus de toilettes de façon qu'elles donnent sur la porte principale.

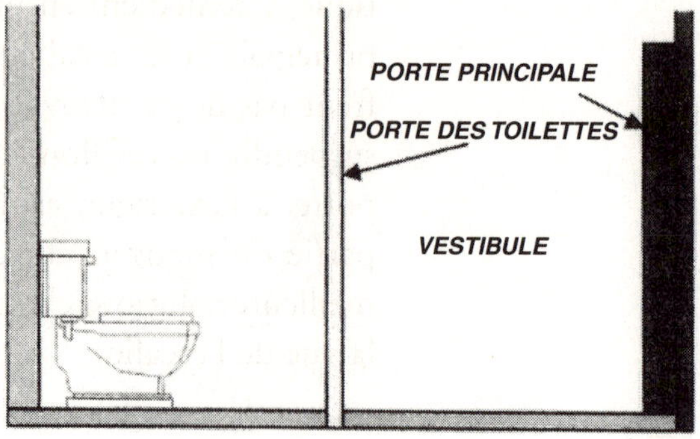

une disposition particulièrement néfaste, et le meilleur moyen d'y remédier, c'est de garder les toilettes fermées tout le temps. Si la porte des toilettes n'est pas dans l'alignement de la porte principale, vous pouvez placer une glace sur la porte des toilettes. Cela fait disparaître symboliquement les toilettes.

Ci-dessus : Quand l'escalier fait directement face à la porte de devant, et qu'il est tapissé de rouge, la malchance est extrêmement grave.

La porte principale et les escaliers

La porte principale ne doit jamais donner directement sur un escalier. Que l'escalier monte ou descende, ce n'est pas une disposition favorable, et plus l'escalier est long, plus il peut être nuisible pour la demeure.

En Occident, on voit fréquemment ce genre de disposition – particulièrement à Londres, où beaucoup de maisons urbaines présentent ce genre de défaut. Dans beaucoup de cas, cependant, l'escalier ne fait face qu'à demi à la porte de devant. Dans certains cas, j'ai remarqué que les trois dernières marches sont habilement disposées de façon qu'elles ne soient pas en face de la

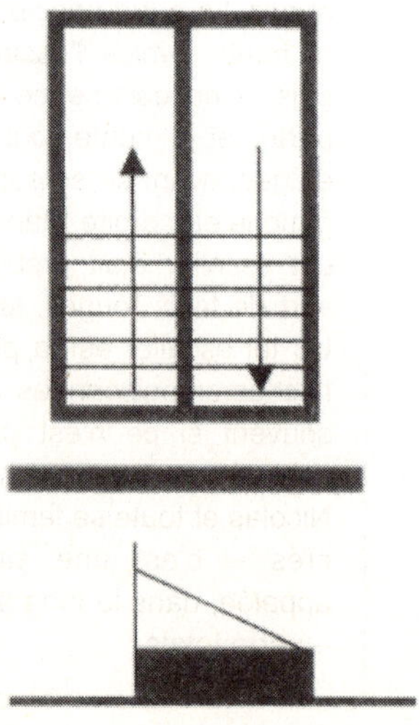

À droite : Quand un escalier monte et qu'un autre descend, l'effet est très déséquilibré. Rien ne réussira dans un tel logis. Ici, la meilleure solution consisterait à créer un genre de barrière, en faisant soit une cloison nouvelle si l'entrée est assez vaste, ou en plaçant un écran entre la porte principale et l'escalier.

porte de devant. C'est un excellent remède feng shui. Les propriétaires des restaurants chinois de Londres qui ont cette caractéristique, y remédient en mettant une barrière très nette entre la porte principale et les escaliers, faisant en sorte que leurs affaires ne souffrent pas de ce mauvais feng shui. Quand tout le reste échoue, de suspendre un carillon éolien au centre du mur juste au-dessus de la porte, à l'extérieur, et d'installer un éclairage, aide à disperser une partie du mauvais chi qui a été créé par l'escalier. Néanmoins, la meilleure solution, c'est de créer une barrière qui cache entièrement la vue de l'escalier.

La porte princpale et les miroirs

Presque tous les experts en feng shui que j'ai consultés sont d'accord avec moi, en ce qui concerne le positionnement d'une glace en face de la porte principale, et qui la réfléchisse. On croit que lorsque la porte principale est réfléchie dans une grande glace murale, non seulement la chance de la maisonnée commence à diminuer, mais aussi la santé du chef de famille en souffre. En général, les miroirs doivent être utilisés avec beaucoup de soin. Je conseille de considérer ce qui se reflète dans le miroir.

Quand le miroir reflète la porte principale, toute la bonne influence qui entre par la 'bouche' de la maison en ressort aussitôt. J'ai eu à pâtir de cette inadvertance. J'avais placé un énorme miroir mural sur un mur de salle à manger (c'est une disposition favorable). Malheureusement, je ne m'étais pas rendu compte que, bien que ma salle à manger soit au moins à dix mètres de ma porte de devant, celle-ci se reflétait dedans, tant il était grand. Cela annonçait que toute influence favorable disparaîtrait derrière le miroir ! Sans perdre un instant, j'installai un grand écran entre le miroir et la porte, sauvant ainsi mon feng shui.

L'escalier du Tsar Nicolas

L'exemple le plus terrible de la puissance létale d'un escalier, est peut-être celui du grand escalier qui est en face de la porte principale du palais de Saint-Petersbourg qui était occupé par le Tsar Nicolas et sa famille. Le palais n'est plus maintenant qu'une attraction touristique, où il y a des représentations de danses folkloriques ; c'est ainsi que je m'y rendis. La porte principale est très large et haute ; mais l'escalier l'est encore plus. Il ne commence qu'à 2 m de la porte, et il monte tout droit, sur deux étages, avant de se séparer en deux, à gauche et à droite. Dans l'ancien temps, cet escalier était probablement recouvert de tapis rouges, signifiant le sang. Un tel escalier est la plus mortelle des flèches empoisonnées. Je me demande souvent si ce n'est pas autre chose qu'un hasard cruel qui fit que le Tsar Nicolas et toute sa famille furent massacrés – c'est une situation qui est appelée, dans le feng shui, chueh ming – perte totale.

Le lecteur ne doit pas se faire de souci au sujet des miroirs qui sont placés à proximité de la porte principale – ce n'est que lorsque la glace reflète la porte, qu'il y a nuisance.

Une plante positionnée devant un angle saillant aide à masquer le chi potentiellement nuisible qui émanera de l'angle.

Angles et portes principales

Il semble difficile à croire qu'il y ait des maisons et des appartements construits avec des angles, des piliers, et des arêtes aiguës directement en face de la porte principale. Ces structures représentent des flèches empoisonnées qui frappent la porte depuis l'intérieur de la maison. Elles ne font pas de bien aux résidants, et représentent une malchance mortelle. Il faut faire tout son possible pour contrer l'effet néfaste – en plaçant des plantes touffues ou des plantes grimpantes, pour adoucir l'arête faisant face à la porte. Dans l'illustration ci-contre, le mur crée l'angle, et on a remédié à cela en positionnant une plante de façon stratégique. La même position peut être appliquée à un pilier ou un angle saillant.

La porte principale et les autres portes

Quand trois portes ou plus sont en enfilade, le feng shui créé ainsi est considéré comme mortel. La seule chose qui soit pire que cela, c'est quand l'une des portes est la porte principale, et que l'autre est la porte de derrière. C'est un tabou de feng shui connu de presque tous les adeptes de cet art. Si vous avez le malheur d'avoir cette disposition chez vous, je vous conseille fortement de mettre une barrière devant la porte du milieu, pour forcer le shar chi rapide à ralentir, contourner la barrière, et, ainsi, se transformer en quelque chose de moins nuisible. Cette barrière peut être n'importe quelle sorte d'écran isolant ou décoratif.

Au-dessus : Si vous avez trois portes en enfilade, placez un écran entre deux d'entre elles, pour ralentir l'afflux de chi.

Ralentir le chi

Les couloirs sont défavorables, et, plus ils sont longs, plus leurs effets sont néfastes. Si votre chambre se trouve à l'extrémité d'un long couloir, l'effet est semblable à celui que produirait un carrefour en T où le souffle qui tue se précipite vers vous. Le meilleur moyen d'atténuer le mauvais effet des couloirs, c'est de placer des objets tout le long, qui ralentissent le chi qui y circule. Des plantes, par exemple, ralentiront le chi, ainsi qu'un carillon éolien ou des tiges de bambou creux attachés avec du fil rouge.

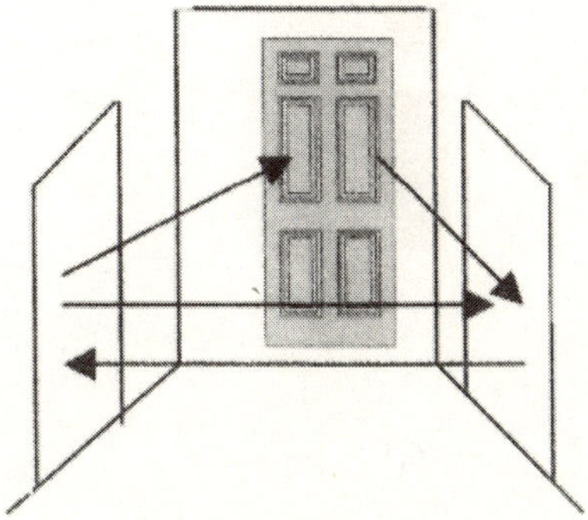

Ci-dessus : Quand trois portes s'ouvrent les unes sur les autres, il peut y avoir régulièrement des disputes.

On peut aussi suspendre un carillon éolien ou une paire de flûtes, mais ce n'est pas aussi efficace que de suspendre un écran. Quoi que vous décidiez, vous devez agir vite, car il s'agit là de l'un des plus dangereux des tabous feng shui. Pour faire en sorte qu'au moins la porte du milieu reste fermée, pour que les trois portes ne soient pas ouvertes en même temps, on peut aussi fixer une fermeture automatique.

Si la dernière des trois portes est celle d'une chambre, l'énergie entre dans cette pièce, affectant négativement les occupants. Il est toujours bon que la chambre soit éloignée de la porte principale. On peut placer un écran entre la chambre et la porte principale, mais s'il n'y a pas assez d'espace, suspendez un rideau, des stores en plastique, ou des volets en bois – tout ce qui peut efficacement créer une barrière.

Quand deux portes sont en face l'une de l'autre, on dit qu'elles sont en affrontement mutuel. On peut s'attendre à ce que les occupants des deux chambres ne se supportent pas mutuellement.

Quand trois portes forment un triangle, cela indique que les querelles et l'incompréhension seront un trait constant de la scène domestique. La façon de contrer l'énergie négative ici, c'est de suspendre un carillon éolien au centre du triangle, dissolvant le vortex des énergies sauvages, et réduisant ainsi les conflits entre les membres de la maisonnée. Un éclairage fort dans le couloir, visible des trois portes, est un autre moyen efficace de venir à bout de la mauvaise énergie.

Portes principales et fenêtres

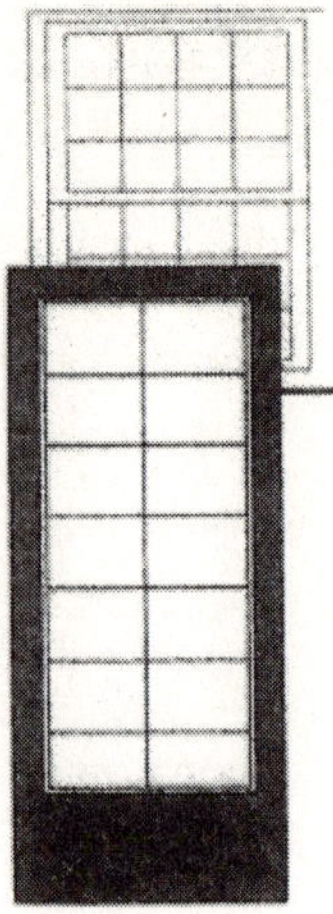

Quand la porte principale est directement en face d'une fenêtre, le sheng chi ne fait qu'aller et venir ...

Les portes principales qui sont en face d'une fenêtre située sur le mur d'en face ne peuvent garder le cheng chi qui entre dans la maison. De telles fenêtres font repartir immédiatement la bonne influence qui est entrée. C'est pour cette raison que les experts en feng shui mettent en garde contre les ouvertures dans les murs opposés à la porte principale. Les fenêtres doivent toujours être pratiquées dans des murs qui sont de chaque côté de la porte, et le mur d'en face doit rester plein. Cela fait que le chi qui entre dans la maison a l'occasion de ralentir et de s'accumuler, bénéficiant ainsi aux résidants.

Ce principe est tout particulièrement important quand les fenêtres de la maison sont au ras du sol, car cela en fait des portes. Rappelez-vous que l'idée du feng shui est de capturer le sheng chi vital, ou souffle bénéfique, et que d'avoir des portes alignées n'est pas la bonne façon de procéder.

Éléments architecturaux à éviter

Il y a quatre éléments architecturaux principaux qu'il faut examiner à l'intérieur de n'importe quelle demeure, maison ou appartement. Parce qu'ils sont structuraux, chaque demeure en possède. Mais la façon dont ils sont placés par rapport à la porte principale, et l'endroit où ils sont placés par rapport aux secteurs de travail, de repos et de sommeil des occupants, ont une importance feng shui. Aussi, recherchez ces éléments, évaluez leur impact sur votre santé et votre chance, et, si nécessaire, introduisez des innovations curatives qui peuvent camoufler leur présence.

Poutres apparentes

Elles causent beaucoup de problèmes, car les poutres lourdes, apparentes, émettent du shar chi d'en haut. Dans la plupart des cas, les poutres sont anguleuses et massives, et elles ont des arêtes aiguës qui créent la malchance, pesant inévitablement sur quiconque a le malheur de travailler, d'être assis ou de dormir dessous. La malchance créée peut être aussi bénigne que des maux de tête, ou aussi grave que des maladies sérieuses ou des pertes financières. Il faut soit camoufler ces poutres, soit ne pas rester dessous – ou mieux encore, faire les deux. Si vous habitez un rez-de-chaussée d'un immeuble à plusieurs étages, imaginez seulement, disons, vingt étages avec la même poutre apparente, qui vous accable tandis que vous dormez ou travaillez.

Imaginez que vous vous asseyez sous une poutre apparente comme celle-ci. C'est comme si l'on avait une charge lourde suspendue au-dessus de sa tête. Il peut être utile d'adoucir les arêtes avec des plantes grimpantes, mais ça n'est pas suffisant. Il serait préférable de suspendre des tiges de bambou attachées avec du fil rouge pour neutraliser le shar chi de ces poutres.

La solution, pour détourner et dissoudre les mauvaises énergies créées, consiste à installer un faux plafond. C'est la solution la plus efficace, étant donné que la poutre disparaît effectivement. Mais pour recourir à cette méthode, il faut avoir un budget suffisant, et un plafond assez haut. Il y a une autre solution, plus simple, consistant à placer des plantes grimpantes et des volants décoratifs à votre plafond. Cela adoucit les arêtes, mais la pesanteur de la poutre demeure.

Une autre méthode consiste à suspendre un grand carillon éolien ou un couteau recourbé à la poutre. Cela marche pour les poutres situées dans les secteurs est et sud-est. Dans les secteurs sud-ouest et nord-est, on peut neutraliser le shar chi des poutres en suspendant une paire de bambous creux attachés avec du fil rouge (voir page 76).

Si les lourdes poutres architectoniques causent de graves problèmes de feng shui, d'autres éléments exposés non structuraux ou décoratifs qui intègrent le plafond ne sont pas moins susceptibles de nuire. Le style rustique, par exemple, avec ses poutres et chevrons apparents 'décoratifs', et les plafonds de plâtre qui arborent des motifs anguleux, sont aussi cause de maints problèmes. Les meilleurs plafonds sont ceux qui sont plats, sans protubérances ni concavités.

Le feng shui de vos plafonds doit être plutôt défensif

Les plafonds ne sont pas destinés à énergétiser le bon feng shui, mais ils ont la capacité de faire des ravages dans le feng shui de n'importe quel bâtiment, maison ou immeuble. Aussi, soyez attentif à ce qui se trouve au-dessus de vous, parce que l'énergie nuisible créée d'en haut peut parfois provoquer des dégâts sérieux. Nous avons déjà parlé du grave danger que représentent les poutres apparentes et les motifs de plafond inappropriés, qui créent des flèches empoisonnées d'en haut. Les glaces au plafond sont aussi des éléments défavorables, car elles tendent à créer de la discorde et du désordre dans la maison. Les plafonniers élaborés sont généralement bénéfiques, spécialement les lustres de cristal, mais il faut se garder d'avoir des éléments qui font saillie au plafond. Dans cette catégorie, citons les ventilateurs de plafond, les bois sculptés et autres corniches décoratives. Ces objets sont trop souvent cause d'énergie malsaine, qui fait pression d'en haut, et ils sont à déconseiller.

Il faut considérer avec prudence les verrières. Des ouvertures dans la maison pour laisser pénétrer la lumière ne sont bonnes que lorsqu'elles ne sont pas placées au centre de la demeure. Le cœur du foyer doit être à l'abri des éléments.

Angles saillants

Les angles sont aussi problématiques que les poutres apparentes, et aussi communs. La plupart des maisons ont ces éléments techniques au mauvais design, qui peuvent être facilement dissimulés quand le bâtiment est conçu, mais qui le plus souvent ne le sont pas. On m'a dit que les angles saillants et les poutres apparentes sont l'effet des restrictions de budget. Ces maisons sont simplement meilleur marché, et plus faciles à construire. Mais ces éléments sont cause de mauvais feng shui, et si votre maison a des coins saillants, je vous conseille de les dissimuler.

Si les arêtes aiguës des angles dièdres ne sont pas directement dirigés sur votre porte principale, ou vos lieux de sommeil ou de travail, vous échappez au shar chi mortel qu'elles émettent. Mais si par maheur vous êtes sur le chemin de ces énergies négatives, votre destin en pâtira, et votre vie laborieuse et amoureuse sera soumise à une grande tension. Votre santé aussi en souffrira.

Il y a trois méthodes excellentes pour s'occuper des angles saillants ; elles consistent à :

- Suspendre un grand carillon éolien devant l'arête de l'angle.
- Suspendre des tiges creuses de bambou liées avec du fil rouge.
- Placer une plante en pot qui ait un feuillage touffu pour camoufler l'arête tranchante.

Usez d'une combinaison de ces méthodes dans toute la maison, si vous le souhaitez. Les solutions feng shui ne seront pas laides, si l'on fait preuve de créativité. Si vous recourez à la thérapie par les plantes, pensez à jeter les plantes dès qu'elles donnent des signes de dépérissement (voir aussi p. 75-76). Croyez-moi, même les plantes les plus saines ne peuvent durer longtemps, si elles sont quotidiennement heurtées par le shar chi d'une arête tranchante. Aussi, changez fréquemment de plante, ou utilisez une plante en pot artificielle. Ce sont des remèdes feng shui efficaces. N'utilisez jamais de plantes séchées ou mortes, car elles émettent de l'énergie yin, et vous ne feriez qu'échanger un problème contre un autre.

Ne mettez jamais de plante dans votre chambre, parce que là, elles ne sont pas favorables. Elles tendent plutôt à saper l'énergie. La meilleure méthode, ici, est celle qui utilise des bambous.

Piliers isolés et colonnes

Les piliers et colonnes isolés sont aussi fréquents dans les maisons, parce qu'ils représentent une économie dans le coût de la construction. Malheureusement, ils ont le même effet que les angles saillants, sauf que les chances d'être atteint par ce genre de pilier sont considérablement accrues, étant donné que, parce qu'ils sont isolés, il y a quatre arêtes tranchantes qui émettent le shar chi – le souffle qui tue. Ces colonnes sont le plus souvent structurales, et, ainsi, supportent le poids du bâtiment.

Les piliers ronds ne sont pas aussi mauvais que les carrés, mais ils représentent aussi un obstacle ; aussi, je vous recommande fortement de ne pas avoir de pilier chez vous, à moins que vous ne soyez assez riches pour pourvoir aux frais occasionnés par des remèdes feng shui.

Dans les édifices publics, comme les hôtels et les grands magasins, les piliers carrés massifs ont un impact négatif sur les affaires, à moins qu'ils ne soient camouflés de façon convenable et esthétique. Voyez, par exemple, les magnifiques piliers qui ornent les entrées des Hôtels Shangri La des villes d'Extrême-Orient, par exemple. Ils sont tous magnifiquement dissimulés, si bien que les arêtes ne blessent personne, et il est sûr qu'ils ne nuisent pas aux affaires. Pour commencer, ces piliers ont eu leurs arêtes coupées, ce qui a fait que le carré est devenu un octogone (voir illustration à gauche).

Ci-dessus : L'ablation des angles d'un pilier carré adoucit les effets nocifs qu'un tel pilier peut avoir sur son environnement.

Le meilleur moyen de remédier à des piliers isolés, c'est de les habiller tout entiers de miroirs, ce qui fait qu'ils disparaissent symboliquement. L'autre méthode, c'est la thérapie végétale, qui consiste à entourer le pilier de plantes en pot, pour adoucir les arêtes.

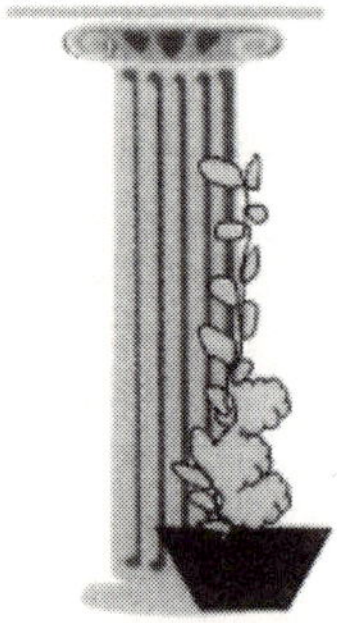

Ci-dessus : Les colonnes rondes décoratives comme celle-ci ne sont pas aussi nuisibles que les colonnes carrées. Mais c'est un bon feng shui de placer une plante en pot à leur base.

Escaliers

Ils véhiculent le chi d'un niveau de la maison à l'autre, et la nature de leur construction a de graves conséquences feng shui. Les types d'escalier qui ont une influence néfaste sont :

1. Les escaliers en spirale, qui ressemblent à un tire-bouchon. S'ils sont situés au milieu de la maison, on les compare alors à un tire-bouchon creusant au cœur du foyer ; et s'ils sont tapissés de rouge, on dit qu'ils sont l'effet d'un cœur qui saigne. Ces descriptions colorées sont très parlantes. Evitez à tout prix les escaliers en spirale ; j'ai pu constater personnellement les graves ennuis qu'ils ont causés à plusieurs familles.
2. Les escaliers cantilever qui ont des vides entre les marches, au lieu d'espaces pleins, sont défavorables, parce que les bonnes

influences s'écoulent en même temps qu'elles montent à l'étage supérieur. Ayez toujours des escaliers pleins, et ne tapissez jamais vos escaliers en rouge. Ce n'est pas une bonne couleur pour attirer le chi à l'étage supérieur.

Placez des escaliers dans le tiers central de la maison, mais sur le côté, plutôt qu'au centre. Un escalier au centre de la maison donne une allure de foyer blessé, et, par conséquent, l'unité de la famille et sa chance sont affectées de façon adverse. Parfois, la mauvaise influence d'un tel élément peut être mortelle. Si vous avez chez vous cet élément, l'escalier doit être plein – il ne fera pas ainsi de mal – mais s'il est 'cantilever', l'effet est très grave. Placez un puissant éclairage au sommet d'un arbre, éclairant l'escalier pour en neutraliser les mauvais effets, et laissez la lumière allumée le plus possible.

Il ne faut pas qu'un escalier soit en face de la porte principale ou de la porte de derrière ; si c'est le cas, il faut sans tarder corriger cela. Il ne doit pas non plus faire face à la porte de la chambre du maître de maison, ni monter directement à une porte de toilettes. Ce sont des dispositions extrêmement défavorables, et il faut les corriger en plaçant une barrière pour dissiper la mauvaise énergie créée par la rencontre dysharmonieuse de ces éléments conflictuels.

S'il n'y a pas suffisamment d'espace pour qu'on place une barrière, l'orientation des trois premières marches de l'escalier doit être modifiée, de façon que l'escalier entier donne l'impression d'avoir une autre direction.

Touches de finition et de décoration feng shui

Si vous prenez note des principaux tabous feng shui qui s'appliquent aux intérieurs des demeures, cela vous épargne beaucoup de soucis. Une fois que vous vous êtes familiarisé avec les objets, motifs, couleurs et styles, qui peuvent sans qu'on s'en aperçoive créer une mauvaise influence pour votre demeure, vous trouverez que la pratique du feng shui devient une seconde nature.

Images

Les images de paysages comme les montagnes et les rivières sont excellentes d'un point de vue feng shui, spécialement quand elles sont accrochées au bon endroit. Exposez toujours des montagnes derrière l'endroit où vous vous asseyez, et des vues aquatiques devant vous. Les montagnes offrent un soutien symbolique. Une gravure du mont Everest représente le soutien d'une montagne très haute, et c'est excellent quand elle est accrochée dans le cabinet de travail ou le bureau du patriarche ou de la 'matriarche'.

Des peintures représentant des fleurs comme la pivoine, le chrysanthème, ou l'orchidée, pour n'en nommer que quelques-unes, seront bénéfiques. Quand ces fleurs sont représentées sur d'autres éléments artistiques, comme des vases de céramique, des boîtes en émail, ou de la poterie, elles créent des énergies harmonieuses pour la maison. La règle, c'est d'éviter tout ce qui peut sembler menaçant.

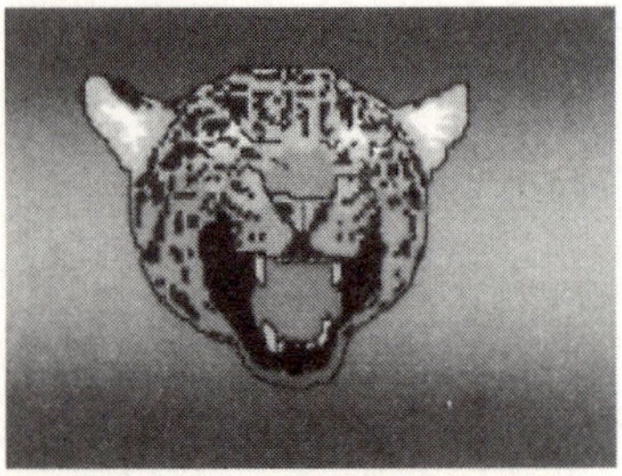

Il ne faut à aucun prix accrocher dans la maison une image représentant un animal féroce.

Procédez avec soin quand vous achetez des peintures pour la maison. Outre les animaux sauvages, évitez l'art abstrait qui a beaucoup d'angles. Et évitez à tout prix les tableaux tristes. Les «Femmes Pleurant» de Picasso, par exemple, peuvent très bien aller dans un musée, mais elles sont totalement horribles dans une maison. Évitez aussi les peintures ou les gravures représentant des hommes et des femmes ridés ayant l'air âgés. Ces 'portraits' créent une énergie malsaine. Choisissez plutôt des tableaux qui inspirent, qui semblent heureux, et qui suggèrent richesse et prospérité. L'un des meilleurs objets feng shui à exposer chez soi, c'est un portrait de famille où chaque membre de la famille a l'air heureux. C'est un moyen sûr de garder la cohésion de la famille.

Les objets nuisibles qu'il faut surtout éviter sont les peintures et les représentations en céramique d'animaux sauvages. J'ai vu de magnifiques léopards et tigres en céramique qui semblent si délicieusement féroces que j'aurais aimé exposer ces gros chats magnifiques dans ma salle de séjour. Mais je sais aussi qu'inviter l'un de ces animaux sauvages chez moi, c'est chercher des ennuis. L'énergie qu'ils exsudent est le souffle-qui-tue, particulièrement s'ils sont exposés dans la chambre. Sans changer de sujet, je vous conseille aussi de vous débarrasser des trophées cynégétiques : bois de cerf et descente de lit en peau de tigre sont tabous selon une perspective feng shui.

Tissus d'ameublement

Il faut éviter les motifs non appropriés dans tous vos tissus d'ameublement, et d'autres designs de votre logis. Évitez toujours les motifs qui sont pointus, anguleux, ou menaçants ; choisissez plutôt des designs qui ont des courbes, qui sont arrondis, et qui semblent fluides. Dans le feng shui, on préfère l'art nouveau à l'art déco !

Des motifs de grille représentant des piques, des moulures de plafond ayant des rebords anguleux, des abat-jour qui semblent menaçants, des chaises qui représentent des angles aigus mortels –

Un motif courbe est préférable pour l'intérieur.

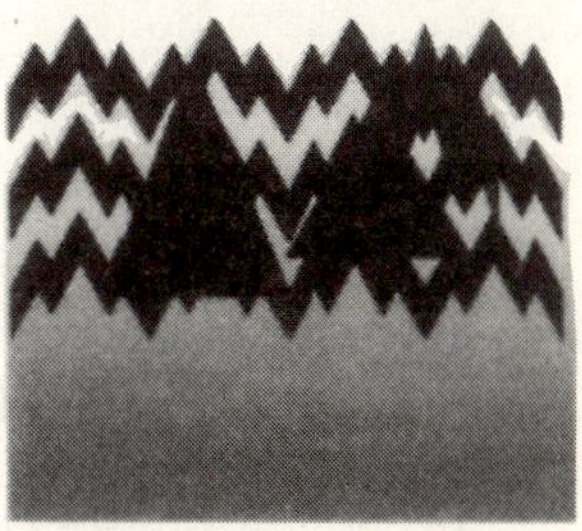

Il faut éviter les motifs pointus.

ce sont tous des éléments de design qui n'ont pas de place dans une demeure feng shui. Il est particulièrement dangereux d'introduire des designs qui suggèrent des flèches, des pointes, des triangles, et tout ce qui semble hostile, menaçant ou sauvage.

Combinaisons de couleurs

Le feng shui des couleurs et des combinaisons des couleurs peut être si facilement intégré dans le décor d'une maison, qu'il semble raisonnable de le faire. Dans le feng shui, aucune couleur, prise isolément, n'est bonne ou mauvaise. Chaque personne ou type de demeure aura des couleurs, ou des combinaisons de couleurs propres, plus ou moins favorables.

Choisir un motif

Eau

Terre

Feu

Bois

Métal

Il est préférable de faire son choix dans un grand éventail de motifs favorables. Utilisez les cinq éléments pour vous donner des indices sur les designs les plus appropriés pour chaque secteur de la pièce, et 'designez' vos pièces de façon que ça vous soit profitable. Vous pouvez faire cela en prenant connaissance de l'élément de votre date de naissance, donné p. 87-88. Puis cherchez les motifs qui reflètent votre élément. Ou choisissez quelque chose qui appartient à l'élément qui produit le vôtre.

Par exemple, si vous êtes né en 1945, votre élément de l'année sera le bois ; aussi, un motif 'bois' – des plantes, par exemple – ou de l'eau seront excellents à utiliser pour votre salle de séjour et vos chambres. À droite, sont donnés des exemples de motifs de chacun des cinq éléments pour vous donner une idée des choix disponibles. J'ai des amis très prospères qui, ayant découvert le motif qui leur est le plus favorable, les utilisent tout le temps ; ils réussissent dans leurs entreprises, chez eux ou au travail.

Ce dont vous devez vous abstenir à tout prix, c'est de choisir des éléments qui symbolisent l'élément qui détruit votre énergie intrinsèque : l'énergie de l'élément qui représente votre année de naissance. Par exemple, si l'élément qui gouverne votre année de naissance est le métal, des motifs représentant des tournesols et le soleil dans toute la maison, vous nuiront à coup sûr. C'est parce que le feu excessif détruit le métal. Le feu, en petites quantités, cependant, améliore la valeur du métal. Ainsi, soyez conscient de l'équilibre. Le feu est excellent pour quiconque a une année de naissance gouvernée par l'élément bois.

OCRE POUR LE SUD-OUEST	ROUGE POUR LE SUD	VERT POUR LE SUD-EST
MÉTALLIQUE POUR L'OUEST		VERT POUR L'EST
MÉTALLIQUE POUR LE NORD-OUEST	BLEU POUR LE NORD	OCRE POUR LE NORD-EST

Pour les personnes, il y a deux façons de rechercher les couleurs qui marchent, ou qui ne marchent pas. Commencez par examiner votre date de naissance. Reportez-vous aux tableaux qui dressent la liste des éléments pour cent ans, p. 87-88. Parcourez le tableau pour découvrir votre élément et votre animal. Si ces deux éléments sont mutuellement amicaux – l'un produisant l'autre, utilisez-les pour déterminer les combinaisons de couleurs qui reflètent correctement votre élément directeur.

La deuxième méthode est gouvernée par l'élément de votre année ; elle consiste à identifier les couleurs qui vous conviennent le mieux. Trouvez les combinaisons fondées sur les couleurs des cinq éléments présentées à gauche dans la grille.

Il y a une méthode excellente permettant de déterminer les couleurs des différentes pièces de votre maison : elle permet de déterminer quel secteur de la boussole chacune des pièces principales occupe, et d'utiliser une combinaison de couleurs où prévaut l'élément correspondant. Ainsi, le vert doit être dominant à l'est et au sud-est, le rouge doit dominer au sud, etc. (voir grille ci-dessus).

Une bonne façon de déterminer les secteurs de la boussole de la maison, c'est de superposer la grille Lo Shu qui divise la maison en neuf carrés ou rectangles égaux. La direction de la boussole est alors prise à partir du centre de la maison. La lecture de la boussole faite depuis le cœur de la maison est plus précise. Déterminez ainsi la direction de la boussole de chacune des pièces principales. Les couleurs que vous choisissez pour chaque secteur de votre maison peuvent être utilisées pour les murs, sous forme de teintes de papier peint, pour les tissus d'ameublement – rideaux, housses de canapé, dessus de lit, enveloppes de coussins –, et pour les tapis. Mais n'exagérez pas. Si tout est rouge, par exemple, ou bleu, ou noir, vous créerez un feng shui extrêmement mauvais, étant donné que vos pièces seront trop yang ou trop yin – les deux situations sont mauvaises.

Couleurs pour la maison

Feu (sud)
Toutes les nuances de rouge, jaune, et orange. Ce sont des couleurs yang qui représentent un support excellent pour l'ocre et les autres couleurs terre, mais qui sont 'mortelles' quand elles sont combinées avec du blanc.

Eau (nord)
Toutes les nuances de bleu et de noir. C'est une couleur très yin, mais elle présente de superbes énergies productives pour les couleurs bois, verts et marron. Les couleurs eau sont extrêmement hostiles lorsqu'elles sont combinées avec le rouge, étant donné que l'eau éteint le feu – aussi, évitez-les.

Bois (est, sur-est)
Toutes les nuances de vert et de marron. Ce sont aussi des couleurs yang, qui dénotent la croissance. Elles sont excellentes quand elles sont combinées avec du rouge, qu'elles renforcent considérablement. Elles vont moins bien avec les couleurs terre.

Métal (ouest, nord-ouest)
Toutes les nuances d'or, d'argent, et de blanc. Ce sont des couleurs qui ont des énergies yang très fortes. Elles se combinent à merveille avec les couleurs eau ; le violet, qui est une couleur eau, va parfaitement bien avec l'argent. Les couleurs métal ne doivent jamais être mises avec les couleurs bois. Cette combinaison tue la croissance, et il est préférable de l'éviter.

Terre (sud-ouest, centre et nord-est)
Toutes les teintes d'ocre, de beige et de brun. Les couleurs terre vont bien avec les couleurs métalliques. Les couleurs terre sont des couleurs yin, et elles font des dégâts quand elles sont combinées avec ces couleurs eau, qui sont aussi yin. Les deux énergies yin causent un excès qui provoque des perturbations. Il ne faut donc pas combiner le noir avec les couleurs terre.

Il est vital que, pour les secteurs importants, le feng shui soit correct. Il ne sert à rien d'entreprendre d'améliorer votre feng shui si vous ne savez pas sur quoi, ni où, vous devez porter votre attention. Les pièces principales qui ont besoin de votre attention entière, du point de vue du feng shui, sont l'entrée, où la porte principale se trouve, la salle de séjour, la salle à manger, et la chambre du maître de maison. La pratique tend à favoriser l'aspect masculin ; aussi ce sont les directions favorables du maître qui doivent, par priorité, bénéficier d'un bon feng shui. Cela ne revient pas seulement à suivre la formule donnée p. 86-90 ; il faut encore déterminer le nord-ouest avec exactitude (voir encadré ci-dessus).

L'importance du nord-ouest

C'est le secteur qui appartient au patriarche. Son élément est le métal ; aussi la meilleure couleur sera le blanc. Au nord-ouest, il ne doit y avoir ni cuisine, ni débarras, ni garage, ni, surtout, toilettes. Si jamais cela arrive, la chance du patriarche sera diminuée, car ce sont des pièces excessivement yin.

Animez le nord-ouest avec l'énergie yang si vous voulez accoître le standing, le prestige et la richesse du patriarche. Énergétisez ce secteur avec des cloches de métal et des carillons éoliens. Placez-y la télévision, si vous le souhaitez. Les images mouvantes évoquent la précieuse énergie yang.

Énergétiser la salle de séjour

La salle de séjour est l'endroit où la famille reçoit. C'est aussi là que la famille se réunit ; aussi, le bon feng shui dans la salle de séjour affecte l'harmonie, la prospérité et la réussite de la famille. C'est ainsi la meilleure pièce à énergétiser dans la maison. Pour 'designer' une salle de séjour favorable, il importe que la forme soit régulière, qu'elle soit bien éclairée, et que le mobilier soit disposé avec soin.

Une salle de séjour de forme carrée ou rectangulaire est ce qu'il y a de plus favorable. Si la porte principale donne dans le living-room, veillez à ce qu'elle ne soit pas en face d'une fenêtre, sur le mur opposé. Il n'est pas recommandé non plus d'avoir une fenêtre immédiatement de son côté ; ni de mettre un meuble ou un siège haut trop près de la porte principale. Cela nuit gravement au feng shui de la salle de séjour et de la maison, étant donné que la porte principale est affectée.

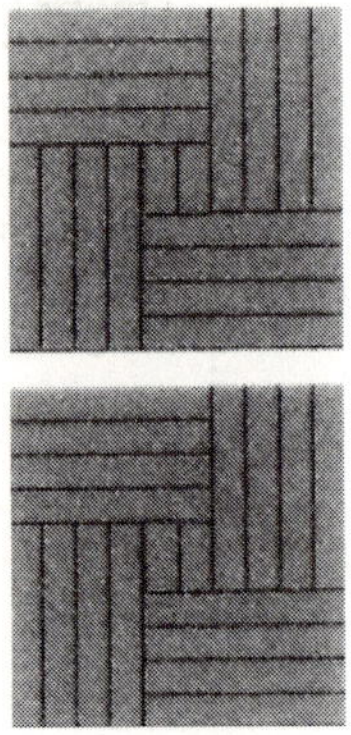

Ci-dessus : Des motifs réguliers sur le sol sont préférables à des motifs désordonnés.

Les matériaux et les motifs du sol doivent aussi être réguliers. Je n'aime pas les sols de marbre à l'aspect fou qui sont tellement en vogue chez les promoteurs immobiliers, qui sont faits de carreaux de marbre brisés. Cela inspire un sentiment de désordre et de confusion dans la salle de séjour. Si vous avez ce genre de sol, je vous conseille de faire recarreler votre salle de séjour, ou d'y mettre un tapis coloré uni.

Les sols égaux sont préférables à ceux qui comportent des inégalités. Dans la salle de séjour, où la famille reçoit ses invités, les sols

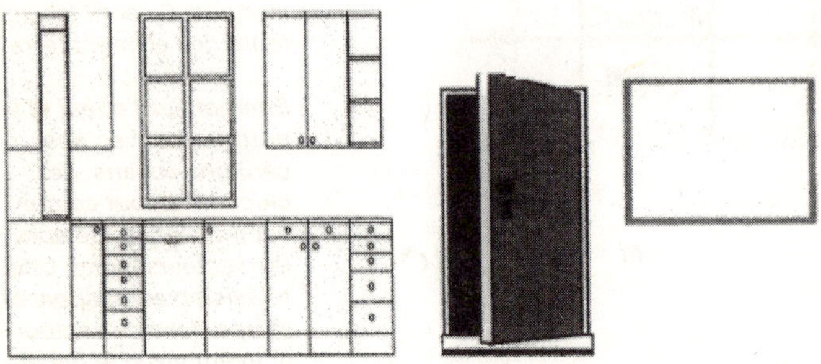

À gauche : La porte principale représentée ici n'est pas favorable. Elle s'ouvre sur la salle de séjour, mais la proximité d'un meuble très haut affecte l'énergie entrant dans la maison.

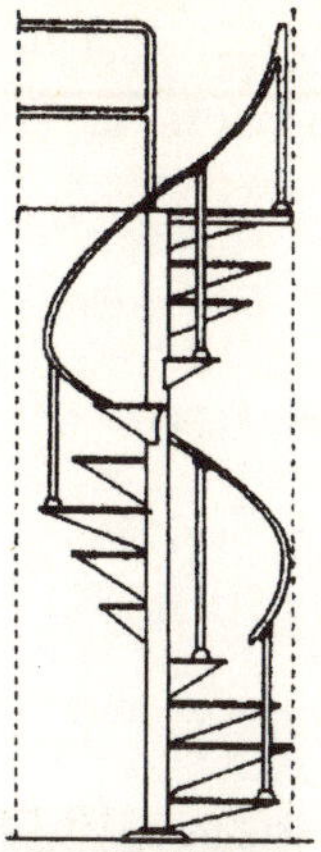

L'escalier en spirale représente un tire-bouchon créant une énergie négative.

pavés, et autres sols inégaux, ne conviennent pas. Ils évoquent le déséquilibre, les obstacles, et un parcours chaotique de la vie. Optez plutôt pour une surface lisse, ou un sol bien poli, si vous voulez un bon feng shui.

Si sur votre sol vous avez des motifs causés par des designs de parquet ou de tapis, veillez à ce que les lignes créées ne forment pas de croix ni de triangles nuisibles. Les lignes droites qui parcourent la pièce de la porte vers l'intérieur, véhiculent le chi dans la maison. Mais si les lignes semblent sortir, le chi de même s'en va. Il est probablement préférable de n'avoir alors pas de motif du tout.

Dans la salle de séjour, les plafonds peuvent énergétiser votre feng shui, ou ils peuvent faire des dégâts. Les salles de séjour modernes arborent des plafonds de marbre qui montrent divers designs. Beaucoup de ces designs ont des corniches, et tant que les rebords sont arrondis, le feng shui n'en souffre pas. Ce dont vous devez vous garder, c'est des plafonds qui ont des motifs rectangulaires, qui ont des arêtes tranchantes multiples aux quatre côtés. Je préfère les plafonds dont les motifs n'ont pas de saillies ni de dépressions. Il est acceptable d'avoir une zone encastrée au centre, où vous pouvez suspendre le meilleur énergétiseur feng shui – un lustre de cristal.

Énergétisez l'est et le sud-est avec des plantes. Ce sont les secteurs gouvernés par l'élément bois, et les objets qui sont les plus efficaces pour activer l'élément bois sont des plantes vivantes saines.

Énergétisez le nord, l'est et le sud-est avec des éléments aquatiques si vous voulez devenir riche. Les aquariums et les fontaines miniatures feront tout à fait l'affaire.

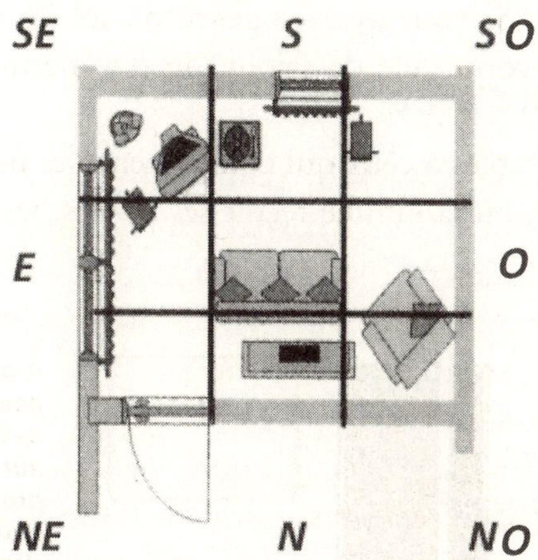

Énergétisez le sud avec des lumières – plus elles seront vives, mieux cela vaudra. Les lustres sont les meilleurs éclairages. Aussi, tout ce qui est rouge...

Énergétisez le sud-ouest et le nord-est avec des cristaux. Ce sont les secteurs de l'élément terre.

Énergétisez l'ouest et le nord-ouest avec des carillons éoliens, des cloches, et tout ce qui est métallique. Ce sont les secteurs métal. Une télévision et un appareil stéréo dans ce secteur activent aussi le métal.

Les plafonds inclinés, ou ceux qui ont des chevrons apparents, peuvent sérieusement affecter le feng shui de la salle de séjour. Faites pour ces chevrons la même chose que pour les poutres apparentes (voir p. 115). Si vous avez un plafond incliné, corrigez le déséquilibre de la pièce, élevant le chi en plaçant des éclairages le long du côté où le plafond est bas.

Énergétiser avec les quatre précieux joyaux de la bonne fortune

Cette méthode consiste à identifier ces précieux joyaux. Elle est fondée sur les références symboliques aux quatre trésors associés à chacune des quatre directions principales.

Au sud : suspendez des lanternes pour apporter honneur et bonne réputation à la famille.

À l'ouest : enterrez cinq pièces de monnaie favorables pour créer de la richesse pour les descendants.

À l'est : faites pousser un bambou pour jouir d'une bonne santé et d'une longue vie.

Au nord : mettez un lotus dans un bol d'eau pour avoir une carrière brillante.

Il n'est pas souhaitable d'avoir un escalier en spirale dans la salle de séjour. Beaucoup de vieux appartements en ont – pour monter à la mezzanine. Cela peut sembler très bon d'un point de vue décoratif, mais, en réalité, les escaliers en spirale créent une énergie négative, et ne sont pas favorables dans la maison. Si vous en avez un, essayez de le transformer, et d'en faire un escalier plein classique.

La disposition du canapé et de la table à thé dans la salle de séjour est bénéfique quand elle produit une forme générale régulière. Les arrangements en L ne sont pas recommandés, parce que des angles sont créés qui, naturellement, causent un mauvais shar chi. Il est préférable d'avoir une table à thé au centre, et des sofas disposés autour.

Activer la bonne influence

Il y a plusieurs méthodes de feng shui pour activer la bonne influence dans la salle de séjour. Dans ce livre, j'aimerais partager avec vous deux techniques efficaces : la première méthode se rapporte aux cinq éléments des huit directions, tandis que la seconde utilise les huit précieux joyaux qui portent chance.

L'énergétisation avec les éléments est la plus connue des deux méthodes. Elle consiste à identifier l'élément qui gouverne chaque côté ou secteur de la salle de séjour, et à l'activer en plaçant un objet qui symbolise fortement cet élément. Pour utiliser cette méthode, superposez la grille à neuf secteurs au plan de la pièce, et identifiez ainsi les secteurs et les éléments correspondants. Puis énergétisez avec n'importe lequel des objets représentés dans l'illustration au bas de la page 127. Mais ne vous sentez pas obligé de vous servir de tous les objets représentés ; dans le feng shui, il n'est pas nécessaire de faire trop de zèle. Vous vous apercevrez que le moins est parfois préférable au plus.

Choisir des meubles

Les meubles neufs sont préférables aux meubles anciens. À moins que vous n'ayez une connaissance parfaite de la provenance des meubles anciens, il n'est pas bon d'en mettre chez soi, car ils peuvent être imprégnés de beaucoup d'énergie mauvaise ou 'tragique'. Le feng shui est une pratique qui s'efforce de créer et d'accumuler de la bonne énergie. Les meubles anciens ont le plus souvent une énergie viciée attachée à eux, et cette vieille énergie peut ne pas s'accorder harmonieusement avec le reste de votre mobilier. Pire encore, certains types de meubles anciens peuvent avoir des énergies néfastes qui leur sont attachées. Les lits anciens, et particulièrement les couches des fumeurs d'opium, doivent être considérés avec méfiance.

Si vous voulez mettre un meuble ou deux dans votre salle de séjour, rappelez-vous qu'il y a différents styles de meubles, du style art nouveau aux motifs très élaborés, en érable ou en noyer, aux lourds meubles orientaux, de bois sombre ou de bois de rose. Quel

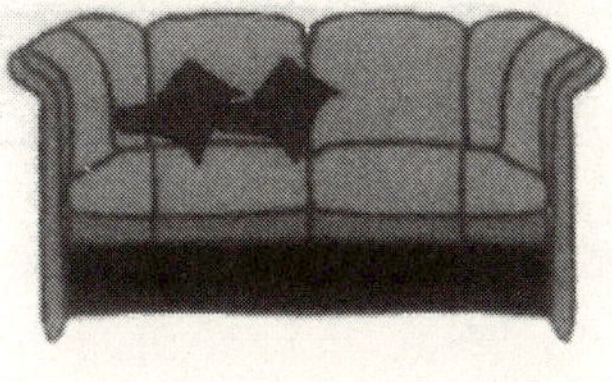

Les divans à dossier haut, qui offrent un bon support postérieur et latéral, sont excellents d'un point de vue feng shui. Ils sont beaucoup plus confortables et bénéfiques que les canapés et les fauteuils à dossier bas.

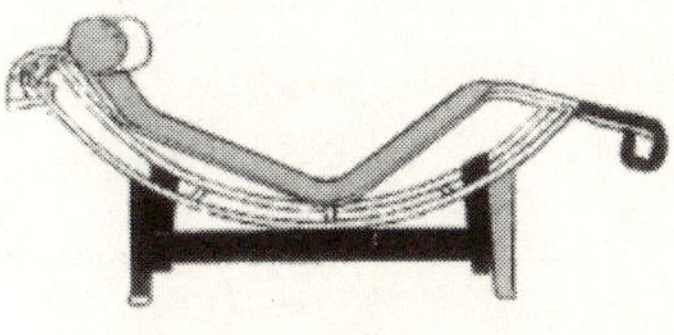

Les accoudoirs font défaut à ce fauteuil de luxe. Mais parce que le cadre est métallique, il est excellent pour les secteurs nord-ouest et ouest d'une chambre.

Les sofas à dossier bas manquent de soutien.

que soit le style que vous choisissez, qu'il n'y ait rien d'apparence sinistre, et que les rebords soient arondis, et ne soient pas menaçantes.

Évitez les meubles lourdement sculptés et décorés d'animaux sauvages. L'énergie de ces lourdes pièces de mobilier écrasera une petite demeure. Il est préférable de s'en tenir aux meubles aux lignes simples. Les meubles qui ont pour motifs des croix, des diamants, et tous les genres de motifs pointus, n'ont aucune bonne influence à offrir à leurs propriétaires. Le meuble montré en bas à gauche, par exemple, serait une excellente pièce de mobilier, s'il n'y avait les lignes entrecroisées de sa partie antérieure.

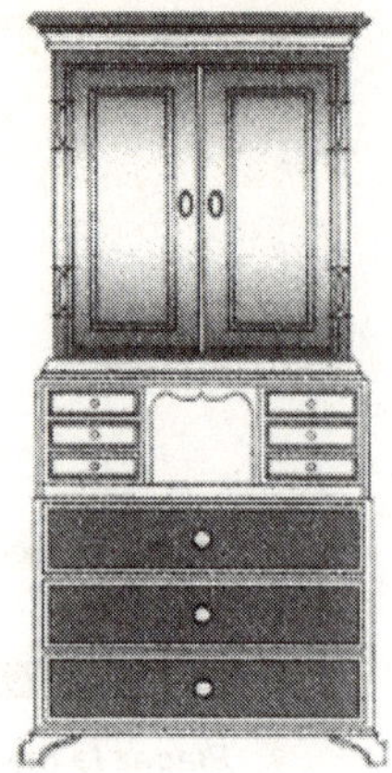

Ci-dessus : Placez les meubles hauts comme celui-ci contre un mur plein.

Quand vous faites votre choix de mobilier, soyez conscient de ce qui pourrait blesser votre feng shui sans nécessité. En règle générale, tout meuble qui n'a pas de rebords tranchants est bon. Aussi, achetez des meubles qui ont des portes, plutôt que des étagères exposées. Les bibliothèques qui n'ont pas de portes représentent une menace pour votre bien-être général. Si vous êtes sous l'influence d'étagères ouvertes, votre carrière ne finira pas bien. Il y aura des problèmes quand votre bonne influence astrologique ne prévaudra plus.

Ci-dessous : Les motifs cruciformes de ce meuble créent la discorde et ne sont pas recommandés. Les symboles cruciformes dans une maison créent le shar chi.

Placer et disposer les meubles

Quand vous disposez et arrangez votre mobilier dans votre maison, ne bloquez jamais la circulation du chi. Les armoires, tables, chaises, élevés, ne doivent pas encombrer les entrées des pièces, ni faire face aux portes principales, et les coins pointus des tables ne doivent jamais être dirigés vers les entrées ou vers les endroits où l'on s'assoit, étant donné que cela reviendrait à envoyer un chi perturbateur et nuisible vers l'extérieur.

Les meubles faits sur commande, conçus pour se fondre harmonieusement dans l'espace vital, créent un bon feng shui. Avec ce type de mobilier, le danger des flèches empoisonnées est réduit, parce que le mobilier encastré est de niveau avec les murs, et s'adapte parfaitement aux angles.

Disposez les canapés pour obtenir une forme régulière : rectangulaire ou carrée, ou, mieux encore, de la forme du Pa Kua, la forme

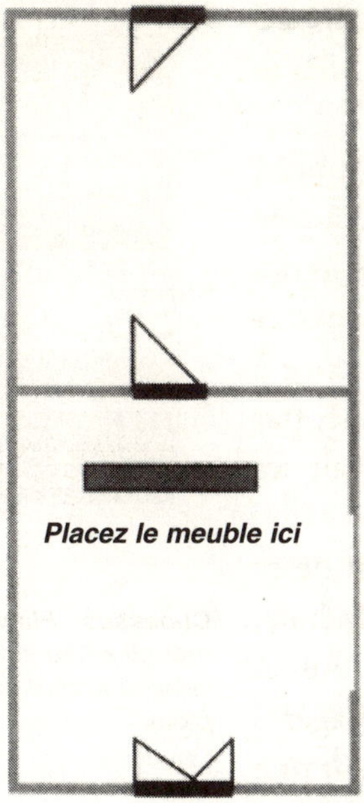

À droite : Une bonne disposition des canapés stimule le Pa Kua.

À gauche : Une armoire haute comme celle qui est représentée p. 130 est excellente pour apporter une correction quand trois portes sont en enfilade, si elle est placée devant la deuxième porte, comme le montre le dessin.

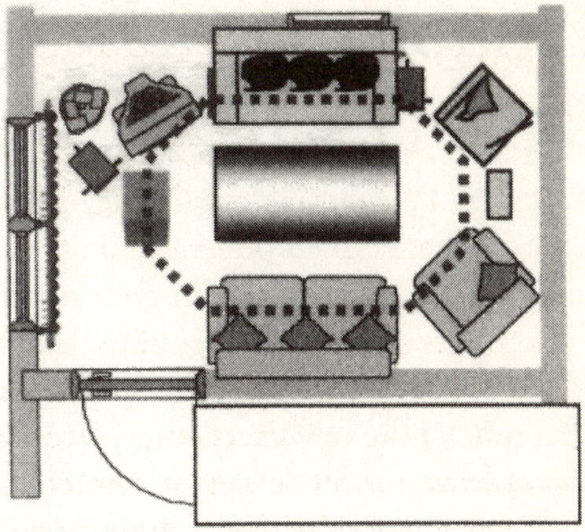

octogonale qui est considérée comme extrêmement favorable pour le mobilier de la salle de séjour, et pour les tables de salle à manger. Disposez les canapés de façon qu'ils entourent une table à thé, et placez de petites tables latérales entre les canapés pour simuler les côtés du Pa Kua. Cette disposition crée une influence très favorable à la vie relationnelle pour la famille. Elle est aussi considérée comme un agencement complet, auquel rien ne fait défaut.

Les dispositions des sofas dans la salle de séjour ont une table à thé carrée ou rectangulaire, qui symbolise les éléments terre et bois, respectivement. Ces deux éléments sont favorables pour la salle de séjour. Abstenez-vous de disposer vos canapés de façon à créer une forme en L ou en U, car cela évoque quelque chose d'incomplet.

Placez les hautes armoires contre un mur plein, à moins qu'elles ne soient utilisées spécifiquement pour créer une séparation, ou comme instrument feng shui. Par exemple, les grandes armoires font d'excellents écrans quand il y a trois portes en enfilade. Autrement, elles ne doivent pas se trouver dans une pièce sans soutien postérieur. Si elles ont des glaces, voyez ce qu'elles reflètent. Il ne faut pas qu'elles reflètent les toilettes, la porte principale, ou l'escalier. Si elles reflètent de la nourriture ou un jardin agréable, l'effet est bénin.

Doubler la richesse dans la salle à manger

La salle à manger doit être située au centre de la maison, ou très près de lui, ou au moins dans la portion médiane. Il serait parfait qu'elle se trouve entre la salle de séjour et la cuisine. Cette localisation centrale se marie harmonieusement avec la qualité qu'a le centre d'être le cœur du foyer, créant ainsi l'influence favorable à l'unité de la famille. Il y aura plus d'harmonie entre les parents, et entre les frères et sœurs. Comme la salle de séjour, les espaces où on mange doivent avoir une forme régulière. Tous les secteurs saillants ou de forme irrégulière doivent être camouflés avec des plantes ou des meubles décoratifs. Les armoires hautes et les coffres coréens sont l'idéal.

Les problèmes de feng shui liés aux salles à manger sont souvent dus à leur situation dans la disposition générale de la maison. Parce que la salle à manger représente le cœur de la demeure, où la famille se rassemble, c'est une pièce qui doit rester yang et être remplie d'énergie yang grâce à la musique, des couleurs joyeuses et des murs aux couleurs vives. Il est aussi très important de neutraliser tout arrangement de pièce ou de mobilier qui crée un excès d'énergie yin, étant donné que cela peut provoquer une sérieuse malchance. Voici quelques arrangements à éviter ou à neutraliser.

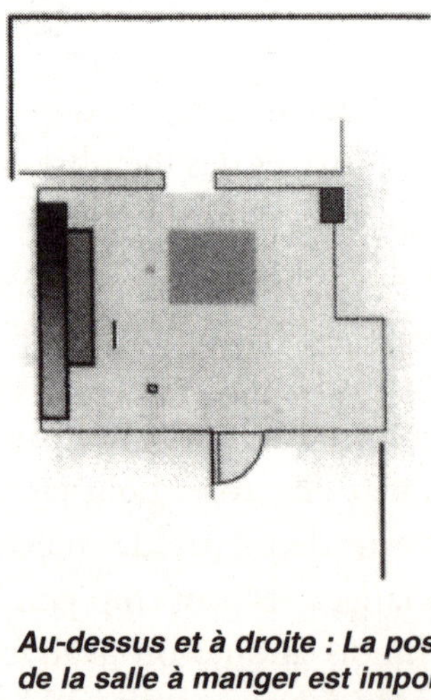

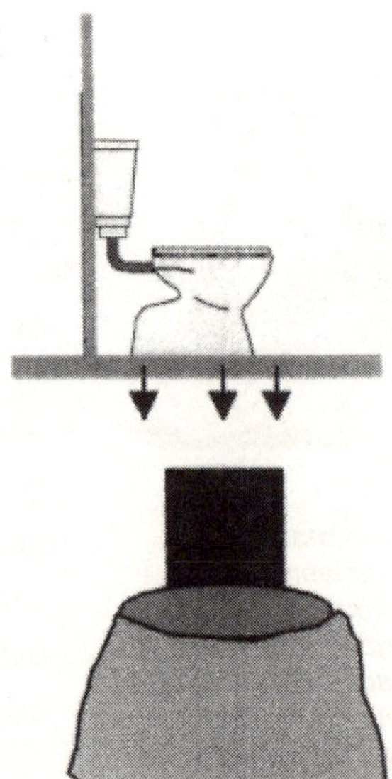

Au-dessus et à droite : La position de la salle à manger est importante : faites en sorte qu'elle soit aussi près que possible du centre de la maison, car cette pièce représente le cœur de la demeure. Le pire positionnement pour une salle à manger, serait au-dessous des toilettes.

Les tabous les plus importants concernent la position de la table de la salle à manger : il ne faut pas qu'elle soit directement sous des toilettes installées à l'étage supérieur. Manger sous une cuisinière ou une machine à laver est également néfaste, mais pas aussi préjudiciable. Si vous vivez sous l'appartement de quelqu'un d'autre, familiarisez-vous avec sa disposition. Vous devez alors veiller à ne pas placer de meubles importants sous des objets défavorables qui se trouvent à l'étage supérieur. En outre, les cuisinières, les fours, les machines à laver, et les meubles lourds comme des pianos, peuvent être dommageables s'ils sont positionnés au-dessus de la salle à manger.

- Il ne faut pas installer sa salle à manger dans une pièce qui a des fenêtres sur deux murs opposés. Cela fait que le chi traverse à toute vitesse, de façon défavorable, la table où l'on mange, bouleversant ainsi les 'bols de riz' de la famille.
- Les pièces contiguës avec les toilettes ne doivent pas non plus servir de salle à manger. Si jamais c'est le cas, veillez à ce que les dessertes ne soient pas appuyées contre le mur mitoyen.
- La salle à manger ne doit pas donner en plein sur la porte de devant, ou en être trop près. Si c'est le cas, un écran entre la porte et la table de la salle à manger adoucit l'effet négatif de cette disposition.
- Les portraits des ancêtres ne doivent pas être placés dans la salle à manger. Ces images des membres morts de la famille sont trop yin pour être placées dans cet espace. Il est de loin préférable de les accrocher dans la salle de séjour ou dans l'entrée de la maison. Ils ne conviennent pas non plus dans les chambres.
- Cette partie de la maison ne doit pas être trop yang. Si une fenêtre ou une porte laisse entrer le trop fort éclat du soleil de l'après-midi, installez des stores pour en neutraliser les effets.
- Abstenez-vous de mettre des meubles ou des statues anciens dans la salle à manger. Ils sont trop yin. J'ai une fois mangé dans un restaurant chinois auquel on avait curieusement donné le nom de 'Museum' (Musée), et, pour qu'il mérite ce nom, on avait exposé des objets et des statues anciennes, qui émettaient de grandes quantités d'énergie yin fatigante. Ce fut l'un des pires repas de ma vie, et je n'y suis jamais retournée. Cela va sans dire, les affaires du restaurant étaient mauvaises. Si vous avez de vieux meubles,

Les statues anciennes, de Bouddha, etc., ne doivent pas être dans la salle à manger. Placez-les plutôt près de l'entrée, ou dans la salle de séjour.

Doubler la richesse de la famille
La meilleure méthode pour doubler la fortune de la famille, consiste à placer une grande glace sur un mur de la salle à manger. Quand elle reflète la nourriture qui est sur la table, on dit que c'est très favorable. Et si vous installez une petite table près de la glace, et que vous y mettiez les trois Dieux Étoiles – Fuk Luk Sau (voir p. 79-80), le symbole de la prospérité est complet.

mettez-les dans la salle de séjour. Dans la mesure du possible, abstenez-vous d'acheter des meubles et des statues anciens. Ils ne produisent pas un bon feng shui, et leur place est plutôt dans un musée.

- Il est vital que le plafond de la salle à manger n'ait pas de poutres apparentes, étant donné qu'être assis et manger sous ces lourds éléments provoque des problèmes de santé récurrents. Si vous avez déjà des poutres dans votre salle à manger, essayez de les camoufler avec un faux plafond (voir p. 115), ou placez la table de la salle à manger de façon que personne ne soit assis sous aucune de ces poutres. Les plafonds ne doivent avoir aucun motif élaboré, car cela pourrait poser des problèmes de feng shui ; ils pourraient envoyer du shar chi vers la nourriture consommée par la famille.
- Les salles à manger en contrebas ne sont pas bénéfiques. Les salles à manger doivent toujours être plus élevées que les salles de séjour. Dans les maisons qui ont deux niveaux au rez-de-chaussée, c'est un facteur important dans la disposition des pièces. Si la salle à manger est en contrebas, de forts éclairages dirigés vers le haut et posés sur le sol doivent aider à élever le chi, comme peuvent le faire aussi des plantes hautes placés aux coins de la salle à manger. En fait, il est toujours bon de placer des plantes dans l'espace où l'on mange, car les plantes représentent la croissance.

Les formes des tables de salle à manger

Les tables de salle à manger doivent être rondes, ovales ou carrées, mais la forme ronde est considérée comme supérieure. C'est parce que la forme ronde représente l'élément métal, et que, dans ce cas, il représente l'or, signifiant la prospérité pour les résidants. Les tables

> **Tables de salle à manger à l'est**
>
> Pour moi, la table de la salle à manger doit être en bois de rose, ou avec un dessus en marbre, et celles qui ont des incrustations élaborées de nacre sont très favorables. Je parle, naturellement, des tables de salle à manger chinoises. Les personnes qui ont été invitées chez de riches familles chinoises traditionnelles, à Hong Kong, Singapour, Taïwan, ou en Malaisie, savent que les tables de salle à manger y sont toujours rondes, ont un pied plein au centre, et ont presque toujours des motifs décoratifs – dragons sculptés, ou incrustations de nacre – très élaborés. Ce sont les meilleures tables de salle à manger, et elles confèrent un excellent feng shui.

rondes de salle à manger signifient aussi une unité et une présence sans fin pour la famille. Le symbole est ainsi très favorable.

Ci-dessus : Ne vous asseyez jamais devant l'angle pointu d'une table. Les tables rondes sont préférables.

Il ne faut pas que la table soit faite pour quatre personnes assises autour, car 'quatre' est considéré comme néfaste. Six ou huit conviennent, car ces deux chiffres sont considérés comme favorables. Essayez de donner à chaque membre de la famille la place qui lui permet de bénéficier de sa direction favorable personnelle, selon les tableaux des p. 89-90. Dîner en étant assis en face de sa meilleure direction, confère un bon feng shui.

La nourriture dans la salle à manger

Les peintures qui sont dans la salle à manger doivent représenter des fruits ou de la nourriture. Il est très favorable d'avoir des natures mortes représentant des fruits, car cela symbolise une bonne vie, avec beaucoup à manger. Des tableaux représentant des pêches symbolisent la longévité, tandis que des oranges et des ananas signifient une 'bienvenue à la richesse' ! Les fruits bénéfiques représentés dans un tableau ou par un objet en cristal, en cloisonné ou en jade, font d'excellents sujets décoratifs pour la salle à manger.

Ci-dessous : Avoir une peinture représentant des fruits ou de la nourriture dans la salle à manger est favorable.

Rappelez-vous que pour les Chinois, la nourriture symbolise la prospérité. Les Chinois se saluent avec ces paroles : « Avez-vous mangé ? » Les Chinois portent aussi beaucoup d'intérêt à la richesse matérielle. Au cours du nouvel an lunaire, on s'envoie mutuellement des cadeaux bénéfiques, et quand on se rencontre, on se dit *Kung Hei Fatt Choy*, à savoir, 'félicitations, puisse votre chance grandir.'

La nourriture sur la table est ainsi un élément favorable, et si vous pouvez installer une glace murale, c'est encore mieux, car ainsi votre richesse est doublée. Ne confondez pas, cependant, la salle à manger avec la cuisine. Des glaces installées dans la cuisine, particulièrement quand elles reflètent le poêle, sont très nuisibles. L'acte de cuisiner est totalement différent de l'acte de manger. L'un évoque le serviteur qui prépare la nourriture, l'autre est associé au maître qui mange le festin. Rappelez-vous que le feng shui est symbolique. C'est fondamental pour interpréter les recommandations feng shui.

Chambres : être couché d'une façon qui favorise la réussite

Le feng shui de la chambre principale exerce une grande influence sur le bonheur du couple. Quand le chi de la chambre est harmonieux et invite la chance, le couple jouit d'une relation bénéfique, avec un soutien mutuel. Chacun jouera un rôle approprié dans la famille. La santé ne souffre pas, les incompréhensions sont au plus bas, la séparation et le divorce sont hors de vue.

Quand le chi de la chambre n'est pas harmonieux, les partenaires sont très amers l'un envers l'autre. Il n'y a ni succès ni soutien dans la relation, et pas de bonheur conjugal. Il y aura vraisemblablement l'irruption d'un tiers dans le ménage, qui provoquera querelles et récriminations. La communication n'est plus établie. Il ne règne plus qu'un grand malheur.

Si vous avez un(e) conjoint(e), il est préférable de chercher à obtenir un bon feng shui de la chambre, étant donné qu'une importante partie de votre vie repose sur la relation que vous entretenez avec la personne que vous aimez. Mais être couché d'une façon qui favorise la réussite, ne se rapporte pas uniquement au bonheur conjugal. Le sens de 'réussite' doit être considéré d'une façon plus large, car si votre direction et votre orientation de sommeil bénéficient d'un excellent feng shui, la chance se manifeste dans toutes les dimensions de votre vie. Vous réussirez au travail et dans vos relations extérieures ; vous aurez une bonne santé, un foyer heureux, une vie familiale qui vous comblera. Alors, comment faire pour créer un bon feng shui dans la chambre ?

D'abord, voyez si elle a une forme régulière. Les meilleures formes sont carrées ou rectangulaires. Si vous avez une salle de bain attenante, veillez à bien la fermer, et faites en sorte qu'elle ne crée pas une chambre en forme de L. Les toilettes d'une chambre en L créent plusieurs problèmes corrélatifs. Les deux problèmes les plus

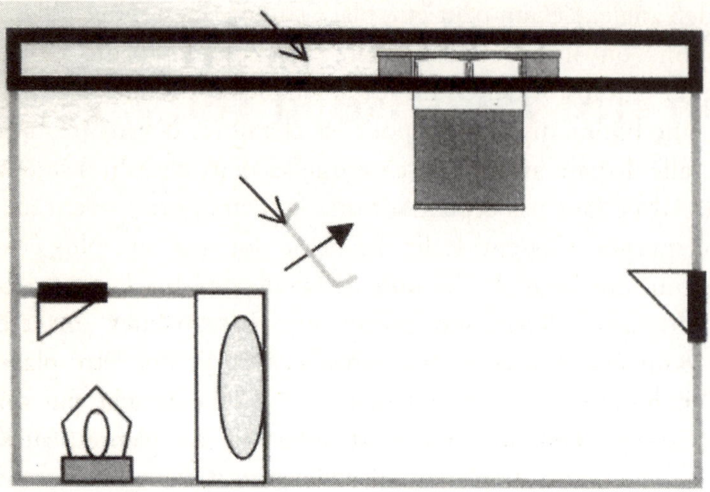

Une chambre disposée de façon défavorable. La position de la salle de bain a créé un secteur manquant, une forme irrégulière, et un angle qui est une flèche empoisonnée. Pour améliorer le feng shui de cette chambre, il faut que l'occupant place un écran pour bloquer les flèches empoisonnées et suspende des bambous attachés avec un ruban rouge sur la poutre apparente au-dessus du lit.

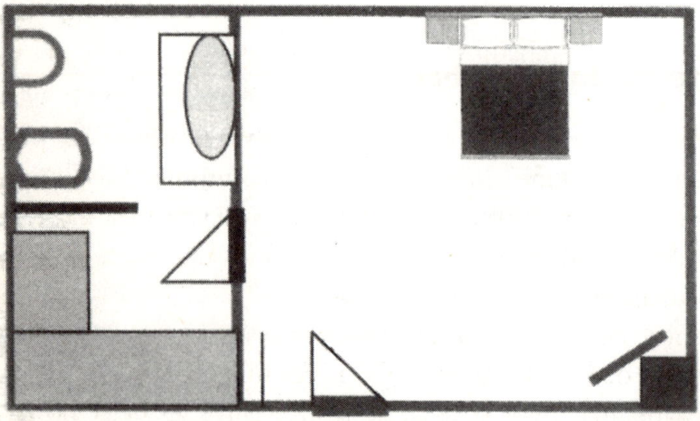

Une chambre bien disposée. La forme de la chambre est restée régulière, sans secteur manquant. Les angles saillants envoient du shar chi, mais ce problème a été résolu grâce à une armoire.

graves sont la création d'un secteur manquant, et la présence de toilettes dans un secteur de la pièce, qui peut correspondre à la bonne direction de l'occupant.

Cela fera que la bonne influence sera écrasée. L'angle crée aussi une flèche empoisonnée visant le lit, comme le montre l'illustration ci-dessus. Cette illustration montre aussi qu'une poutre apparente au-dessus du chevet envoie du shar chi à quiconque dort au-dessous.

N'importe lequel des éléments néfastes mentionnés peut causer une influence très néfaste pour les occupants de la chambre. Déviez la mauvaise énergie d'une poutre apparente en plaçant des tiges de bambou attachées avec du fil rouge (voir p. 76) le long des rebords de la poutre. Placez un écran décoratif pour bloquer la flèche empoisonnée de l'angle. L'écran peut être placé comme il est montré dans l'illustration, ou utilisé pour rendre régulière la forme de la chambre, et la transformer en un rectangle plus conforme.

Il est une bonne disposition pour les chambres des maîtres qui ont une salle de bain attenante : c'est que les deux chambres soient contiguës. Il ne faut pas cependant que les deux portes soient alignées, ni qu'elles 'blessent' le lit. Le lit ne doit pas non plus être contre le mur qui sépare la chambre de la salle de bain. Regardez la disposition dans l'illustration précédente. Les toilettes ont été conçues pour être éloignées de l'endroit où le lit doit être placé dans la chambre à coucher, et l'angle saillant a été caché par un meuble. Ce type d'adoucissement est préférable aux plantes, car il ne faut jamais mettre de plantes ni d'éléments aquatiques dans la chambre.

La porte de la chambre

La position de la porte de la chambre peut souvent causer des problèmes et je mentionne ci-dessous les plus communs. Sachez que vous pouvez toujours déplacer la porte, mais que cela n'est pas toujours possible. Chacun est accompagné d'une suggestion pour le corriger, ou, au moins, pour le diminuer.

1. La chambre ne doit jamais être positionnée dans l'alignement des toilettes ou de la salle de bain. Cela crée une influence très nuisible, particulièrement si le lit se trouve entre les deux portes. Dans une telle situation, il est fortement conseillé de placer un écran ou une cloison devant la porte de la salle de bain, pour en supprimer la vue depuis le lit.
2. La porte de la chambre ne doit pas être en face d'un escalier, à l'extérieur. Si l'escalier est trop proche, le chi devient sauvage, et il est alors absolument nécessaire d'installer un éclairage vif au plafond, entre l'escalier et la porte.
3. La porte de la chambre ne doit être en face d'aucune autre de l'autre côté du couloir, ou du palier. C'est un affrontement qui crée des querelles et de l'incompréhension. Accrochez plutôt une tenture pour amoindrir l'effet des portes qui s'affrontent. La situation est pire si ce sont deux demi-portes qui sont face à face, c'est-à-dire si les deux portes sont légèrement décalées l'une par

rapport à l'autre. Dans une telle situation, essayez de placer quelque chose entre les deux portes. Ce peut être une plante ou un paravent.
4. La chambre ne soit pas donner sur un angle formés par deux murs perpendiculaires. Si c'est le cas, placez une plante grimpante contre l'arête pour rendre diffus le souffle-qui-tue envoyé vers la porte.

Tabous majeurs concernant la chambre à coucher

N'oubliez jamais que la chambre est un lieu de repos et de détente. Les énergies qui prévalent dans la chambre doivent être plus yin que yang, étant donné qu'une chambre qui est trop yang créera trop d'activité chez les gens qui l'occupent. Aussi, il est facile de comprendre que les experts et les maîtres de feng shui mettent sérieusement en garde contre l'activation de la chambre à coucher avec trop de symboles de bonne destinée.

L'eau

Bien que l'eau soit censée apporter la richesse, et que les éléments aquatiques soient généralement favorables, c'est une grave faute que de placer des éléments aquatiques dans la chambre à coucher. Si vous dormez, par exemple, avec un auqarium derrière vous, vous serez victime d'un vol, ou vous subirez une perte financière. Laissez les éléments aquatiques dans la salle de séjour et le jardin. Et cela ne concerne pas que les bocaux à poissons et les fontaines, mais cela s'applique tout particulièrement aux tableaux qui représentent la mer, un lac, ou une cascade. Laissez ces peintures loin de votre lit. Le bleu, toutefois, est acceptable pour la chambre, bien qu'elle représente l'eau ; mais évitez le noir.

Fleurs et plantes

C'est terrible, je sais, mais il ne faut pas mettre de fleurs ni de plantes dans la chambre, surtout des plantes vivantes. Elles sont le symbole d'une énergie extrêmement yang. Placées dans la chambre d'un couple, les fleurs sont cause de querelles et d'infidélité. Il n'est pas non

Pas de fleurs dans la chambre ; elles nuisent à l'influence favorable à l'idylle.

Positions défavorables du lit

Ne placez pas votre lit :

1 sous une poutre.
2 en face d'une porte : celle de la chambre comme celle des toilettes.
3 entre deux portes.
4 contre le mur qui sépare la chambre des toilettes.
5 sous une fenêtre.
6 en face d'un angle saillant.
7 en face d'un miroir.
8 directement sous un réservoir d'eau.

plus conseillé d'y mettre des tableaux représentant des fleurs. Il n'y a qu'une occasion où les fleurs sont bénéfiques dans cette pièce : c'est quand il s'agit d'introduire de l'énergie yang active dans la chambre, quand quelqu'un est en convalescence. Et même alors, il n'est pas bon de garder trop longtemps les fleurs dans la chambre.

Miroirs

L'un des plus grands tabous feng shui consiste à avoir une glace en face du lit. Il n'y a rien de tel pour gâter une relation matrimoniale. J'ai toujours fortement déconseillé d'avoir de grands miroirs qui font face au lit, qu'ils soient au mur, au plafond, ou sur des portes d'armoire. Les miroirs reflètent le couple endormi, envoyant ainsi le shar chi, causant l'incompréhension, et souvent l'infidélité. Les glaces dans la chambre favorisent aussi l'irruption d'un tiers dans le ménage. En fait, tout ce qui a une surface réfléchissante doit être tenu à l'extérieur de la chambre. S'il y a une télévision, couvrez-en l'écran d'une étoffe avant d'aller vous coucher. Si des glaces sont face à votre lit, démontez-les, ou recouvrez-les d'une tenture. Ne gâtez pas votre couple avec des miroirs.

Étagères ouvertes

Si vous avez des étagères ouvertes en face de votre lit, tôt ou tard, vous tomberez malade. Les étagères ouvertes symbolisent des lames qui vous coupent pendant votre sommeil. En fait, les étagères non fermées ne sont nulle part un bon feng shui. Je vous conseille vivement de fixer des portes à vos étagères, pour supprimer l'effet 'lames'.

Directions de sommeil

Pour commencer, votre lit ne doit pas être encombré, obstrué, ou frappé par des flèches empoisonnées qui apportent maladie et malchance. Une fois que vous avez fait en sorte que rien dans votre environnement personnel ne vous blesse tandis que vous dormez, l'étape suivante, dans le feng shui, consiste à bénéficier consciemment de votre direction favorable de sommeil.

Le feng shui prescrit des directions de sommeil spécifiques, qui sont fondées sur la formule du Pa Kua Lo Shu (voir p. 86-88). Une fois que vous connaissez votre chiffre Kua, vous pouvez vérifier vos directions favorables et défavorables, selon le groupe (est ou ouest) auquel vous appartenez (voir p. 89-90). Pour utiliser ces directions, il faut choisir le genre d'influence que vous voulez activer, et orienter votre lit de façon que vous dormiez la tête orientée vers la direction désirée (la direction de la flèche dans l'illustration du haut).

La direction indiquée sur ce lit montre que les positions sont calculées pour l'orientation du lit. C'est la direction dans laquelle votre tête est orientée, qui compte.

Les quatre directions excellentes de votre groupe vous présentent quatre types de chance. Le premier type est le meilleur, étant donné qu'il confère l'influence bénéfique à la réussite dans toutes vos entreprises. Cette direction est aussi appelée direction *sheng chi.* Les gens qui sont dans les affaires ou qui suivent une carrière professionnelle doivent dormir la tête orientée dans cette direction.

La deuxième direction de sommeil est votre direction de santé, et celle-ci est appelée la direction du médecin du ciel. C'est une direction excellente à laquelle recourir si vous n'êtes pas bien, ou si vous êtes en train de récupérer. Le nom chinois pour cette direction est *tien yi.*

Bénéficier de votre bonne direction, pourrait bien signifier avoir votre lit disposé ainsi. C'est très bien !

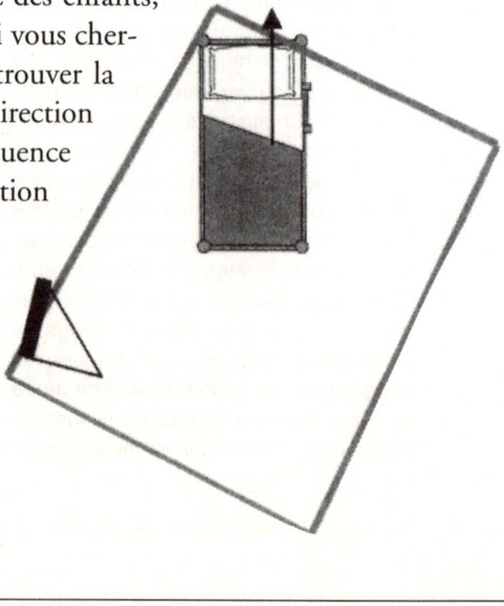

La troisième direction est votre direction de famille et d'idylle. Ayez recours à cette direction si vous voulez que votre mariage ou votre partenariat soit solide, si vous voulez des enfants, mais que vous ne parveniez pas à en avoir, et si vous cherchez l'amour, mais que vous n'arriviez pas à trouver la personne idoine. Le nom chinois pour cette direction est la direction *nien yen,* et ce type d'influence concerne l'idylle, le mariage, la fidélité, l'obtention de bons enfants, et l'unité familiale.

La quatrième direction est appelée *fu wei,* et elle apporte la chance d'autodéveloppement. Ceux qui poursuivent leurs études ou qui travaillent pour obtenir un diplôme doivent dormir la tête orientée dans cette direction.

Le Classique des Demeures Yang

Selon ce classique populaire, il y a plusieurs méthodes pour déterminer les chambres pour les membres de la famille.

1 Les personnes âgées doivent dormir dans des chambres qui ont une orientation ouest. Dans la Cité Interdite de Pékin, tous les palais réservés aux dames âgées de la cour se trouvent au côté ouest. C'est parce que les énergies des chambres ouest conviennent mieux aux anciens. Cette recommandation coïncide avec la méthode du Pa Kua pour attribuer les chambres, étant donné que, selon le Pa Kua, le nord-ouest doit être le secteur occupé par les vénérables patriarches, tandis que le sud-ouest doit être celui des vénérables 'matriarches'.

2 Les enfants en croissance, spécialement les jeunes fils, doivent dormir à l'est, là où les énergies yang sont à leur zénith. De même, selon la méthode du Pa Kua, l'est est considéré comme le meilleur secteur pour le fils aîné.

3 La fille aînée doit avoir sa chambre au sud-est. Ces deux directions sont l'élément bois, qui représente une croissance exubérante.

Améliorer votre vie amoureuse avec le feng shui

L'influence d'idylle et d'amour peut aussi être améliorée, en faisant en sorte que le secteur d'amour – le sud-ouest – de votre chambre soit encore plus énergétisé par la présence d'objets favorables qui symbolisent le bonheur conjugal. Les meilleurs symboles favorisant une très bonne vie amoureuse, sont une paire de canards mandarins – pas un ni trois, une paire. Si vous exposez un canard, cela ne signifie rien, et si vous en avez trois, vous ne trouverez pas d'amour durable. Achetez ces canards de bois dans un supermarché chinois. Si vous avez des difficultés à trouver des canards, remplacez-les par une paire d'inséparables. Il y a un autre symbole merveilleux : le signe du double bonheur, qui est le signe de bonheur unanimement utilisé par les Chinois, pour un heureux mariage. Vous pouvez placer l'image d'un cœur au sud-ouest. Vous pouvez aussi utiliser des éclairages. Les dispositifs d'éclairage en cristal sont les plus efficaces. Suspendez un petit lustre de cristal dans cette partie de votre chambre et gardez la lumière allumée au moins trois heures chaque nuit.

L'aspect pratique de l'utilisation de ces merveilleuses directions favorables peut parfois être très délicat. Vous pourrez vous apercevoir qu'il est parfois impossible de recourir à vos prétendues directions – parce que la plupart des chambres sont très petites et encombrées – et, après avoir évité tous les tabous que nous venons d'énumérer, vous pouvez avoir un sentiment de frustration, parce que vous n'avez pu utiliser vos directions.

Ce qui est aussi 'frustrant', c'est que les orientations de la pièce ne correspondent jamais de façon pratique à l'un des points cardinaux. Les directions de la boussole dans la vie réelle ne sont jamais très distinctes, et vous pouvez vous apercevoir que vous devez placer votre lit dans un endroit incommode. Et, ce faisant, il se peut que vous ne dormiez même pas dans votre direction de sommeil ! Peut-être que l'orientation de votre chambre ne vous permet de recourir qu'à votre deuxième bonne direction.

Garder l'idylle vivante dans la chambre

Fréquemment, les mariages échouent, parce que le feng shui de la chambre est très mauvais. Il n'est pas possible d'énumérer tout ce qui pourrait être fautif, mais les problèmes majeurs sont les suivants.

- N'ayez jamais de grand miroir en face ou au-dessus du lit.
- Un écran de télévision dans la chambre provoque la séparation du couple.
- Ne dormez pas sous une grande poutre apparente qui 'coupe' le lit en deux. L'énergie horrible venant d'en haut divise symboliquement le lit en deux, et ainsi divise le couple de la même façon.
- N'ayez pas de toilettes au-dessus de vous. Ne dormez jamais dans une chambre située directement sous des toilettes installées à l'étage supérieur. Les toilettes émettent un chi néfaste d'en haut, causant des problèmes dans le couple.
- Ne dormez pas dans des lits à deux places sur des matelas individuels. Cela crée une séparation symbolique qui pourrait bien devenir réelle. Si les membres du couple n'ont pas le même ensemble de directions favorables, il est très préférable d'avoir deux lits uniques, et même deux chambres différentes. Mais dormir dans un même lit double ayant deux matelas séparés, est mauvais.
- Déterminez votre direction personnelle d'idylle, fondée sur votre chiffre Kua (voir p. 142), et disposez votre direction de sommeil pour y recourir.

Une grande partie du feng shui est une affaire de compromis. Sur les quatre directions, il y aura au moins une bonne direction que vous pourrez utiliser. Rappelez-vous que dormir la tête orientée vers l'une de vos bonnes directions signifie au moins que vous ne dormirez pas dans une direction nuisible.

Les quatre directions défavorables sont très néfastes, et je vous conseille de choisir toujours l'une des quatre bonnes directions, quelle que soit la difficulté que cela peut présenter.

Si deux partenaires partageant le même lit ont des ensembles différents de directions favorables, le feng shui affirme toujours que c'est celle de l'homme, du patriarche, qui doit prévaloir. Mais si une femme dort dans un lit double avec son partenaire, et que ce soit elle qui a des problèmes, alors, quelle que soit sa direction *nien yen* de celui-ci, et même si elle différente de la sienne, elle doit déplacer son lit pour bénéficier de sa direction propre.

Il n'y a pas de moyen facile de concilier deux ensembles de directions favorables dans un couple. Quand les deux partenaires ont le même ensemble directionnel, le feng shui est facile à pratiquer. Quand chacun a une direction distincte, il faut trancher.

Symboles de bonne destinée dans la chambre

Vous pouvez énergétiser la bonne destinée si vous placez des objets symboliques de bon augure sous le lit. Vous choisirez ces objets porte-bonheur en fonction du genre de chance que vous voulez.

- Pour une protection supplémentaire, ou pour attirer les bonnes occasions, placez le symbole du double poisson, dessiné, ou sous forme d'objet en or, sous le matelas ou du côté où votre tête se trouve.

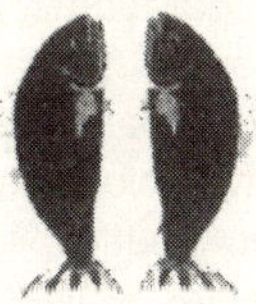

- Si vous souhaitez générer une grande chance relative au voyage, placez une conque sous votre matelas. La conque est aussi excellente pour ceux qui sont dans la communication. En fait, n'importe quelle sorte de coquillage décoratif est acceptable, mais quelque chose qui ressemble au dessin du coquillage est censé être particulièrement heureux.

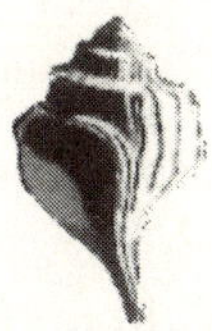

- Si vous désirez que votre ménage aille bien, placez le symbole du double bonheur sous le lit. Cela aide aussi les couples sans enfants qui ont du mal à concevoir.

- Pour attirer la bonne énergie pendant les heures de sommeil, placez un nœud mystique attaché avec du fil rouge sous le matelas. Ce symbole représente un cycle indéfini de bonne destinée.

Mobilier de la chambre

Le meuble principal de la chambre est le lit, et la façon dont il est fait, son chevet, et le genre de matelas utilisé, ont des connotations feng shui.

Ne dormez jamais sur des lits ronds ou des matelas d'eau. Je n'imagine rien de pire que de dormir sur quelque chose d'aussi instable. En fait, le meilleur critère pour juger du caractère bénéfique d'un lit, c'est sa stabilité. Ne dormez jamais sur un lit instable ; aussi, veillez à ce qu'il soit solidement fixé.

Le chevet d'un lit a aussi des significations feng shui, mais mon expérience m'a appris que ce n'est guère important. Les seuls conseils que je tiens à donner, c'est que les lits doivent avoir absolument des chevets, et qu'ils doivent être pleins plutôt que creux. Si le chevet manque, cela indique que le lit n'est pas favorable. Les chevets de cuivre ou de laiton ne sont pas conseillés, et les chevets semi-circulaires ne sont pas aussi favorables que les chevets rectangulaires, étant donné qu'un demi-cercle indique que quelque chose manque.

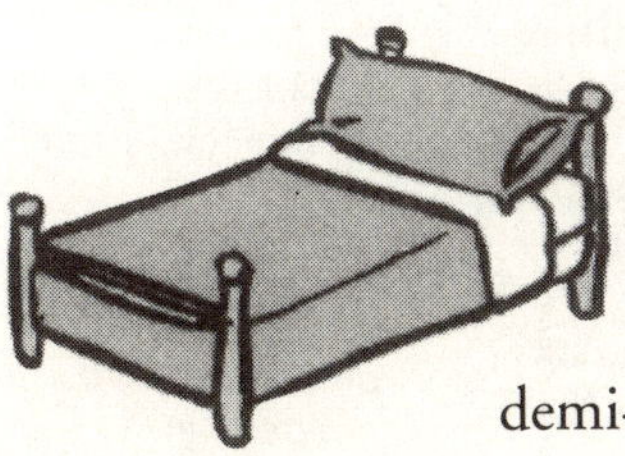

Le feng shui dans la cuisine

Dans le feng shui, la cuisine est traditionnellement la partie de la maison qui est censée être la plus défavorable. Si vous utilisez la formule Kua pour déterminer vos directions bonnes et mauvaises, vous saurez quelle est votre direction de perte totale, et elle est considérée comme le meilleur secteur pour la cuisine. Pourquoi ? Parce que l'utilisation quotidienne de la cuisinière allume le feu, qui a son tour crée l'énergie capable d'écraser les influences mauvaises.

La cuisine est aussi l'endroit où les deux éléments opposés que sont l'eau et le feu, interagissent, et le feng shui dans la cuisine implique l'équilibrage correct de ces deux éléments. Une interaction favorable apportera une chance considérable, tandis qu'une interaction fautive conduira à des conséquences hostiles. Le caractère bon ou mauvais de l'interaction est déterminé par la position de la cuisinière par rapport à celle de l'évier.

Pour équilibrer l'eau et le feu dans la cuisine, ne positionnez pas le four ou la cuisinière directement en face de l'évier ou du réfrigérateur. Cela conduirait à l'affrontement des deux éléments. Vous ne devez pas non plus positionner les deux éléments trop près l'un de l'autre. Pour que cela n'arrive pas, mettez une armoire ou un buffet de cuisine entre le réfrigérateur ou l'évier et la cuisinière.

Préparer la cuisine

En outre, la façon dont la nourriture est préparée affecte aussi la destinée familiale. En fait, elle l'affecte beaucoup. On exprime cela du point de vue de l'orientation de la cuisinière. Dans l'ancien temps, les directives feng shui sur l'orientation de la cuisinière étaient faciles à suivre, parce qu'il s'agissait de l'orientation de la 'bouche' de la cuisinière. L'appareil de cuisson de l'ancien temps était un instrument simple. La bouche s'ouvrait sur le devant de

Ci-dessus : la bouche de la cuisinière.

À droite : La bonne énergie doit venir de là où la flèche est pointée.

Autres directives pour le positionnement de la cuisinière

Ne mettez pas la cuisinière ou le four :

- directement devant la porte de la cuisine. C'est une disposition dangereuse, particulièrement si la cuisine est trop près de la porte de devant.
- face à des toilettes. Si c'est le cas, gardez la porte des toilettes fermée chaque fois que la cuisine va être faite.
- devant une fenêtre. Contrairement à ce que l'on croit communément, une fenêtre au-dessus d'une cuisinière dénote un manque de soutien.

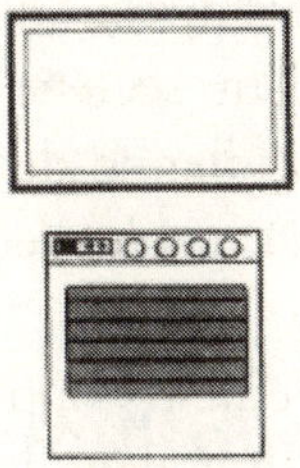

Ne mettez pas une cuisinière sous une fenêtre

- immédiatement sous une poutre apparente ou devant un angle saillant.
- entre deux éléments aquatiques, c'est-à-dire, avec l'évier d'un côté, et le réfrigérateur de l'autre. Cette configuration apportera tristesse et désolation à la famille. Il est dit que le feu entre l'eau signifie des larmes versées.
- dans un coin. Si la cuisinière est placée dans un coin, la personne chargée de la cuisine devra travailler face à un angle. La situation est dangereuse.

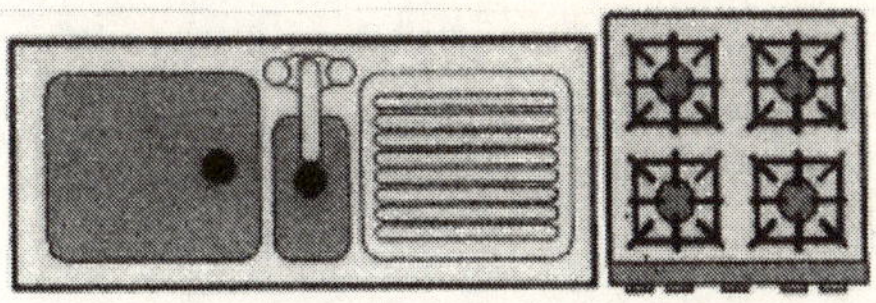

Il ne faut pas mettre la cuisinière à côté d'un évier

- au cœur de la maison. Les cuisines doivent toujours être dituées dans la deuxième moitié de la maison, mais jamais au centre d'une demeure.
- face à des escaliers.
- directement sous des toilettes installées à l'étage supérieur. Si vous êtes déjà en butte à ce problème, déplacez la cuisinière, et remaniez la disposition de la cuisine.
- directement sous un réservoir installé sur le toit. Cela éteint le feu – littéralement – et crée une malchance épouvantable.
- dans le secteur nord-ouest d'une cuisine, car c'est un positionnement dangereux, appelé 'le feu aux portes du ciel'.

la cuisinière, où le bois ou le charbon de bois brûlait. Il était ainsi facile de savoir comment orienter la bouche de l'appareil de cuisson, selon la meilleure direction.

Les cuisines modernes ne comportent plus de telles cuisinières, et il est difficile de déterminer où se trouve la 'bouche' du four, ou de la cuisinière. Quand j'ai consulté les livres de référence pour trouver de l'aide, j'ai découvert que la règle concenant la 'bouche' du four était la suivante : pour que la nourriture préparée soit bénéfique, l'énergie alimentant le feu doit venir de la meilleure direction. Avec cette règle pour guide, nous avons déterminé que, pour les appareils de cuisine électriques, la direction dans laquelle la prise entre dans la cuisinière ou le four, est la direction la plus importante à prendre en considération. Pour les cuisinières à gaz, la bouche est là où le gaz entre dans l'appareil.

Pour les familles chinoises, il est facile de faire de la cuisinière pour le riz la cuisinière principale. Qu'on l'oriente correctement, et on aura un bon feng shui. En outre, j'oriente aussi la marmite d'une façon bénéfique, pour obtenir un double bénéfice. Ainsi, la nourriture et l'eau servies chez nous sont harmonieux et favorables. Et parce que ma famille a des membres des deux groupes, j'utilise deux cuisinières pour le riz. C'est la seule façon de faire en sorte que les deux membres d'un couple appartenant aux deux groupes différents, est et ouest, bénéficient d'une orientation favorable.

Espaces pour emmagasiner la nourriture

Le bon feng shui dans la cuisine signifie avoir un réfrigérateur bien garni tout le temps. C'est l'équivalent moderne de l'urne à riz pleine. Les Chinois se donnent beaucoup de mal pour faire en sorte que l'urne à riz ne soit jamais vide. Il doit y avoir constamment du riz dans l'urne, et, sous le riz, on place un paquet rouge bourré de pièces de monnaie. Ce paquet rouge qui est censé être une continuation bénéfique de la bonne influence d'année en année, est remplacé par un nouveau le premier jour de la nouvelle année lunaire. Cette pratique est devenue une superstition très partagée par les gens d'origine chinoise, et je ne compris pas sa signification réelle lorsque je vis ma grand-mère le faire. Cela ne m'empêche pas de suivre cette tradition depuis plus de trente ans. Cela fait en sorte que j'aurai, financièrement, 'toujours de quoi à manger'.

Un réfrigérateur qui est toujours bien garni apporte un excellent feng shui.

La table pour le petit déjeuner dans la cuisine crée un point d'intérêt focal qui représente le bon feng shui. Cette table a pour fonction aussi de créer une barrière entre l'évier, le réfrigérateur et la machine à laver à un côté de la cuisine, et le four et la cuisinière de l'autre. Cela réduit l'affrontement eau-feu, et apporte de l'harmonie dans la cuisine.

Les oignons, l'ail, pendant du plafond au centre de la cuisine, ne sont pas partriculièrement favorables – pas plus que les pots et les casseroles suspendues au même endroit.

TROISIÈME PARTIE

Le feng shui dans votre carrière

Le feng shui et les affaires

On sait que de nombreux hommes et femmes d'affaires pratiquent le feng shui. Ils sont nombreux à croire au règne du dragon mythique du feng shui, à son influence considérable sur la disposition des bureaux, le design des bâtiments, les orientations des entrées, le positionnement des meubles, et le moment de la prise des décisions financières et commerciales. Dans le monde du commerce asiatique, le feng shui est censé aider à devancer la concurrence. Les hommes et femmes d'affaires qui utilisent cette antique science, croient pouvoir ajouter une dimension essentielle, voire métaphysique, au maniement de leurs affaires.

Le coût d'une consultation sérieuse de feng shui, pour un homme d'affaires, peut sembler prohibitif. Les honoraires sont souvent calculés selon la surface des locaux examinés, et le rang du patron ou du directeur qui a requis les services d'un expert en feng shui. Malgré cela, l'expert, surtout si sa réputation est bonne, est toujours consulté.

À Hong Kong, le feng shui a reçu une consécration officielle, de la part de rien de moins que le nouveau gouverneur de cette métropole affairée. Tung Chee Hwa a publiquement reconnu qu'il croyait fortement au feng shui. Ce magnat qui est à la barre dédaigna le bureau et le logement du gouverneur britannique, parce qu'ils avaient un mauvais feng shui, et il entreprit de choisir ses quartiers selon les conseils de son propre maître de feng shui.

Cela fait longtemps, naturellement, que le monde des affaires de Hong Kong accorde au feng shui une place importante dans ses décisions relatives à ses activités. Les Britanniques permirent aux sociétés de payer des honoraires à des experts en feng shui. L'exemple le plus fréquemment cité de feng shui à l'œuvre, est la Banque de Hong Kong, dont le nouveau siège, construit au milieu des années 80 au centre de Hong Kong, témoigne de nombreuses interventions de la part d'experts en feng shui. Les 'initiés' jureront que le rythme de croissance et les profits impressionnants de la banque, année après année, sont dus, en partie, au bon feng shui de son siège social. Ceux qui taxent le feng shui de superstition, et qui le disqualifient pour cela, peuvent trouver cela très discutable. Néanmois, la lignée des Taïpan (directeurs) de cette auguste banque, accorde sa confiance au feng shui depuis des décennies. La philosophie qu'ils ont sagement adoptée peut se résumer ainsi : puisque beaucoup de clients croient au feng shui, pourquoi ne pas aller avec le courant ? Pratiquer le feng shui, après tout, ne peut faire de mal, n'est guère coûteux ; cela ne requiert qu'une dépense plutôt négligeable. Quand on voit comment la banque a prospéré au fil des ans, on ne peut que penser qu'ils ont fait le bon choix.

D'autres utilisateurs plus modestes du feng shui, ont été les géants de la distribution Mark et Spencer, et presque tous les 'hongs' – maisons de commerce – de Hong Kong, comme Jardines et Swires. C'est aussi un fait très reconnu que la plupart de ceux qui ont le mieux réussi dans la promotion immobilière, de Li Kar Shing à Lee Shau Kee, aux Kwoks de Sun Hung Kaï et aux Cheng du New World Group, utilisent le feng shui en permanence. Pour eux, le feng shui fait partie de leur héritage, de leur tradition chinoise, de leur culture chinoise, et c'est une dimension intégrale de leur vie professionnelle.

Il n'y a pas que les riches et les puissants qui croient au feng shui. Sa pratique, chez les Chinois, concerne toutes les classes sociales –

Le feng shui dans d'autres pays

C'est la même histoire à Singapour et en Malaisie. Là, les hommes d'affaires, les professionnels, les directeurs de société, et les petits entrepreneurs d'origine chinoise (parfois d'autres nationalités), introduisent du feng shui dans la conception et les plans de leurs demeures et de leurs bureaux. Dans ces deux nations prospères de l'ASEAN, on peut voir partout la présence d'interventions feng shui dans la profession et la promotion immobilières.
De même, ces dernières années, des hommes d'affaires d'autres pays, surtout d'origine chinoise, à Jakarta et à Manille, ayant eu vent de l'efficacité du feng shui, et des bons résultats qu'il donnait, se sont tournés vers lui, pour augmenter leurs chances de réussite dans leurs affaires.
En Australie, en Grande-Bretagne, en Europe, et dans beaucoup de villes des EU, où le feng shui est en train de gagner du terrain, il n'est encore cependant que sur le seuil des conseils d'aministration et des sociétés. Mais parce que le feng shui marche, et parce qu'il est assez facile à apprendre, sa popularité auprès des hommes d'affaires occidentaux n'est plus qu'une affaire de temps. Depuis quelques années, il devient de plus en plus facile d'obtenir une bonne connaissance du feng shui, grâce à la disponibilité de textes simplifiés en anglais, espagnol, français, etc.

car l'adepte du feng shui est le magnat comme le chauffeur de taxi, le gros parvenu plein de sous comme le pauvre marchand végétant. Le feng shui intéresse toutes les classes, tous les revenus, promettant à ceux qui ont déjà la prospérité, qu'elle sera intarissable, et le gros lot à ceux qui en sont encore loin.

Quels sont, alors, les 'tuyaux' feng shui les plus importants pour le feng shui ? En plus des principes fondamentaux que nous avons déjà vus, ce chapitre présente quelques techniques utilisées par les Taïpans chinois d'Extrême-Orient.

Bâtiments favorables, bâtiments défavorables

Quand vous examinez le feng shui d'un bâtiment, quel qu'il soit, considérez d'abord l'environnement et les routes qui y mènent ; et voyez s'il se fond dans l'environnement. Puis recherchez les structures dans l'environnement immédiat, qui peuvent avoir un effet, bon ou mauvais, sur votre bâtiment. Les édifices voisins qui sont plus hauts et plus imposants que le vôtre, peuvent, selon sa situation, soit le soutenir (bien), soit l'affronter (mauvais). Il faut toujours rechercher d'abord les paramètres extérieurs du feng shui, et le feng shui d'un bâtiment est considéré comme favorable si les facteurs mentionnés ici sont respectés.

Ci-dessus : C'est une forme excellente pour un bâtiment.

Ci-dessous : Un édifice plus élevé sis derrière le vôtre est bienfaisant.

Formes défavorables de bâtiments

Avoir le seul édifice élevé n'est pas favorable, et être dans l'ombre d'autres bâtiments plus massifs ne l'est pas non plus. Dans le paysage urbain moderne, les grands édifices jouent le rôle des montagnes et des collines de l'environnement naturel. L'effet général doit être une ondulation pour simuler le dragon vert bénéfique.

Quand une tour domine, les bâtiments environnants dont l'entrée donne directement dessus, souffriront d'un très mauvais feng shui. Si la tour est derrière votre immeuble, elle devient une

Certaines formes de bâtiments défavorables.

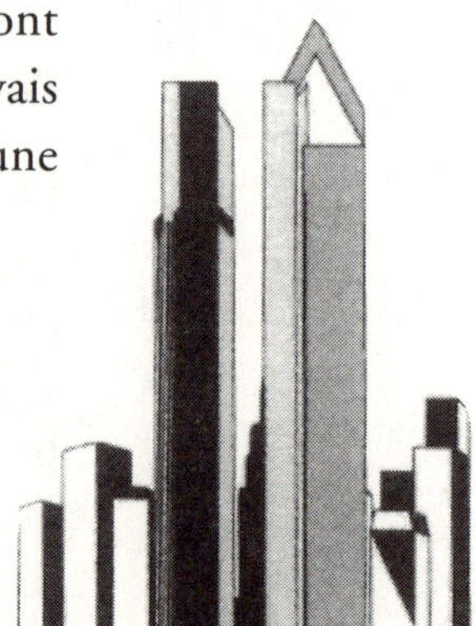

Quelques formes favorables communes vues d'en bas

Les formes des bâtiments de la ville doivent être examinées selon deux aspects : les formes du plan au sol quand ils sont vus d'en haut, et les formes quand ils sont considérés depuis le niveau du sol. Quelle que soit la perspective, les formes favorables sont, comme toujours, les formes régulières – spécialement si elles sont rectangulaires. Faites une simple analyse élémentale des formes des bâtiments pour votre évaluation.

Les formes suivantes sont le plus souvent celles d'immeubles de bureaux, et elles ne deviennent défavorables que lorsqu'il y a des secteurs manquants.

Les bâtiments de forme carrée sont favorables, solides, forts. Ils relèvent de l'élément terre, et seront bénéfiques à presque tout le monde. Les bâtiments rectangulaires sont plus favorables quand ils sont plus hauts que larges – ils appartiennent à l'élément bois. Quand ces bâtiments sont profonds, le feng shui est considéré comme excellent, non seulement pour le présent, mais aussi pour le futur.

Les formes trapézoïdales des façades sont meilleures quand la base est plus large que le sommet. Quand on considère le plan, il est plus favorable que le devant soit plus large que l'arrière.

bienveillante protectrice, et, symboliquement, elle est la tortue noire.

Quand il y a deux grandes tours, elles représentent des bâtons d'encens, particulièrement si leur sommet est éclairé la nuit. Ce symbolisme est négatif, et la ville pourrait bien pâtir du souffle très hostile émanant des tours. Si l'immeuble qui abrite les bureaux de votre société est situé non loin de ce genre de tours, il est préférable qu'elles soient derrière vous, plutôt que devant.

Dangers urbains potentiels

Les exemples donnés ci-après sont choses communes dans la ville. La présence de grues, par exemple, est devenue de plus en plus fréquente dans les villes en expansion d'Extrême-Orient. Quand à cela s'ajoute une activité de construction excessive, le feng shui de nombreux immeubles peut être négativement affecté, tant que les grues ne sont pas ôtées. La tour représentée p. 154 (en bas à droite) représente un feng shui très dangereux pour tout immeuble qui lui fait face.

Dans une ville d'environnement commercial ou industriel, il y a différents types de bâtiments et d'autres structures physiques qui peuvent nuire à votre feng shui. Il faut prendre garde à ce qui peut blesser. Certains exemples sont illustrés ci-après. Rappelez-vous que ces structures sont surtout blessantes quand l'entrée principale de votre immeuble est en face ; voici quelques exemples :

- Si l'entrée de votre lieu de travail est en face d'un réservoir d'eau comme celui qui est représenté ci-dessous (en bas à gauche), il n'a pas un bon feng shui, à moins que la vue n'en soit cachée avec des arbres, ou que votre entrée ne soit réorientée.
- Il faut voir s'il n'y a pas la présence très nuisible d'une sculpture dont les angles aigus sont pointés dans diverses directions. Quand quelque chose de semblable est positionné devant un siège de société, auquel il envoie des énergies hostiles, l'influence créée est très mauvaise. J'ai vu, à Londres et à New York, des sculptures terriblement nuisibles (et laides). Si vous travaillez dans un immeuble affligé par ce type catastrophique 'd'œuvre d'art', n'y entrez pas par la porte visée par elle. Cherchez une autre porte pour pénétrer dans votre lieu de travail.

Si votre immeuble est en face d'une usine comme celle qui est représentée ici, plusieurs choses vous nuiront, à vous, et à quiconque travaille dans votre immeuble, d'une façon très grave. D'abord, les cheminées fumantes causeront à tous des pertes financières. Ensuite, les toits triangulaires feront que toutes les personnes qui se trouvent dans l'immeuble seront en butte à une multitude de problèmes.

Une grue apportera un mauvais feng shui aux immeubles environnants.

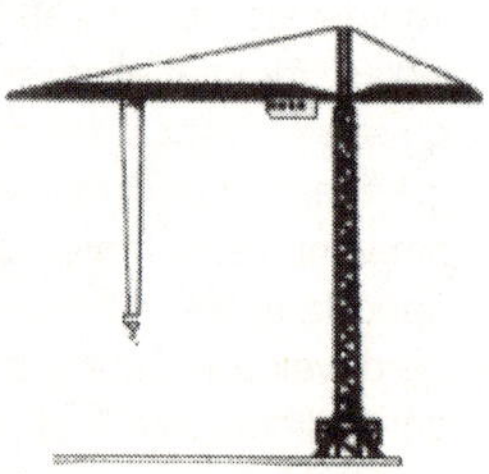

Si l'entrée de votre lieu de travail est en face d'un réservoir d'eau comme celui-ci, vous n'y bénéficiez pas d'un bon feng shui, à moins que la vue ne soit cachée par des arbres, ou que vous réorientiez votre entrée.

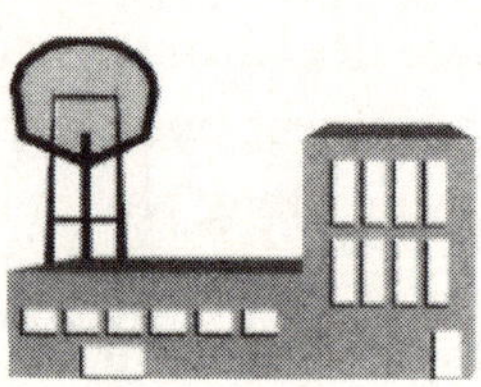

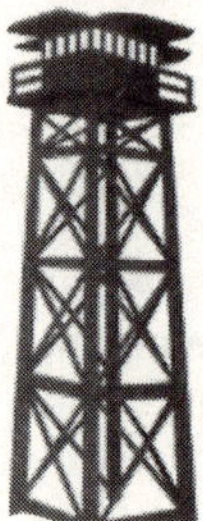

Une tour comme celle-ci crée un très mauvais feng shui.

Quand la route surélevée entoure un bâtiment, elle ne le blesse pas.

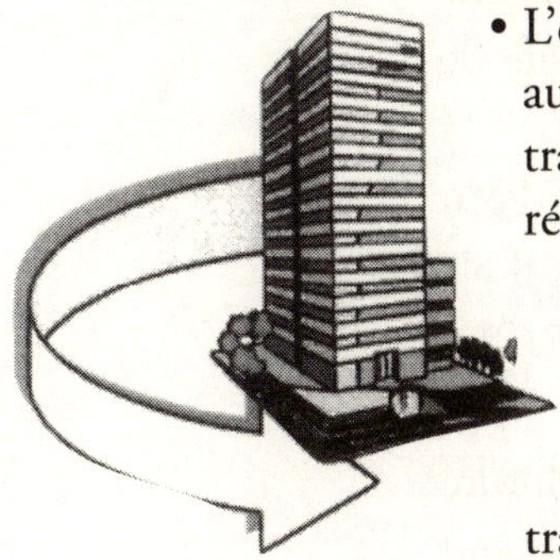

- Les autoponts et les routes surélevées peuvent être gravement menaçants. Si vous vous apercevez que votre immeuble est 'coupé' par des routes surélevées ou des autoponts, il est préférable pour vous et votre société de penser à déménager.
- L'effet négatif des routes et des chemins de fer surélevés est un autre élément du feng shui de la ville. Les voies ferrées de transit surélevées sont une mauvaise chose pour les immeubles résidentiels et de bureaux qui ont le maheur d'être dans la convexité 'tranchante' de la ligne de chemin de fer. Quand la ligne de chemin de fer ou l'autoroute élevée 'embrasse' un bâtiment (quand le bâtiment est dans la concavité de la courbe), elle apporte une influence protectrice, mais si elle tranche le ventre d'un bâtiment, une mauvaise influence sera créée.
- Vous vous apercevrez que la seule façon de neutraliser le tranchant d'une route, c'est de couvrir l'immeuble d'un revêtement de miroirs qui réfléchissent la route, renvoyant ainsi ses énergies qui tuent. Des carreaux de miroir peuvent aussi être un remède efficace pour équilibrer les parties du bâtiment qui sont heurtées par d'autres structures néfastes qui ont été édifiées à proximité.
- Pour finir, il faut considérer un autre point concernant le positionnement. Le plus souvent, plus la circulation est rapide, plus l'énergie qu'elle crée est dangereuse. La circulation d'une autoroute est probablement très rapide, faisant que le chi se précipite, et l'effet sur votre immeuble, s'il se trouve à proximité de ce genre de voie de circulation, est tout à fait pernicieux. Mais si votre immeuble se trouve au cœur de la ville, où le trafic est lent, l'effet de la route devient bénéfique.

Plaisirs sculpturaux

Toutes les sculptures ne sont pas nuisibles. Quand elles ont l'air pleines et qu'elles sont arrondies, pas trop grandes, pas trop imposantes, elles peuvent représenter le phénix céleste apportant de merveilleuses occasions de développement à quiconque travaille dans l'immeuble. Les chefs-d'œuvre de Henry Moore sont un excellent exemple de sculptures pourvues d'un bon feng shui. Elles sont en pierre, et joliment arrondies, émettant des énergies favorables, plutôt que des énergies négatives. Elles sont aussi extrêmement agréables à l'œil, et ne semblent jamais menaçantes.

Entrées des immeubles

L'entrée des bâtiments doit être positionnée favorablement pour attirer de bonnes circulations de sheng chi, et la meilleure indication de la présence de chi, c'est quand il y a un espace vide devant le bâtiment. Un

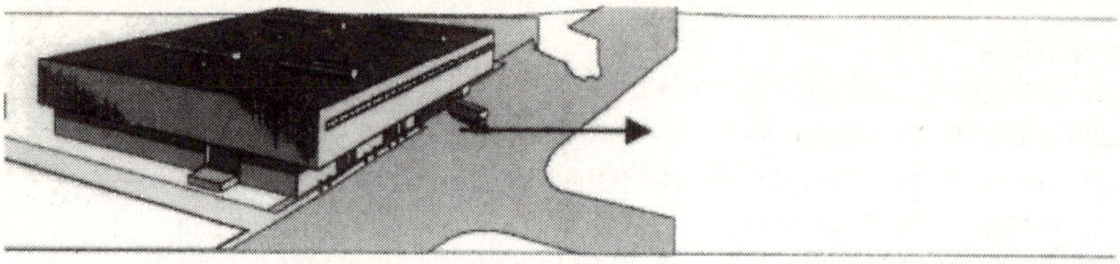

Un bâtiment faisant face à un terrain dégagé bénéficie d'un bon feng shui.

terrain d'exercice, un terrain de football, un parc public – n'importe lequel de ces espaces dégagés, appelés 'salle claire' – représente un excellent feng shui. C'est là où l'énergie qui porte chance peut s'apaiser, s'accumuler, puis entrer dans votre immeuble. Toute personne travaillant dans un tel immeuble bénéficiera de la chance qu'une telle entrée crée.

Il n'est pas difficile de différencier les immeubles favorables des immeubles défavorables. Considérez simplement l'entrée principale de l'immeuble, et voyez à quoi elle fait face. En plus de la 'salle claire', la présence d'un élément aquatique est très favorable. Les meilleurs éléments aquatiques sont les fontaines, les bassins pour les poissons, et l'eau courante. Vous pouvez être aussi créatifs que vous le souhaitez, mais tant que l'eau est en vue de l'entrée de la maison, et coule vers la maison, au lieu de s'en éloigner, l'eau est favorable.

La meilleure façon d'évaluer le feng shui d'un édifice, c'est de considérer le nombre de routes de raccordement desservant le devant de la maison. Quand il y a plusieurs routes qui vont vers la façade du bâtiment, et qu'il y a un élément aquatique qui incite le

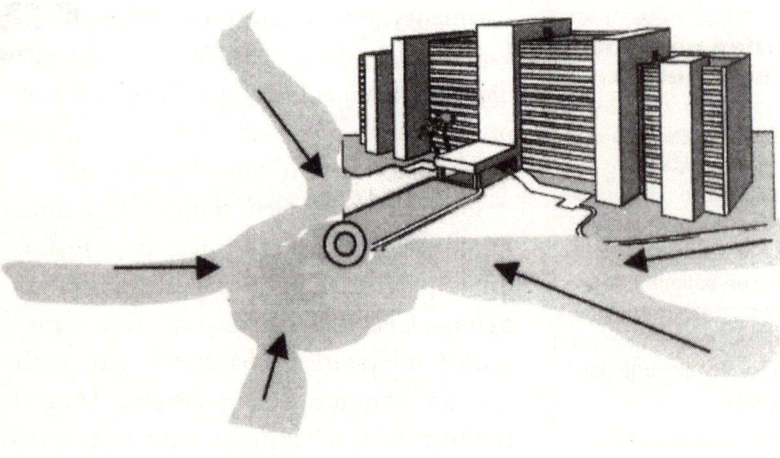

Cet immeuble bénéficie des cinq routes de raccordement qui apportent du bon chi à la petite pelouse où le chi s'accumule avant d'entrer dans l'immeuble. Une petite fontaine installée ici améliorera encore le feng shui.

Courants favorables

Si l'eau coule devant la maison, soit sous la forme d'un cours d'eau artificiel, d'un canal ou d'une rivière naturelle, sa direction sera très favorable si elle est en accord avec la formule du dragon d'eau, comme elle est présentée ci-dessous. Notez que l'on détermine la direction de l'eau en se tenant à l'entrée principale, regardant vers l'extérieur – pas vers l'intérieur.

- L'eau doit couler de gauche à droite devant l'entrée principale, si l'entrée principale fait face à une direction cardinale : nord, sud, est ou ouest.
- L'eau doit couler de droite à gauche si l'entrée principale fait face à une direction secondaire : nord-est, nord-ouest, sud-est ou sud-ouest.

chi favorable apporté par les routes à s'apaiser et à s'accumuler, le feng shui du bâtiment est grandement amélioré.

L'immeuble représenté ci-dessus bénéficie des cinq routes de raccordement qui apportent un bon chi vers le petit espace de verdure où le chi d'accumule avant d'entrer dans le bâtiment. Une petite fontaine installée là améliorera encore le feng shui.

Si l'immeuble est de forme régulière, et qu'il ne soit pas attaqué par d'autres formes structures irrégulières, vous pouvez y travailler et être sûr que vous ne serez pas en butte à la malchance.

Entrées

Les entrées accueillent le chi doivent avoir des caractéristiques favorables. Pour qu'un bâtiment jouisse d'un bon feng shui, il doit y avoir un vestibule principal distinct. J'ai vu beaucoup de bâtiments qui ont plus d'une entrée et plus d'un grand vestibule, et il semble qu'il y ait trop de bouches. L'énergie de ces bâtiments est certainement déséquilibrée. Les sociétés et les occupants qui travaillent dans des immeubles ayant trop d'entrées, ont tendance à la querelle et à l'instablilité. Il ne peut y avoir d'influence favorable.

Les parkings doivent toujours être souterrains ; ils ne doivent jamais être au-dessus du sol, dans les étages inférieurs des bâtiments. Cela crée un espace vide dans la moitié inférieure du bâtiment, qui symbolise un manque de fondations. Dans les bâtiments où les bureaux sont installés au-

Facteurs externes négatifs qui apportent un mauvais feng shui

- Faire face à une route droite et à un trafic routier convergent rapide
- Faire face à un grand édifice
- Être en face d'un carrefour anguleux
- Avoir en face une grue de construction
- Faire face à l'angle d'un bâtiment
- Donner sur une croix ou une structure en croix
- Donner sur des façades qui ont des motifs aigus menaçants.

dessus de plusieurs niveaux de parking, et où le rez-de-chaussée reste vide – ce qui fait que l'immeuble semble bâti sur pilotis –, le feng shui est exceptionnellement mauvais.

Il y a d'autres façons de faire en sorte que votre entrée soit favorable : un bon éclairage, une surface suffisante, une décoration en harmonie avec l'énergie intrinsèque de son secteur. Déterminez la direction de la boussole de l'entrée, et décorez-la pour activer et renforcer l'élément directeur. Si l'entrée est située :

Un aquarium contenant un nombre suffisant de poissons (voir à droite) dans l'entrée améliorera la bonne influence du bureau.

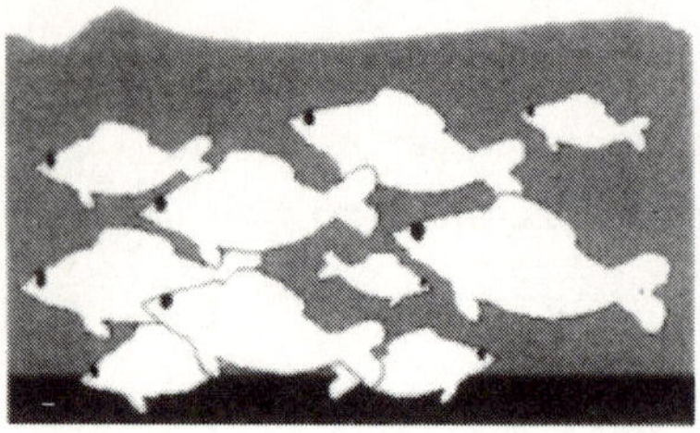

- au nord, placez-y un bel aquarium. Mettez-y neuf poissons, huit dorés ou rouges, et un noir. L'aquarium améliorera grandement l'influence bénéfique du bureau. Placez-le face à la porte principale, et entretenez-le bien. Si vous le souhaitez, vous pouvez avoir des tortues d'eau ou des arrowanas (voir p. 222) à la place des poissons rouges ; les poissons et les tortues sont d'excellents symboles de prospérité qui apportent une chance merveilleuse au bureau.

Améliorer le chi dans un vestibule à trois entrées

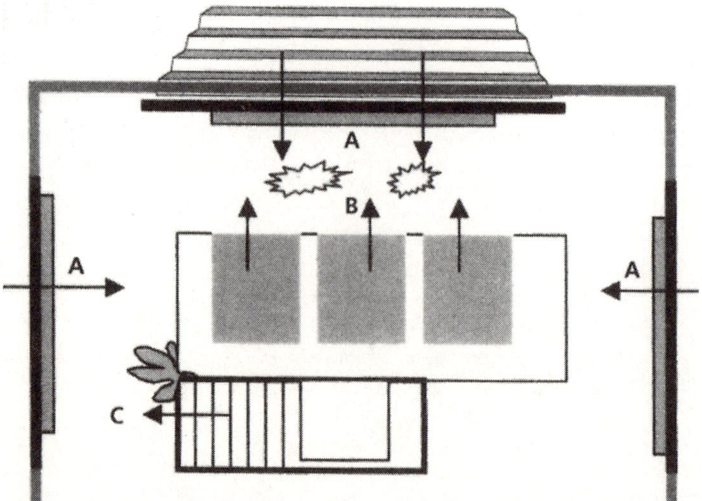

Cette illustration montre un bâtiment avec trois entrées, chacune étant indiquée par **A.** Le vestibule souffre en outre d'une disposition nuisible, en ceci que l'une des entrées fait face à des ascenseurs **(B)**. C'est mauvais, aussi mauvais que d'être en face d'un escalator, car cette sorte de disposition fait que le chi se désintègre très vite. En plus, une autre entrée donne sur un escalier qui descend au parking en sous-sol **(C)**. Il y a ainsi trois dispositions principales qui doivent être corrigées.

Pour venir à bout de ces problèmes, placez des éclairages entre les ascenseurs et l'entrée ; mettez des plantes vertes près de l'escalier, et fermez au moins l'une des portes.

- au sud, au sud-ouest ou au nord-est, placez-y un beau lustre de cristal. Cet élément attirera de grandes quantités de sheng chi dans le bureau. Il n'y a rien de mieux que le lustre pour énergétiser et stimuler la circulation d'énergie positive, mais les lustres sont plus efficaces quand ils sont accrochés près de la porte de devant, dans ces trois secteurs directionnels. Placés ailleurs, ils ont moins d'importance feng shui, mais ils ne font aucun mal.
- au sud-ouest, au nord-est et au nord-ouest, simulez un mur de briques pour décorer l'entrée. Cela fera un excellent feng shui, et tout particulièrement si le nom de la société est marqué sur le mur dans un matériau de couleur métallique. Cet élément énergétise le pouvoir même de l'élément terre. En introduisant l'élément métal, on crée un mélange puissant et harmonieux de bonne énergie. Parce que tout cela arrive près de la porte principale, la bonne fortune est amplifiée.

Agencements du bureau attirant la réussite

Le bon agencement du bureau peut être essentiel pour la prospérité de la société. Il promeut aussi de bons sentiments entre les membres de l'équipe, donne un coup de pouce à la productivité, et réduit les frictions, la médisance, et les intrigues. Une bonne disposition du bureau, avec des pièces et une utilisation des pièces agencées selon les principes du feng shui, promeut aussi un environnement salubre, où les risques de maladie sont réduits de façon importante. Le bon feng shui du bureau profite à toute personne qui occupe le bureau ... mais dans des mesures inégales.

Il y a toujours des secteurs du bureau qui sont plus favorables que d'autres. Certaines pièces sont plus bénéfiques que d'autres. Si vous pensez à des pièces spécifiques de votre bureau, et que vous considériez l'évolution de la carrière des anciens occupants, vous pourrez identifier certaines pièces qui semblent leur avoir porté chance. Il y aura aussi des pièces qui auront été défavorables à leurs occupants – qui sont tombés malades, et qui ont eu plus que leur lot de malheur personnel. Soyez très prudent quant à ces pièces.

En même temps, ceux qui ont un bureau dont la situation, l'orientation – ainsi que la direction qu'il permet d'avoir quand on y est assis – sont en harmonie avec leurs chiffres Kua, bénéficieront plus de la direction dans laquelle ils sont orientés quand ils travaillent, que ceux qui n'utilisent pas cette formule de feng shui comme aide (voir p. 87-91). Cependant, si votre lieu de travail a un bon feng shui, vous bénéficierez d'une influence positive.

Pour être bénéfique à tous, le bureau doit avoir une forme régulière. Un rectangle ou un carré parfait garantit la possibilité de n'importe quel type de bonne influence. Quand un secteur manque au bureau, l'influence représentée par sa direction fait cruellement défaut. Pour déterminer le secteur de la boussole d'un secteur manquant, il faut se tenir au milieu de la pièce, avec une bonne boussole.

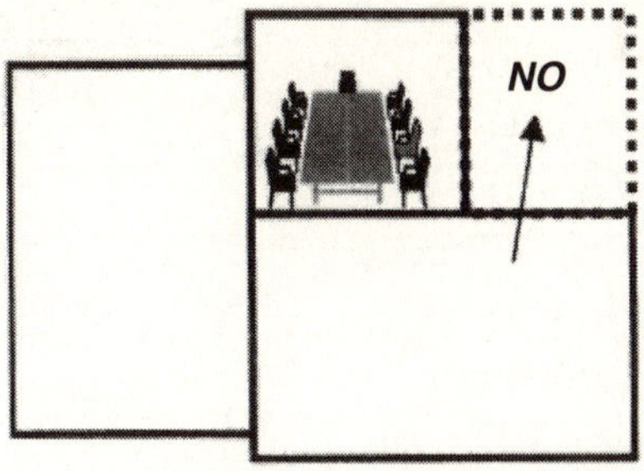

Le secteur manquant à ce bureau est le nord-ouest, ce qui est très mauvais, car, dans la société, il n'y aura pas de soutien mutuel.

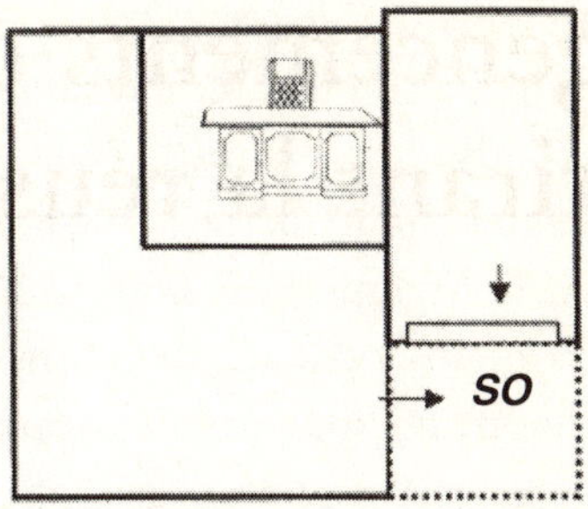

Le secteur manquant ici est le sud-ouest, qui affecte les relations avec le bureau. Corrigez le problème avec un miroir mural.

Cherchez la direction nord et déterminez les huit directions, après avoir superposé une grille à neuf secteurs sur le plan. Ignorez les secteurs mineurs quand vous superposez la grille. Et veillez à ce que chacun des secteurs déterminés soit plus ou moins de même taille. Vous devez être aussi précis que possible quand vous utilisez les méthodes du feng shui de la boussole.

- Si le nord manque, les occupants ont des difficultés à progresser dans leur carrière.
- Si le sud manque, les occupants sont en proie au bavardage, à la calomnie, à beaucoup de médisance et d'intrigues.
- Si l'ouest manque, les occupants peuvent avoir des problèmes familiaux.
- Si l'est manque, la santé des occupants sera mauvaise.
- Si le secteur nord-ouest manque, tous ceux qui sont dans le bureau ne bénéficieront d'aucun soutien de la part de la compagnie ou du patron. Le nord-ouest est le secteur qui représente l'aide de la part de gens influents. Si ce secteur vient à manquer, il est probable que tous les occupants souffriront de cette carence. La façon d'en venir à bout, c'est de créer

Utiliser des miroirs au bureau

Nombreux sont les experts en feng shui qui recommandent d'utiliser des miroirs pour pallier l'absence d'un secteur. Personnellement, je pense que les glaces conviennent mieux pour les boutiques que pour les bureaux. Mais les miroirs pallient très bien l'absence de secteurs. Si vous en faites usage, voici les règles de base :

1. N'utilisez pas de carreaux de glace ; ils sont très nuisibles.
2. Il faut que le miroir soit assez grand pour créer symboliquement un secteur entier.
3. La glace doit être plus haute que la personne la plus grande, en sorte qu'aucune tête ne soit coupée dans le reflet, et elle doit partir du sol, de façon que les pieds ne soient pas non plus coupés.
4. Si possible, il est bon que le miroir reflète le coffre-fort du bureau. Cela fait le même effet que pour la caisse enregistreuse dans une boutique de détail – le miroir double symboliquement la richesse du bureau.

artificiellement le secteur avec un miroir occupant toute la largeur du mur (voir encadré précédent).

- Si le sud-ouest manque, ceux qui sont dans le bureau seront en proie aux chamailleries, et le comportement humain des membres de votre organisation laissera beaucoup à désirer. C'est le secteur qui confère la chance de bonnes relations et interactions.
- Si le nord-est manque, les occupants ont du mal à s'améliorer.
- Si le sud-est manque, cela affecte l'influence propice à l'argent. C'est un défaut très grave du bureau, et il faut le corriger, si possible, avec un miroir, ou en ayant un éclairage allumé vers le secteur manquant. Placer beaucoup de plantes sur ce mur, est aussi un excellent moyen de pallier l'absence de ce secteur. Quand le secteur est fait défaut, l'influence affectée est celle qui est relative à la santé. Utilisez un miroir de la même façon pour vous occuper de cela.

Formes du bureau

Quand vous choisissez un bureau, recherchez toujours des formes régulières, et essayez d'éviter les formes irrégulières. Rappelez-vous, aussi, que toutes les pièces créées dans le bureau doivent avoir une forme régulière. Il est difficile de travailler avec des plans en triangle, en L et en U. Même si, au début, ils ne semblent pas vous causer de problèmes, à long terme, cela causera votre perte. Vous ne pouvez être heureux de travailler dans une telle pièce, et votre carrière ne sera pas couronnée de succès. Les pièces à forme irrégulière causent des tensions et de l'incompréhension. Quiconque occupe une telle pièce ne peut espérer exercer aucune autorité dans son travail. Si vous êtes cadre de direction, votre autorité sera complètement sapée si vous occupez une pièce de forme irrégulière.

Ci-dessus : C'est un bureau en L avec un angle saillant. Cependant, l'angle ne blesse pas la femme, et le positonnement de sa table de bureau est correct. La plante placée devant l'arête de l'angle, pour dissoudre la flèche empoisonnée, est une bonne idée.

Les carrés et les rectangles, se prêtent facilement aux améliorations feng shui. Si vous devez travailler dans un espace ou une pièce de forme irrégulière, faites de votre mieux pour lui

Ci-dessus : Placez une plante pour contrer l'effet de l'arête de l'angle qui vous vise tant que vous êtes au travail. Changez la plante quand elle dépérit.

donner une forme régulière. Utilisez des meubles et des cloisons pour délimiter l'espace pour vous-même, et servez-vous aussi des meubles pour faire disparaître les angles aigus et les coins saillants. Utilisée de cette façon, l'armoire de bureau devient un instrument feng shui. Les meubles encastrés sont ainsi meilleurs que ceux qui sont isolés dans la pièce. Les bureaux avec des lignes simples émettent moins d'énergie mauvaise que ceux qui ont trop de lignes opposées causées par des meubles mal placés et mal assemblés. Pour l'espace, optez pour la qualité, plutôt que pour la quantité.

Évitez les bureaux qui ont un nombre d'angles excessif, ou qui ont des angles en saillie. Et essayez de réduire au minimum la présence des poutres apparentes ; vous ne devez jamais vous asseoir sous une poutre apparente, ni devant un angle saillant ou un pilier. Vous devez aussi faire en sorte que les angles aigus des machines et de l'équipement du bureau, ne soient pas dirigés sur vous. S'il y a une arête aiguë en face de vous, déplacez votre siège pour être hors de sa «trajectoire», ou placez une plante sur votre table pour faire tampon entre le pilier ou l'angle et vous. La plante ne survivra pas plus de trois mois ; aussi, dès qu'elle montre des signes de dépérissement, remplacez-la par une autre plante saine. Les baguettes de bambou sont particulièrement efficaces pour neutraliser les angles dirigés vers l'est ou le sud-est d'une pièce. Il n'est pas nécessaire que les baguettes soient très grosses, mais elles doivent être creuses. Des carillons éoliens à cinq baguettes sont utiles pour les secteurs situés à l'ouest et au nord-ouest.

Ci-dessous : un bureau en T avec deux entrées se faisant face est défavorable. Pour pallier cela, positionnez votre table de bureau avec soin, mettez des plantes près de la seconde porte et utilisez un écran pour bloquer l'arête de l'angle.

L'un des meilleurs remèdes pour les pièces aux formes irrégulières, c'est un bon éclairage. Un éclairage vif dans les secteurs de forme incorrecte, dissipe la mauvaise énergie. En fait, un bon éclairage est l'un des meilleurs moyens d'obtenir un bon feng shui, surtout parce que les lumières représentent une énergie yang favorable. Mais n'utilisez pas de projecteurs. Ils créent une énergie excessivement forte qui épuise tout le monde. Des bambous creux attachés avec du fil rouge (voir p. 76) aident aussi à canaliser les bons courants de chi vers le haut.

Emplacement du bureau

Les bureaux favorables ne sont jamais situés directement face à des ascenseurs, à un escalier mécanique, ou une cage d'escalier. Si votre bureau a cette disposition, il faut que sa porte d'entrée soit en verre, et qu'elle donne sur un vestibule spacieux avant que l'on accède à l'autre porte, qui est la porte véritable du bureau. En utilisant une porte en verre pour l'entrée, on fait comme si l'on n'avait pas de porte. Une deuxième porte pleine est alors nécessaire ; et cette seconde porte doit être orientée pour faire face à une direction bénéfique pour la personne qui dirige le bureau.

En fait, la meilleure situation pour un bureau est l'espace qui se trouve opposé en diagonale à l'entrée du bureau, et cet espace doit toujours être réservé à la personne la plus ancienne. Si la surface du bureau le permet, comme lorsque le bureau occupe un étage entier, ce secteur peut être occupé par trois pièces, ou trois espaces de tables de travail.

Les bureaux favorables ne sont jamais situés au bout d'un long couloir. Ce genre de bureau, particulièrement s'il est au bout d'un couloir long et étroit, aura un mauvais feng shui. Le couloir dans ce cas représente une flèche empoisonnée, et le moyen de résoudre ce problème, c'est de mettre des plantes en pot le long, de garder le couloir bien éclairé, et d'accrocher des tableaux pour briser la monotonie du couloir ralentir la circulation du chi. Des plantes le long du couloir sont particulièrement bénéfiques car elles forcent le chi à serpenter. Il est utile, aussi, de suspendre un carillon éolien juste au-dessus dela porte, à l'extérieur. Je recommande que les couloirs desservant les bureaux soient courbes.

Si l'entrée de votre bureau est directement en face de la porte d'un autre bureau, il y aura de la rancune et de la malveillance dans le bureau. Ces affrontements causent très facilement l'incompréhension et les querelles. Suspendez un carillon éolien ou des tiges creuses de bambou juste au-dessus de la porte pour neutraliser les ennuis potentiels.

Ci-dessous : Un bureau défavorable : il est placé face à l'ascenseur.

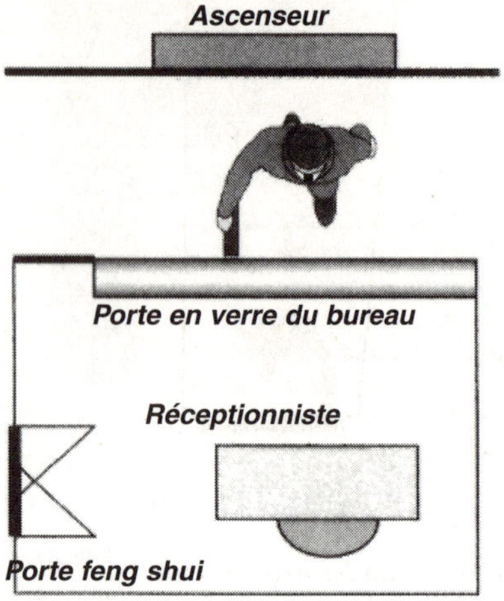

Ci-dessous : Le meilleur emplacement du bureau est le secteur qui se trouve opposé en diagonale à la porte principale, comme le montre le dessin ci-dessous.

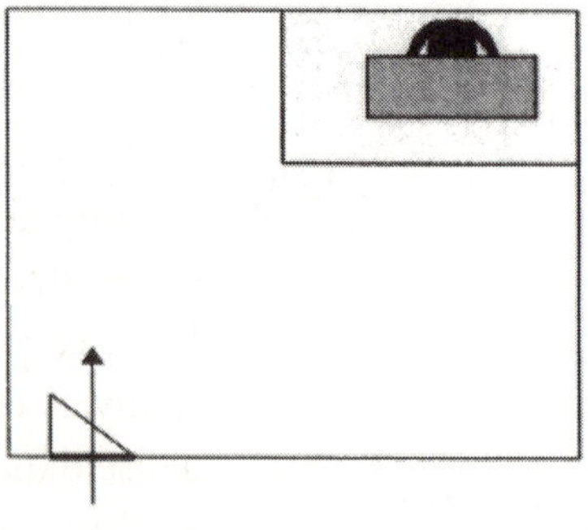

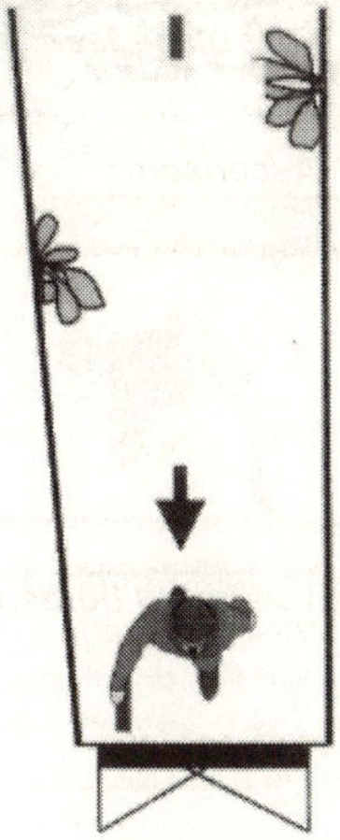

Avoir un bureau au bout d'un long couloir, c'est comme être frappé par une flèche empoisonnée.

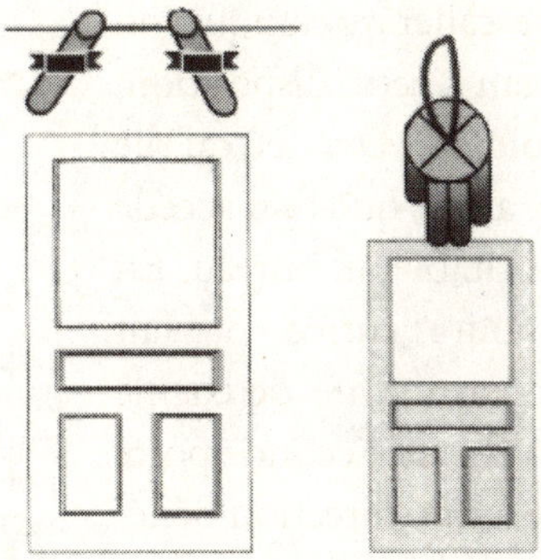

Si la porte de votre bureau fait face à une autre porte, empêchez l'affrontement en accrochant des tiges de bambous attachées avec du ruban rouge ou un carillon éolien juste au-dessus de l'entrée de la porte.

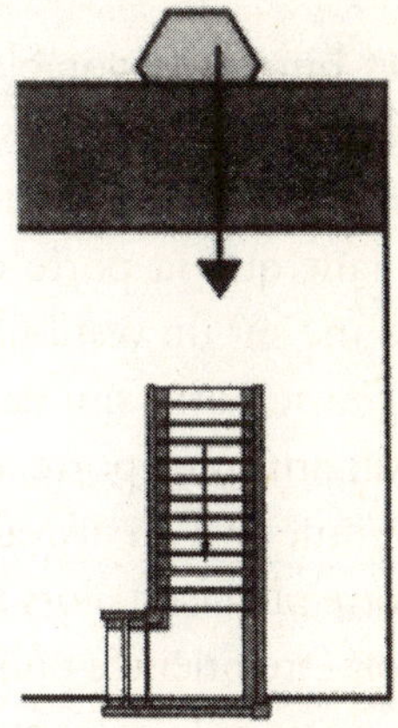

Ne vous asseyez pas face à un escalier, car votre chance s'en ira par les marches.

La pièce qui est placée au bout d'un couloir est considérée comme défavorable. Si la salle du conseil d'administration se trouve là, ce sont les chances de la société tout entière qui pâtissent. Si c'est le bureau du manager qui y est, c'est son service qui en souffrira. Le mauvais effet est, bien sûr, très amplifié quand la personne qui est assise dans la pièce fait aussi face à la porte. Cette personne, je dois le dire, ne pourra rester longtemps dans son emploi. Elle peut tomber très malade, ou bien être renvoyée. Si sa destinée personnelle est bonne, cette personne démissionnera, ou recevra d'une autre société une offre plus intéressante.

Si l'on vous attribue un bureau qui se trouve au bout d'un long couloir, et que vous ne puissiez pas refuser, essayez de positionner votre table de travail de façon à ne pas faire face directement à la porte d'entrée. Puis suspendez deux tiges de bambous attachées avec du fil rouge juste à l'extérieur de votre porte. Ou, si vous le voulez (bien que, naturellement, il soit très inamical de le faire), vous pouvez accrocher un petit Pa Kua protecteur, à l'extérieur de l'entrée. Je préfère les tiges de bambou.

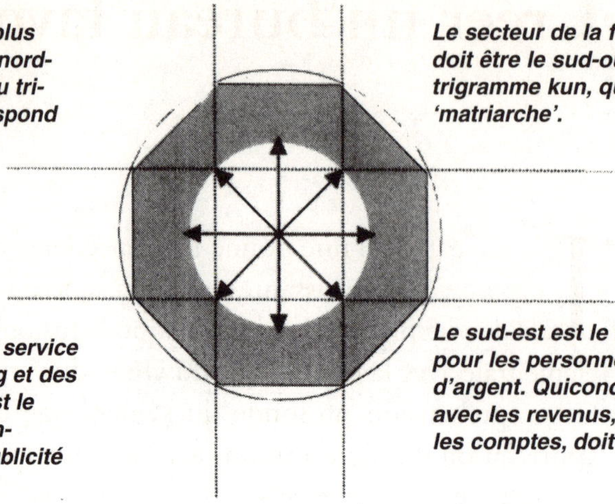

La place de l'homme le plus âgé doit être au secteur nord-ouest. C'est le secteur du trigramme chien qui correspond au patriarche.

Le secteur de la femme la plus âgée doit être le sud-ouest. C'est celui du trigramme kun, qui correspond à la 'matriarche'.

Le sud est le secteur où doivent être les gens du service des ventes, du marketing et des relations publiques. C'est le secteur qui gouverne l'influence favorable à la publicité et aux médias.

Le sud-est est le meilleur endroit pour les personnes qui s'occupent d'argent. Quiconque est en rapport avec les revenus, les paiements et les comptes, doit être ici.

Si une pièce est située en sorte qu'elle regarde l'entrée du bureau principal, ce sera défavorable. Étant trop près de l'entrée, l'occupant sera trop facilement distrait, et, par conséquent, sa concentration en souffrira.

L'agencement du bureau selon le Pa Kua

L'agencement du bureau peut être conçu au bénéfice de la compagnie s'il est fait en accord avec le Pa Kua. Selon le feng shui de la boussole, chacune des huit directions convient mieux à certaines occupations, et correspond à des types spécifiques d'influence. Il est excellent d'agencer le bureau afin de maximiser l'influence du feng shui.

- Le nord-ouest et le sud-ouest sont des secteurs extrêmement importants, et on respecte les orientations du Pa Kua en attribuant le nord-ouest à l'homme le plus âgé, et le sud-ouest à la femme la plus âgée.
- Placez le service financier, qui manipule l'argent et les paiements dans le bureau, au secteur sud-est. Cela doit améliorer les finances de la société, et les rentrées d'argent.
- De même, mettez le coffre-fort du bureau au sud-est, et c'est là que le servive comptable doit être aussi.
- Pour les services du marketing, des relations publiques et des ventes, le secteur sud est le meilleur emplacement. C'est le secteur le plus susceptible de générer l'énergie favorable à la vente. Le sud-ouest est aussi excellent pour ce service.

Créer un bureau favorable

La création d'une bonne influence feng shui est la partie plaisante et divertissante de la pratique du feng shui. Du point de vue pratique, cela implique le fusionnement de la théorie élémentale avec la cosmologie du yin et du yang. Cela requiert aussi la compréhension profonde du symbolisme du feng shui, et une appréciation des significations associées aux quatre animaux célestes – le dragon et le tigre, la tortue et le phénix. Il y a beaucoup d'objets qui peuvent être incorporés dans la pratique – symboles qui représentent la richesse et la prospérité, objets qui signifient longévité et santé, et motifs et icônes qui apportent une chance suppémentaire, selon les dates de naissance, et les thèmes astrologiques.

Il y a différentes sortes de chances qui peuvent être activées et plusieurs méthodes pour les choisir et les mettre en œuvre. On traitera de cela dans le chapitre suivant, et dans le dernier chapitre de ce livre. L'activation du bon feng shui dans le bureau peut être abordée de deux façons.

Orientations et directions pour s'asseoir

Selon la perspective de la personne, les directions et les orientations dans lesquelles elle est assise, sont de son ressort propre. On n'a le plus souvent rien à dire au sujet de la manipulation de son espace de travail, mais la direction dans laquelle on est assis est quelque chose que l'on peut diriger, simplement en tournant légèrement son corps, de façon que l'on soit assis face à au moins l'une des quatre bonnes directions.

Pour ce qui est de l'utilisation de la formule des chiffres Kua indiquée p. 87-91, je conseille vivement à toute personne ambitieuse de toujours recourir à sa meilleure direction tandis qu'elle travaille. Il est très important que vous soyez orienté dans au moins l'une de vos quatre bonnes directions. Si vous le faites, vous éviterez naturellement de faire face à l'une de vos quatre directions défavorables.

Si, pour une raison ou une autre, vous ne pouvez être face à votre meilleure direction, orientez-vous au moins dans l'une de vos trois autres bonnes directions. C'est capital, car si vous êtes face à l'une de vos directions défavorables, une grande malchance s'ensuivra. Si vous avez le malheur de faire face à votre direction de perte totale, une grave infortune sera votre lot.

- Il n'est pas toujours excellent d'être assis en diagonale par rapport à la porte, et face à elle. S'il faut que vous déplaciez votre bureau pour faire face à votre direction la plus favorable, vous devez absolument le faire. Mais n'essayez jamais d'être en face de votre meilleure direction si, ce faisant, vous tournez le dos à la porte. Il est préférable de chercher un compromis en faisant face à la deuxième ou à la troisième bonne direction.
- Soyez assis de façon à avoir le patron derrière vous. Même s'il se trouve dans une autre partie du bureau, cela signifie que le patron vous soutient. Ne vous asseyez jamais de façon à être face à votre patron. Même s'il se trouve dans une autre partie du bureau, cela peut vous créer des problèmes par rapport à lui. En fait, être assis en sorte que cela crée un 'affrontement' avec une autre personne, peut parfois conduire à de graves incompréhensions.

Le feng shui de la formule doit toujours être pratiqué avec le feng shui physique. Dans cette connexion, il y a plusieurs principes importants qui doivent être respectés :

- Ne vous asseyez jamais devant une porte, et particulièrement la porte du bureau en général, ou celle de votre bureau particulier. Quand vous êtes assis face à la porte, l'énergie, qui est trop forte, vous frappera. Vous serez 'blessé'. Déplacez votre table de bureau pour ne pas être sur le chemin de l'énergie qui entre.
- Rappelez-vous que l'énergie qui circule en ligne droite peut être très dangereuse, tandis que l'énergie qui circule en serpentant est bienveillante.
- Ne vous asseyez pas en face d'un long couloir, qui se trouve soit à l'extérieur, soit à l'intérieur du bureau. Si le couloir

Pour y penser

Un excellent ami, qui possède et dirige probablement le plus grand complexe commercial de Singapour, le centre de Ngee Ann City, trace une flèche sur sa table de bureau, pour être toujours sûr d'être assis dans sa meilleure direction. C'est aussi ce que je faisais quand je travaillais dans des sociétés, pour faire en sorte de ne jamais oublier mes directions favorables. Vous pouvez faire la même chose.

se trouve à l'extérieur, veillez à ce que la porte du bureau soit tout le temps fermée. Pour vous aider, mettez un dispositif de fermeture automatique. Si le couloir est à l'intérieur du bureau, et que vous n'ayez aucune autorité pour changer quoi que ce soit, vous pouvez toujours mettre un petit cristal de roche sur votre table de travail. Cela aura pour effet de bloquer la ruée de l'énergie négative dans votre direction.

- Ne vous asseyez pas face à l'angle formé par des murs, des côtés de pilier carré, ou les côtés d'un meuble. L'arête d'un élément architectural ou d'un objet émet une énergie négative, qui cause maladie et malheur. Vous vous sentirez sans énergie, vous n'aurez d'enthousiasme pour rien. Placez une plante ou gardez tout le temps un vase de fleurs fraîchement coupées sur votre bureau entre vous et l'arête. Changez la plante ou les fleurs régulièrement.
- Ne vous asseyez pas sous une poutre apparente, et même si elle n'est pas apparente, ne vous asseyez pas sous une poutre de structure. Éloignez votre bureau le plus loin possible de la poutre, à laquelle vous devez attacher une paire de baguettes de bambou avec du fil rouge, ou un carillon éolien. Ces remèdes aident à dissoudre l'énergie négative, vous protégeant ainsi de ses effets nocifs.
- Ayez toujours un espace ouvert devant vous. Cela permet à l'énergie saine de circuler vers vous. Si l'espace devant votre bureau est encombré, vous ne bénéficierez vraisemblablement pas d'un bon feng shui. S'il y a un mur plein devant vous, reculez votre table de bureau pour créer un espace devant.
- Ne tournez pas le dos à la porte. Quoi que vous fassiez au bureau, vous ne devez jamais avoir la porte derrière vous. C'est le moyen le plus sûr d'être trahi et 'poignardé dans le dos', par les gens de votre société. Si vous êtes employeur, cet agencement fera de vous la victime de tromperies de la part de vos employés. La malhonnêteté règnera dans votre bureau. Si vous êtes cadre, vous raterez votre promotion, et si vous êtes une nouvelle recrue, vous pouvez être blâmé, et porter le chapeau pour tout ce qui va mal. Toujours disposer votre table de bureau de façon que vous soyez à même de voir qui entre dans votre bureau.
- Il faut qu'il y ait toujours un mur plein derrière vous. Cela vous assure un soutien important et efficace dans votre environnement de travail – c'est particulièrement important si vous êtes le patron

d'une grosse société. Si ce n'est pas possible, et qu'il y ait une fenêtre dans votre dos, vous devez au moins accrocher des stores ou des rideaux pleins derrière vous, pour simuler le soutien vital dans la vie professionnelle.

- Ne tournez pas le dos à une fenêtre : vous manqueriez de soutien pour votre travail. Vos plans et projets ne seront pas couronnés de succès, et les employés vous refuseront leur soutien. Les projets ne 'décolleront' jamais, et, si jamais ils y arrivaient, ils se heurteraient à d'énormes obstacles. Si vous êtes assis le dos tourné à une fenêtre, déplacez votre table de bureau, même si la direction dans laquelle vous étiez orienté était favorable.
- La seule exception à la disposition précédente, c'est quand il y a une vue extérieure très favorable, comme une montagne arrondie, ou un immeuble de banque. J'ai un ami qui est directeur associé d'un cabinet-conseil. Il travaillait le dos tourné à une fenêtre, mais derrière lui, au centre de Kuala Lumpur, se trouvait le siège social de la Banque de Malaisie. Cela va sans dire, la réussite de cet ami a été grande pendant de nombreuses années, et il est devenu très riche.

Rien ne vaut un soutien symbolique. Ceux qui veulent simuler un tel scénario peuvent mettre l'image d'une banque sur le mur derrière eux ; cela sera particulièrement bon si votre affaire a besoin du soutien de banques. Personnellement, je préfère le mont Everest, et cela fait de nombreuses années que j'ai derrière moi une image qui le représente. Ne mettez pas de carte du monde. Cela ne marche pas. Ne mettez pas non plus de représentations de montagnes trop pointues, ni de volcans. Ces sont des montagnes de l'élément feu, et elles ne

Vues des fenêtres

Tenez-en compte. Quand vous travaillez dans un bâtiment élevé, avoir une vue est une très bonne chose, car elle introduit l'environnement naturel dans le lieu de travail. Cependant, étant donné que la plupart des villes deviennent des jungles de béton, la vue que l'on peut avoir des fenêtres peut souvent poser des problèmes.

D'abord, ne vous asseyez pas à une table de bureau qui se trouve en face de l'arête d'un autre bâtiment de l'autre côté de l'avenue. C'est probablement l'un des problèmes de feng shui les plus graves et les plus fréquents, qui se posent aux personnes qui travaillent dans des bureaux. Vous devez cacher la vue, si vous êtes visé par cela. Utilisez des stores et des volets de bois, plutôt que des rideaux.

De même, si vous avez pour vue une grande tour menaçante, une façade cruciforme, ou une grosse antenne parabolique, tout cela est néfaste. Ne soyez pas assis de façon à tourner le dos à ces structures pernicieuses. Si vous le faites, vous échangez un problème contre un autre. Si vous faites face à quelque chose qui envoie vers vous de l'énergie mauvaise, vous tomberez probablement malade, et votre travail en souffrira. Mais si vous leur tournez le dos, vous serez poignardé par derrière, et vous serez la victime idéale des intrigues.

conviennent pas. Il y a une variation de la représentation d'une montagne : c'est celle d'une tortue de mer. Ces créatures sont fameuses pour leur ténacité et la tortue symbolise beaucoup de choses favorables – longévité, résistance, force. En tant que l'une des quatre créatures célestes, sa présence dans votre bureau est très favorable.

- N'ayez jamais de rayonnages derrière vous. Les étagères ouvertes sont comme des couteaux qui vous découpent le dos. Ce symbole est très défavorable, et vous souffrirez non seulement de douleurs dorsales, mais aussi de trahison.
- Ne vous asseyez pas face à un escalier. Qu'il monte ou descende, c'est un agencement défavorable. Quiconque travaille en un endroit situé entre deux escaliers (montant et descendant) descendra selon une spirale catabatique, et il lui sera bien difficile de remonter. Je connais quelqu'un qui avait son bureau dans une pièce minuscule, sur un palier de l'escalier d'un immeuble de quatre étages. Sa chance ne cessa d'aller de mal en pis, jusqu'à ce qu'il sortît de ce bureau impossible.
- Ne vous asseyez pas dans la direction d'une porte de toilettes. C'est une disposition terrible, étant donné que toute l'énergie négative des toilettes vous entourera d'une malchance totale. Tenez-vous en éloigné !
- Ne soyez pas assis face à une glace. Il est préférable de lui tourner le dos, plutôt que d'être en face. Quand vous êtes face à la glace, vous êtes facilement distrait. En plus, elle peut refléter des rebords tranchants, des coins pointus, et autres structures nuisibles qui vous blessent à votre insu. Déplacez votre table de travail de façon que le miroir soit à côté de vous, ou derrière.

Faire une présentation

Quand vous faites une présentation, n'ayez jamais de fenêtre derrière vous. Ayez toujours un mur plein derrière vous. L'effet en est le même que si l'on s'assoit avec la porte derrière.

Quand vous parlez, il ne faut personne, assis ou debout, derrière vous. C'est cause de distraction, et c'est un très mauvais feng shui pour l'orateur. Aussi, un bureau, les salles de conférence, les salles du conseil d'administration, doivent toujours être conçus de façon que ces principes puissent être observés.

- N'ayez pas de structure aquatique derrière vous. Si votre bureau a un aquarium mis là par un patron qui croit au feng shui, veillez à ne pas l'avoir derrière vous. Rappelez-vous que l'eau derrière soi n'est jamais une bonne chose, et que dans un environnement de bureau, l'eau derrière vous pourrait bien vous noyer. Asseyez-vous plutôt face à l'eau, pour bénéficier d'une influence favorable.

Activer son espace personnel

Si votre bureau et votre table de travail sont disposés de façon favorable, vous pouvez alors énergétiser votre table de bureau et l'espace qui l'entoure. Veillez à ce que votre espace personnel soit bien éclairé, toujours propre et bien rangé. Un bureau encombré qui n'est pas éclairé comme il faut, ne peut produire de bonne énergie. Si vous vous apercevez que vous avez du mal à voir parce que c'est trop sombre, comment le feng shui peut-il être bon ? Inversement, si vous devez travailler sous l'éclat d'un puissant éclairage, ou que vous soyez chaque jour assailli par la lumière crue du soleil d'après-midi, comment l'énergie autour de vous peut-elle être bonne ?

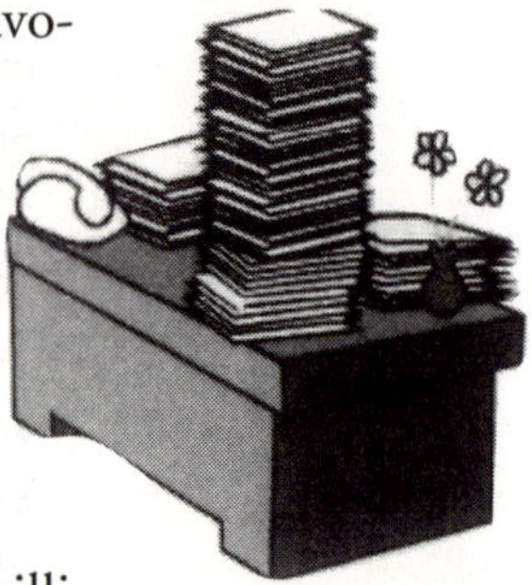

Ci-dessus : Un bureau encombré n'est pas un bon feng shui

- Si vous avez, de votre fenêtre, une vue nuisible, baissez le store. Si vous avez un rebord de fenêtre, décorez-le selon la direction dans laquelle la fenêtre est orientée. Si elle est orientée à l'est ou au sud-est, placez une plante d'intérieur qui fleurit. Un petit élément aquatique électrique, comme une fontaine miniature, créera ici une merveilleuse influence favorable à la réussite et à l'argent. Si la fenêtre donne sur le sud, mettez un rideau rouge vif devant votre fenêtre. Cela vous donnera une renommée bénéfique. Si la fenêtre est ouest ou nord-est, suspendez devant un carillon éolien ; et si elle est sud-ouest, faites l'acquisition d'un cristal de quartz naturel, pour améliorer votre vie relationnelle.

Ci-dessus : Faites entrer un bon feng shui par vos fenêtres. Utilisez des rideaux et des plantes pour inciter la bonne énergie à entrer.

- Veillez à ne jamais avoir de reste de nourriture, de boisson sur votre bureau. Le bon feng shui est quelque chose auquel vous devez travailler. Gardez votre espace propre et ordonné en permanence. Rangez votre bureau à la fin de chaque journée, et ne prenez pas l'habitude d'empiler des dossiers sur votre bureau. Les piles de papier bloquent le chi et empêchent les bonnes influences de venir à vous.

- Ne vous asseyez pas de façon que, de dos ou de face, vous soyez 'frappé' par une porte, un coin, une poutre apparente, un escalier, l'arête d'un meuble ou d'un mur. On a déjà parlé de cela, mais il est bon de le répéter pour que vous ayez toujours à l'esprit que vous ne pouvez avoir de bon feng shui si quelque chose de fondamental ne va pas dans votre espace. Prenez des mesures pour vous protéger vous-même d'abord. Pratiquez le feng shui défensif avant d'énergétiser votre espace.
- Ne vous asseyez pas directement sous un diffuseur d'air conditionné. Les courants d'air vous blesseraient : outre des douleurs, vous contracteriez des maladies, et vous vous sentiriez fatigué. Votre productivité en souffrirait.
- Placez la peinture d'une montagne sur le mur derrière vous, pour vous donner du soutien. Mais veillez à ce qu'il n'y ait pas de rivière ni de lac représentés dans le tableau, car l'eau derrière soi est quelque chose de nuisible. Si vous ne voulez pas d'un paysage de montagne, vous pouvez toujours énergétiser la merveilleuse créature céleste – la tortue. Cette créature peut aussi vous apporter une influence bénéfique considérable – alors, procurez-vous-en une image !
- Placez un vase de fleurs fraîches sur le côté gauche de votre table. Cela stimule et active le dragon. Bien sûr, si vous avez un petit modèle de dragon décoratif, vous pouvez le mettre à votre gauche.
- Mettez un cristal ou une petite lampe de table sur la table devant vous. Ce serait encore mieux si vous faites face au sud, étant donné que cela énergétise l'élément feu de la direction. Même si le feu n'est pas votre élément, une lampe sur votre table de bureau attire toujours la chance.

Un vase de fleurs fraîches stimule un dragon actif.

L'éclairage dans le bureau

L'éclairage dans le bureau peut être conçu pour stimuler le maximum d'énergies bénéfiques feng shui. Pour commencer, tous les bureaux doivent être bien éclairés. Il ne doit pas y avoir de recoin miteux où le chi bénéfique est forcé de stagner, devenant ainsi vicié et flétri. C'est ce qui cause un mauvais feng shui, qui se manifeste par des maladies contractées par les membres de l'équipe, ainsi que de l'apathie et de la fatigue. Quand c'est possible, laissez la lumière naturelle entrer dans le bureau. Aussi, ne fermez pas les fenêtres avec des stores ou des rideaux. Là où la lumière artificielle complète la lumière naturelle, faites en sorte qu'elle soit douce et indirecte. Les lumières sont des énergétiseurs merveilleux, car elles créent une précieuse énergie yang ; mais elles ne doivent pas devenir trop yang.

On peut utiliser les lumières pour éclairer les coins sombres, les couloirs étroits et les entrées exiguës. Éclairez bien ces petits espaces du bureau. Si votre espace personnel souffre d'un éclairage inadéquat, acquérez une petite lampe de table et placez-la sur le secteur gauche de votre bureau.

Un bon feng shui pour tout le bureau

Si vous êtes manager et que vous ayez intérêt à faire en sorte que tout le bureau jouisse d'un feng shui favorable, votre approche doit être globale – il n'y a rien que vous deviez négliger. Ainsi, si vous devez vous occuper de votre propre espace personnel, vous devez aussi être conscient du feng shui du bureau tout entier.

Un bureau favorable est un bureau qui n'est pas affligé par le souffle-qui-tue des flèches empoisonnées. Il doit aussi manifester les principes fondamentaux d'un bon feng shui : forme régulière, porte principale bien orientée, entrée spacieuse intérieure et extérieure, et bon agencement général, sans coins exigus ni longs couloirs étroits. Avec le respect de ces principes de base, il est possible d'introduire des éléments spéciaux qui donnent une bonne influence au bureau, ce qui profite non seulement à la société, mais aussi à tous ceux qui y travaillent.

Utiliser les dimensions feng shui dans le bureau

Ci-dessus : Dimensions favorables pour un bureau ; hauteur : 84 cm ; largeur : 109 cm ; longueur : 195 cm.

Ci-dessus : un bon siège pour le feng shui a un dossier élevé et des accoudoirs.

Les dimensions de la table de bureau sont une partie essentielle du feng shui. Ici, sont indiquées les dimensions d'un bon bureau feng shui. Notez que le bureau est grand. Les cadres et managers ambitieux doivent comprendre que si votre bureau n'est pas assez grand (par rapport aux dimensions données ici), vous n'aurez pas un bon feng shui de carrière. Les tout petits bureaux sont pour ceux qui n'ont pas d'ambition. Au travail, vous devez avoir une table de travail de bonnes dimensions. Même les postes de travail d'ordinateurs ne doivent pas être trop petits. S'ils le sont, ils ne vous porteront pas chance.

Si la table de bureau est trop haute pour vous, surélevez votre chaise pour être plus à l'aise. La partie antérieure de votre table de bureau doit être fermée, comme le montre l'illustration. Les éléments décoratifs, sculptés ou gravés en relief, ne doivent pas être tranchants ni pointus. Ils doivent être arrondis. Presque tous les types de bois sont favorables pour les bureaux. Ne mettez pas de rebords métalliques aux coins, car cela crée une disharmonie élémentale.

Votre siège doit avoir un dossier haut et des accoudoirs, comme le montre l'illsutration. Les sièges au dossier bas manquent de soutien, et les sièges sans accoudoirs sont symboliquement privés de la représentation du dragon vert / tigre blanc. Ils sont formellement déconseillés si vous voulez faire carrière. Des bureaux feng shui favorables peuvent aussi être conçus pour des cadres âgés de moindre

À Gauche : Dimensions bénéfiques pour un bureau plus petit ; hauteur : de 81 à 84 cm ; largeur : de 84 à 86 cm ; longueur : de 147 à 152 cm.

La hauteur des sièges peut suivre celle du bureau ; mais rappelez-vous que les chaises doivent toujours avoir des accoudoirs pour fournir un soutien symbolique.

rang. Cela, à cause de la façon dont les dimensions du feng shui agissent.

En effet, il y a huit cycles de dimension, quatre favorables, quatre défavorables. Chaque cycle mesure approximativement 43 cm, et chacun est classé en huit segments. Le cycle des dimensions favorables et des dimensions défavorables, se répète ainsi à l'infini.

Voici les dimensions pour qui souhaitent avoir des bureaux et des sièges plus petits :

Des amateurs m'ont souvent demandé quelles sont la longueur et la largeur exactes nécessaires pour se conformer aux dimensions feng shui. Ma réponse est qu'il n'y a pas qu'une seule mesure favorable. La règle feng shui présente un éventail de dimensions favorables, et ceux qui désirent être très précis au sujet du genre d'influence qu'ils veulent activer, doivent étudier la règle feng shui, et les significations attachées aux dimensions favorables et aux dimensions défavorables. On me demande aussi souvent si c'est la partie extérieure ou la partie intérieure de la table de bureau à laquelle doivent s'appliquer les mesures favorables. Ma réponse a toujours été : essayez d'appliquer les dimensions aux côtés intérieurs et extérieurs des tables et armoires de bureau.

La règle feng shui pour les dimensions

Les quatre cycles de mesures favorables donnés ici sont les calculs précis qui peuvent être appliqués à presque tout ce qui requiert des mesures. La façon d'utiliser la règle feng shui, c'est simplement d'appliquer les multiples des mesures données pour favorables. Les significations de chacun des quatre cycles doivent être résumées pour que l'on puisse comprendre la nature de la bonne influence indiquée.

Chai : entre 0 et 5,4 cm. C'est le premier segment du cycle, et il est encore subdivisé en quatre catégories d'influences bénéfiques. La première de 1 cm apporte l'influence favorable à l'argent ; la deuxième apporte un coffre-fort plein de bijoux ; la troisième apporte six types d'influence favorable, et la quatrième apporte l'abondance.

Ci-dessus : le premier sous-secteur d'influence favorable.

Ci-dessus : Vous pouvez utiliser des dimensions feng shui pour presque tout – des armoires de classement aux cartes de visite.

Yi : entre 16,2 et 21,5 cm. C'est le quatrième segment du cycle. Il apporte l'influence favorable aux mentors, c'est-à-dire attire des gens secourables dans votre vie. Comme précédemment, il y a quatre sous-sections dans ce segment. La première de 1 cm env. signifie une influence excellente relative aux enfants ; la deuxième promet un apport d'argent inattendu ; la troisième promet un fils couronné par la réussite, et la quatrième apporte une destinée excellente.
Kwan : entre 21,5 et 27 cm. Cette troisième série de dimensions favorables apporte l'influence relative au pouvoir, et le premier sous-secteur signifie de la facilité dans le passage des examens. Le deuxième sous-secteur promet une chance particulière dans la spéculation, le troisième un revenu accru, et le quatrième offre une abondante prospérité.

QUATRIÈME PARTIE

Améliorations essentielles

Activer la chance

Argent, santé, influence, ou pouvoir ... Bonheur dans les relations, idylle, mariage ... Bonne descendance, enfants en bonne santé, famille. Le feng shui prend soin de n'importe quel type de chance, et les classe en huit catégories principales qui trouvent une expression dans les huit côtés du Pa Kua. Mais les catégories de chance se chevauchent, et leur contexte doit être interprété à la lumière des scénarios contemporains. Les chapitres précédents de ce livre ont traité des directives générales pour attirer la chance chez soi et au bureau.

Il n'y a que huit côtés au Pa Kua, mais dans ce chapitre, je parle de neuf types de chance, parce que j'ai fait la différence entre chance relative aux revenus et influence favorable aux affaires. Il va sans dire que ma délimitation des différentes catégories de chance est artificielle. En réalité, quand vous activez une sorte d'influence bénéfique, vous pouvez bien activer un autre genre d'influence apparentée. Dans ma propre maison, parce que je suis avide de toutes les bonnes choses de la vie, j'active tous les secteurs, pour bénéficier de tous les types de chance.

Si c'est votre penchant, vous pouvez faire la même chose. Il n'est pas nécessaire de vous sentir coupable parce que vous voulez tous les genres de chance. Après tout, c'est ce que signifie une vie bien équilibrée. La richesse sans une bonne vie familiale est vide et sans signification, et l'amour sans argent peut s'évaporer et partir par la fenêtre. Aussi je vous conseille d'étudier chaque chapitre de cette section, et d'aller systématiquement de l'avant, pour activer chaque sorte de chance pour vous et votre famille.

Les maisons qui ont un bon feng shui bénéficient d'un équilibre des huit types d'influences bénéfiques. Ces huit types de chance déterminent les paramètres d'une vie pleine et heureuse selon les principes du feng shui. Quand l'influence est déséquilibrée, cependant, il manque quelque chose. Ainsi, l'influence favorable à la richesse sans celle donnant une maisonnée heureuse et harmonieuse,

Les huit types d'influence favorable

1 Richesse et prospérité – l'influence relative à l'argent
2 Mariage heureux – l'influence favorable à une bonne vie amoureuse
3 Bons enfants, particulièrement des fils – influence favorable à la descendance
4 Bonne santé – influence relative à une longue vie
5 Réputation honorable et reconnaissance – influence favorable à la renommée
6 Présence de personnes secourables – influence relative au pouvoir
7 Éducation – influence d'autodéveloppement
8 Bonne carrière – influence relative à la réussite

est considérée comme inadéquate. De même, une maison ne peut être considérée comme bénéficiant d'une bonne influence, s'il lui manque l'influence relative à la santé et à la descendance. S'il n'y a pas d'enfants pour perpétuer le nom de la famille, toute la réussite, toute la richesse, sont considérées comme incomplètes. La but du feng shui, ainsi, est de faire en sorte qu'il y ait un équilibre adéquat des divers éléments de bonne destinée, et que tous les membres de la famille, et tous les résidants, bénéficient d'une bonne influence.

Les principes généraux et les mises en garde déjà présentés dans ce livre doivent être pris en compte avant que l'on n'utilise les techniques d'amélioration suggérées dans cette section. Je ne soulignerai jamais assez que, si excellente que soit l'application que vous faites de cette partie du livre, les améliorations seront entièrement détruites par la présence d'une seule flèche empoisonnée. Aussi, prenez toujours garde aux poutres apparentes, aux angles saillants, aux escaliers et aux toilettes. Veillez à ce qu'aucune de ces chose ne vise votre porte principale, vos secteurs importants, et votre table de bureau.

Feng Shui pour améliorer l'influence favorable au revenu

Le fruit le plus facile et le plus rapide de la pratique du feng shui est probablement l'obtention d'un meilleur revenu. Il y a tant de recommandations et de méthodes diverses pour devenir riche, que ce seul sujet pourrait faire l'objet d'un livre entier. C'est à cause de cela que de nombreux experts en feng shui qui font des consultations à Hong Kong, Taïwan, Singapour et en Malaisie, ont pour clients des cadres et directeurs de sociétés. Je connais beaucoup de riches magnats du Sud-Est asiatique, dont la richesse a considérablement augmentée après qu'un expert en feng shui eut modifié leur demeure et leur bureau.

L'eau est le symbole principal de l'argent. Pour attirer l'influence favorable au revenu, l'une des meilleures méthodes consiste à introduire un élément aquatique dans son environnement vivant. L'élément aquatique ne doit pas être trop grand, pour ne pas écraser la maison – on dit qu'alors elle déborderait, créant ainsi une situation dangereuse. Gardez un sens de l'équilibre. Dans le feng shui, quand vous êtes dans le doute, le moins est préférable au plus, et le petit est mieux que le grand.

Voici six éléments feng shui d'amélioration que vous pouvez incorporer dans votre maison. Mais rappelez-vous que ces agencements et des objets ne seront pas efficaces si votre demeure subit l'attaque de flèches empoisonnées, et si vos défenses feng shui n'ont pas été correctement mises en place avant que vous n'entrepreniez d'activer les influences conférant la bonne fortune.

Installer un bassin près du devant de votre maison

Il faut que le bassin ait un diamètre de 104-110,5 cm, ou de 49-52 cm. Ces dimensions signifient une ceinture de jade et une salle remplie d'argent. Il n'est pas nécessaire que le bassin soit plus grand que la plus grande de ces dimensions. Veillez aussi à ce que le bassin soit placé à gauche de la porte principale. La direction est prise en se tenant à l'intérieur de la porte, et en regardant vers l'extérieur.

Si le bassin est placé au côté droit de la porte principale, l'influence propice au revenu entrera dans la maison, mais entrera aussi celle qui est favorable aux épouses supplémentaires ou aux concubines. Ayez à l'esprit que dans la Chine ancienne, la pratique du feng shui était toujours faite au bénéfice du patriarche. Rappelez-vous aussi que, à cette époque, un homme prospère avait d'ordinaire plusieurs épouses et concubines, et que, en réalité, plus il en avait, plus sa réussite était considérée comme grande.

Bien sûr, de nos jours, les choses sont très différentes, et il est important de reconnaître ce fait. Recourez à l'eau pour augmenter le revenu familial, mais en sorte que tous en profitent. Autrement, tandis que le revenu augmente, les femmes risquent de voir leurs maris les quitter pour une autre femme. Ce principe très important reste vrai, que le bassin soit installé à l'intérieur ou à l'extérieur de la demeure. Il doit être à gauche de la porte principale !

Pour améliorer le feng shui du bassin, faites en sorte que l'eau circule toujours. Cela crée une énergie yang précieuse. L'eau courante représente la chance la plus excellente ; aussi, procurez-vous une petite pompe pour recycler l'eau, et un filtre pour faire en sorte qu'elle reste propre. L'eau sale émet le souffle empoisonné.

Des poissons dans le bassin génèreront une énergie yang supplémentaire. Dans le feng shui, le poisson est un symbole d'abondance. Au cours du nouvel an chinois, manger du poisson cru signifie une grande abondance tout au long de l'année, et les représentations en céramique et en laiton de carpes sont des objets décoratifs appréciés pour les maisons. La carpe japonaise (appelée *koi*), est un excellent améliorateur pour le bassin ; il faut en avoir par multiples de neuf, mais il faut s'abstenir d'en avoir qui ont une tache rouge sur la tête, car elles symbolisent l'échec.

Il faut que les carpes japonaises soient par multiples de neuf.

Si vous ne pouvez pas vous procurer de carpe, vous pouvez avoir d'autres poissons, à l'exception toutefois de l'ange de mer anguleux. Les poissons anguleux représentent une perte de revenu. Si vos poissons meurent, il n'y a pas lieu de se faire du souci. Allez simplement chez le marchand, et refaites le plein. Selon une croyance superstitieuse, si des poissons qui étaient en bonne santé meurent chez vous, c'est qu'ils ont absorbé la mauvaise influence qui autrement aurait été votre lot.

Si des poissons créent trop de soucis, vous pouvez orner le bassin de nénuphars, et y mettre le fabuleux lotus apporte une chance énorme. Le lotus est une fleur favorable et sacrée, et les Bouddhistes du monde entier le considèrent comme l'un des huit trésors secrets.

Avoir une tortue dans le secteur nord

Il peut s'agir d'une tortue vivante ou d'un modèle de céramique, et aussi d'une tortue de mer ou d'une tortue d'eau douce. La présence de n'importe quel membre de la famille des tortues symbolise celle de cette créature céleste dans la demeure, présence qui apporte richesse et chance et abondance. La tortue apporte l'argent ainsi que l'assistance de gens secourables. Sa place traditionnelle est le nord, qui est aussi le lieu de l'élément eau ; aussi est-ce une bonne idée de placer la tortue dans un récipient d'eau.

Les tortues sont amphibies, et il est bon de créer un petit bassin à tortues paysagé si vous avez un jardin. Nourrissez-les d'aliments pour poissons, de boulettes, ou encore de cresson de fontaine ou autres légumes verts. Si vous êtes en appartement, identifiez le secteur nord de votre salle de séjour, et placez-y le logis de la tortue. Il n'est pas nécessaire d'avoir plusieurs de ces créatures célestes. En fait, il ne faut pas en avoir deux, parce qu'elles préfèrent être seules. Un est le chiffre du nord.

Avoir un aquarium de poissons dans le secteur sud-est

Pour énergétiser l'influence propice à la richesse, il est très bon de garder des poissons dans la salle de séjour, particulièrement au sud-est. L'aquarium ne doit pas être trop gros ; il doit être simplement assez grand pour que neuf poissons rouges y soient à l'aise. L'un des neuf doit être noir pour absorber symboliquement la malchance qui vous est destinée. Il faut qu'il y ait toujours des bulles dans l'aquarium, parce que c'est ce mouvement de l'eau qui attire le chi de prospérité dans votre demeure. Si vous êtes dans les affaires, placez un éclairage dans l'aquarium, de façon que les ombres mouvantes se reflètent sur le plafond. Cela signifie un bon chiffre pour votre affaire, un accroissement des ventes, et par conséquent du revenu. Les aquariums conviennent particulièrement pour les maisons sans jardin, et les appartements.

Les poissons rouges sont particulièrement bons pour énergétiser l'influence de richesse s'ils sont au sud-est.

Les aquariums ronds sont meilleurs que les carrés, mais toute forme régulière est acceptable. En Extrême-Orient, les hommes d'affaires superstitieux aiment avoir ce qu'on appelle le poisson feng shui, l'arrowana, qui est un poisson tropical d'eau douce. Malheureusement, son prix est élevé, et il faut déjà être riche pour en avoir.

Placer une plante jade au sud-est

A gauche : la feuille d'une plante jade : une plante positionnée au sud-est attire la prospérité.

C'est une forme de cactus. Elle n'a pas d'épines, elle a des feuilles charnues d'un vert foncé proche du jade précieux. En fait, n'importe quelle sorte de plante à feuilles rondes ou en forme de cœur peut représenter la plante à argent. Placez-la au sud-est, parce que c'est le secteur qui signifie la prospérité. Une plante vivante énergétise le secteur, parce que le sud-est est de l'élément bois.

Si le sud-est est aussi votre direction favorable, selon votre chiffre Kua (voir p. 87-91), vous devez alors énergétiser ce secteur de votre salle de séjour ; votre profit sera augmenté. Même si le sud-est n'est pas l'une de vos bonnes directions – que, par conséquent, elle soit l'une de vos directions défavorables – énergétisez tout de même ce secteur, car tous ceux qui sont dans la demeure en bénéficieront. Il est parfaitement acceptable que vous placiez des objets ou des symboles feng shui favorables dans n'importe quel secteur de votre demeure, que le secteur soit favorable ou non.

Créez une petite cascade dans votre jardin

Si vous avez un jardin devant votre maison et que ce ne soit pas la partie nord de votre terrain, vous pouvez établir une petite cascade devant votre porte principale pour attirer une grande influence de prospérité.

Concevez l'élément en sorte que l'eau coule vers votre entrée. Il est important que l'eau aille vers votre porte, plutôt que de s'en éloigner. Quand l'eau s'éloigne de votre porte, elle emporte la chance loin de votre demeure. Quand elle coule vers votre porte de devant, elle vous apporte la chance. La cascade doit être éloignée de 2 à 4 m de votre porte, et elle doit se trouver au côté gauche de la chambre (en se tenant à la porte de la maison et en regardant à l'extérieur). Elle ne doit pas être trop grande – sa taille doit être proportionnée à la porte.

Une cascade artificielle devant la maison apporte la prospérité.

Une cascade peut apporter une exceptionnelle influence propice à la richesse, mais cette chance ne se présentera pas sous la forme d'un héritage inattendu. La cascade vous apportera plutôt une ou deux magnifiques occasions de devenir très riche. Ainsi, elle apporte aussi beaucoup de travail et des nuits blanches quand vous transformez l'occasion en quelque chose de tangible. En bref, les cascades sont l'élément catalyseur permettant aux entrepreneurs de réussir et de devenir de véritables magnats. Le feng shui apporte des chances véritables. La façon dont vous faites usage de ces occasions dépend de votre chance, et de la profondeur de vos propres ambitions, aspirations, et de votre détermination.

Suspendre un éclairage dans l'entrée

Si vous suspendez un lustre dans votre entrée pour accueillir le chi dans votre maison, vous bénéficierez d'une chance merveilleuse. Dans le feng shui, l'eau et le feu sont aux deux extrémités du spectre élémental (l'eau détruit le feu), mais ce sont aussi les deux éléments qui doivent être énergétisés pour attirer l'influence propice à la richesse. Le meilleur agencement, c'est d'avoir une vue sur l'eau à l'extérieur, et une entrée brillamment éclairée. Les lustres sont excellents, surtout quand ils sont en cristal (voir p. 104), car ils créent une fusion harmonieuse des énergies terre et feu – mais n'importe quelle sorte d'éclairage fait l'affaire.

Feng shui pour améliorer l'influence favorable à l'idylle

L'une des applications les plus superbes du feng shui, c'est son aptitude à remettre du bonheur dans les ménages. Il redonne vie aux relations dans le couple, amène de nouveaux amis dans des vies ternes et solitaires, et énergétise les occasions de mariage pour ceux qui ne parviennent pas à trouver de relation significative, et pour les partenaires qui désirent un engagement mutuel.

J'ai vu le feng shui aider beaucoup de couples à se constituer, et je l'ai vu aussi sauver beaucoup de ménages au bord de la rupture. Par conséquent, je crois fermement en l'efficacité du feng shui dans le domaine de l'idylle et du bonheur personnel.

Le secret de l'utilisation du feng shui pour favoriser le bonheur familial et la vie amoureuse, réside dans la compréhension de l'importance capitale qu'il attache au bonheur domestique. Dans toutes les principales directives du feng shui, il y a toujours une section spéciale qui concerne cet aspect de l'aspiration humaine. Et, selon la vision chinoise, la clef du bonheur familial repose dans la force de l'esprit de la maîtresse de maison. Le mariage, l'amour et la famille tournent autour de la qualité de l'énergie de la maîtresse de maison dans le foyer.

Cela est condensé dans le trigramme kun qui est symbolisé par trois lignes discontinues, et représenté par la direction sud-ouest. Ainsi, une façon de sauvegarder le bonheur et l'unité de la famille, c'est de protéger le secteur sud-ouest de la maison.

Protéger le sud-ouest

La chose principale dont il faut se souvenir au sujet de la sauvegarde des énergies du sud-ouest relatives à la maîtresse de maison, c'est qu'il ne doit pas y avoir de toilettes dans le secteur sud-ouest d'une demeure. Quand la salle de bain attenante à la chambre des maîtres de maison se trouve dans le secteur sud-ouest de la pièce, le couple formé par les gens qui l'occupent s'effondrera à coup sûr ; il est voué à se dissoudre.

Si les toilettes pour les hôtes de la demeure sont situées dans le secteur sud-ouest, les fils et les filles (mais particulièrement les filles, puisque nous traitons ici de l'énergie féminine) auront beaucoup de mal à se marier. Même s'ils y parviennent, et qu'ils restent à la maison, leur mariage sera malheureux, et sera plein de tensions.

La seule façon de remédier à la mauvaise influence de toilettes installées au sud-ouest, et faisant systématiquement s'écouler l'amour familial et le bonheur matrimonial, c'est de ne pas les utiliser du tout. On peut corriger la situation en plaçant un miroir sur la porte de la pièce contenant les toilettes, et en gardant tout le temps la porte fermée, en y fixant une fermeture automatique.

Énergétiser le sud-ouest à l'extérieur

Il y a plusieurs méthodes permettant de renforcer les énergies de la maîtresse de la maison du secteur sud-ouest à l'extérieur de la maison. Étant donné que la nature intrinsèque du secteur sud-ouest est l'élément terre, et que le feng shui se sert de l'influence de la terre, la clef pour énergétiser le sud-ouest, c'est d'amplifier l'énergie de la terre de ce secteur. Voici deux méthodes, pour l'application desquelles un jardin est requis.

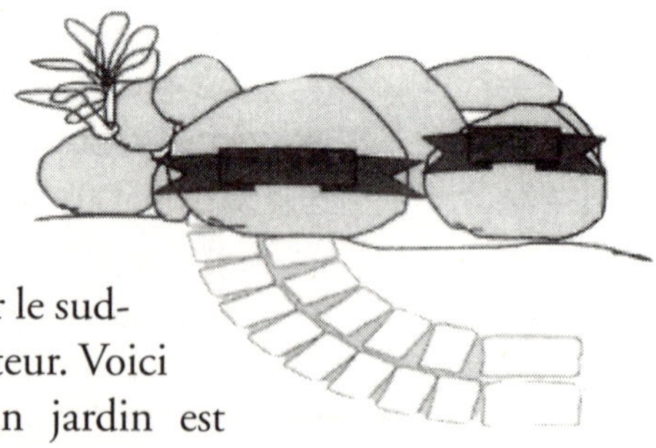

Ci-dessus : Un agencement de pierres au sud-ouest énergétise l'élément terre.

- Placez des pierres décoratives dans le secteur sud-ouest. Puis, contre un mur ou un coin au sud-ouest, faites un agencement de neuf pierres, avec deux pierres plus importantes que les autres. Liez une ficelle rouge autour des deux pierres les plus grosses. Ou bien peignez sur ces deux pierres le caractère du double bonheur. Si vous le souhaitez, vous pouvez éclairer ce secteur pendant les heures nocturnes. Cette méthode active l'énergie de la terre du jardin, créant des énergies favorables pour ceux qui sont à la recherche d'un peu d'amour et d'idylle dans leur vie.
- Enfoncez un poteau creux dans le sol, et installez en haut une lumière. Il faut que le poteau soit creux, et qu'il soit enfoncé d'au

Ci-dessous : Un poteau creux avec une lumière en haut énergétise le sud-ouest, amenant des occasions de mariage et d'idylle dans votre vie.

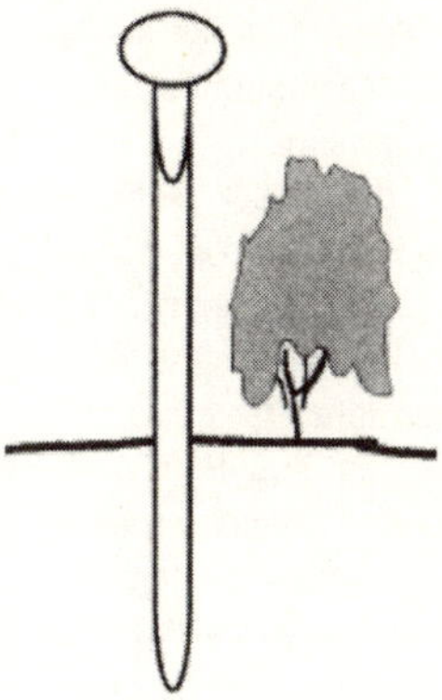

moins 1 m dans le sol. La partie qui dépasse doit mesurer au moins 1,5 m. La lumière en haut du poteau attire l'énergie de la terre des profondeurs du sol,et la canalise vers le haut. Quand cela est réalisé correctement, la maison et le jardin sont enveloppés d'une merveilleuse énergie de la terre, qui apporte une apaisante influence d'idylle aux membres de la maisonnée. Les filles en âge de se marier n'auront pas de problème pour rencontrer des hommes ayant des intentions honorables, et les fils trouveront des épouses sans difficulté.

Énergétiser le sud-ouest à l'intérieur

Si vous vivez en appartement, il y a deux excellentes méthodes pour énergétiser l'influence du sud-ouest, afin qu'elle profite à votre vie amoureuse générale.

- Suspendez un portrait de famille (heureuse) au mur de la salle de séjour qui se trouve dans le secteur sud-ouest, ou essayez de disposer la composition du portrait de famille pour faire en sorte que chacun regarde le sud-ouest. En réalité, de simplement accrocher un portrait de famille dans la maison crée des vibrations heureuses si chaque membre de la famille est souriant et heureux. Un portrait inspirant le bonheur au sud-ouest renforce le sentiment de la famille d'être une unité aimante, renforçant ainsi la chance de la maîtresse de maison.
- Placez des cristaux et des lumières au sud-ouest de la salle de séjour. Des cistaux de quartz naturel, ou du verre au plomb créeront l'énergie nécessaire à l'activation du sud-ouest. Je préfère personnellement le cristal naturel, mais les cristaux utilisés à des fins feng shui doivent être bien éclairés au moins trois heures par jour. Je vous recommande de rechercher des lampes qui comportent des cristaux. Ou bien recherchez des lampes ayant un dispositif d'économie d'énergie qui vous permet de les laisser allumées toute la journée.

L'idylle dans la chambre

Il se peut que pour dormir dans votre direction nien yen, vous soyez contraint d'orienter votre lit d'une façon singulière. Mon conseil,

Renforcer les perspectives de mariage

En 1996, je rendis visite à un vieil ami, aux Etats-Unis d'Amérique, que je n'avais pas vu depuis plus de vingt ans. Ce fut une agréable réunion, et je rencontrai ses trois filles, d'une beauté saisissante, Meg, Mary et Ann. Elles tournaient autour de la trentaine, suivaient des carrières formidables, et semblaient très heureuses. Mais je découvris, au cours de notre conversation, que les trois filles étaient encore célibataires, et qu'il n'y avait personne en vue. Je m'aperçus aussi que si les filles ne se faisaient pas trop de mauvais sang, ce n'était pas le cas de leurs parents. La femme de Bill, Angela, me demanda s'il y avait quelque chose qui n'allait pas dans leur demeure. Pourquoi, voulait-elle savoir, ses filles étaient-elles célibataires ? Meg, l'aînée, avait déjà 31 ans, et Ann, la plus jeune, en avait 26.

Je pus répondre facilement à Angela après que je fus allée aux toilettes. Je découvris que ses toilettes pour les hôtes étaient juste installées dans le secteur sud-ouest de leur maison de style ranch, pleine de coins et de recoins. Mais ce n'étaient pas les seules toilettes du sud-ouest. Juste au-dessus de ces toilettes du rez-de-chaussée, il y en avait d'autres à l'étage.

Des toilettes installées au sud-ouest de la maison emportent toute l'influence d'idylle du foyer. Ce ne sont pas seulement les chances de mariage des fils et des filles de la maison qui sont touchées. Cela crée aussi des problème conjugaux entre mari et femme. C'est parce que le sud-ouest d'une demeure est le secteur qui gouverne l'influence favorable aux relations familiales. Le sud-ouest est le lieu de la maîtresse de maison, de la mère terre. Le trigramme de cette direction est kun, qui est le trigramme le plus yin. Si ce secteur est souillé par la présence de toilettes, il blesse les membres féminins de la famille, plus que les hommes.

J'ai conseillé à Angela de cesser d'utiliser leurs deux toilettes du sud-ouest. Ce n'était pas chose facile à leur demander, mais le feng shui, aux EU, est de plus en plus accepté, et Angela était déterminée à devenir grand-mère. Parce qu'ils avaient une grande maison, ils suivirent mon conseil. Et pour ajouter encore des chances (parce que je voulais leur montrer que le feng shui était efficace), j'activai aussi leur influence d'idylle dans le jardin. À cette fin, je laissai la lumière allumée dans le secteur sud-ouest à l'extérieur, 24 heures par jour. Pour avoir encore plus de certitudes, nous avons mis deux grosses pierres dans ce secteur, et nous avons attaché un ruban rouge autour pour énergétiser l'influence de la terre mère.

Et j'ai le bonheur de dire que Meg vient de se fiancer à un médecin, et que j'assiterai à leurs noces l'année prochaine, en février. Mary commence a fréquenter quelqu'un sérieusement, et sa mère est pleine d'espoir.

Ces flèches vous montrent comment orienter votre position de sommeil.

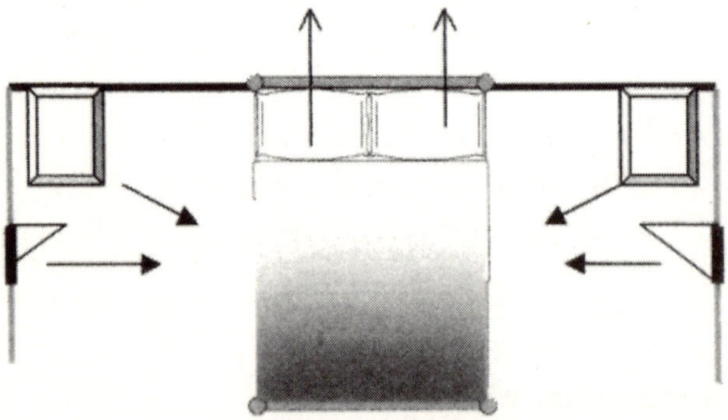

Dormir entre deux portes fait que vous vous querellerez beaucoup avec votre conjoint(e) et dormir entre deux piliers vous rendra irritable et tendu. Ces deux dispositions détruiront votre influence de mariage.

c'est de le faire, si vous avez de graves problèmes familiaux ou conjugaux. Cela apaisera considérablement votre malheur, et vous aidera même à résoudre vos problèmes. Mais vous devez veillez, en faisant cela, à ne pas être sous une poutre, face à une porte, ou blessé par la flèche empoisonnée d'un angle saillant. Cela affecterait encore plus gravement votre destin.

Rappelez-vous, aussi, que de dormir entre deux portes est cause de graves querelles avec votre partenaire, et que dormir entre deux piliers rend irritable et tendu. Les deux dispositions détruiront votre influence de mariage.

Feng shui pour améliorer l'influence favorable aux enfants

La bonne influence pour la famille inclut le bonheur d'avoir des enfants et de les élever, de les voir grandir rayonnant de santé et de force. Si vous n'avez pas d'enfant, et que vous ayez des difficultés à en concevoir, mais que les médecins disent que tout va bien pour vous et votre conjoint, vous pouvez penser qu'il y a peut-être quelque chose qui ne va pas dans votre feng shui. En fait, c'est ce qui m'est arrivé, à moi et à mon mari.

Pendant les neuf premières années de notre vie commune, nous avons été affligés par un mauvais feng shui causé par un grand casuarina qui poussait à trois mètres de notre porte de devant. Et, comme si ça ne suffisait pas, notre porte principale n'était pas pleine : elle avait trois panneaux de verre. Nous avions un feng shui vraiment terrible. À cette époque, j'avais déjà des notions de feng shui, et j'avais commencé mon apprentissage. Mais comme tous les débutants dans cette vaste science, les arbres me cachaient la forêt. J'étais tellement empêtrée dans la théorie qui sous-tend le feng shui, et si désireuse de voir si ça marchait, que j'en oubliais complètement de voir l'arbre devant ma porte. Plus tard, ce fut M. Yap, mon ami et maître expert en feng shui, qui me dit que, tant que nous vivrions dans cette maison, nous n'aurions jamais d'enfant. La flèche empoisonnée de l'arbre, dit-il, était trop forte pour être neutralisée ; aussi devions-nous songer à déménager.

Quand nous conçûmes notre projet de construction d'une nouvelle maison, nous décidâmes d'utiliser le feng shui pour qu'il nous aide à avoir un bébé. M. Yap m'apprit à positionner notre chambre, pour bénéficier de l'influence propice à la descendance de mon mari. C'était sa direction nien yen, ou direction d'idylle. Selon M. Yap, la direction d'idylle est également excellente pour renforcer l'influence favorable à la descendance. Non seulement nous orientâmes la chambre, mais nous positionnâmes aussi le lit, pour pouvoir dormir tous deux la tête orientée dans la direction nien yen de mon mari.

Si des lectrices s'étonnent de ce que nous dûmes utiliser la direction de mon mari, et non la mienne, la réponse est que, pour activer l'influence de descendance, pour utiliser le feng shui afin qu'il aide à avoir un enfant, il faut suivre les conventions chinoises, et utiliser la direction favorable de l'homme. Pas celle de la femme.

En tout cas, quatre mois après que nous eûmes emménagé dans notre nouvelle demeure, je fus enceinte, et Jennifer naquit dans notre dixième année de mariage. Après neuf années d'essais infructueux, enfin, nous avions notre bébé.

Les personnes qui sont sans enfant, qui n'ont rien de physiologique qui les empêche de concevoir, et qui désirent ardemment avoir un bébé, devraient essayer le feng shui, pour voir si ça pourrait les aider. Reportez-vous aux p. 87-88, où sont indiqués les chiffres Kua, et, à partir de cela, déterminez la direction 'nien yen' de votre mari. Ce sera sa troisième bonne direction. Puis identifiez la pièce de votre maison qui est située dans cette direction. Faites-en la chambre des maîtres de maison, et dormez tous deux la tête dirigée dans cette direction nien yen.

Choisir des chambres pour vos enfants

Pour que vos enfants bénéficient d'un bon feng shui, il n'est pas nécessaire d'utiliser leur bonnes directions personnelles, tant qu'ils ne sont pas arrivés à l'adolescence. Tant qu'ils sont petits, ils bénéficieront du bon feng shui général de la maison, ou souffriront de son mauvais feng shui. Il n'est pas nécessaire d'utiliser pour eux le feng shui de la formule Kua. Bien sûr, si vous êtes à même d'accommoder les directions de tous les membres de votre famille (y compris celles des enfants), tout le monde bénéficiera alors d'un bon feng shui. Si ce n'est pas possible, vous devez transiger, pour ce qui est des directions des enfants.

Les enfants jouiront d'un excellent feng shui s'ils occupent des chambres dans la partie est de la demeure. Plus spécifiquement, les fils, et particulièrement l'aîné, doivent se voir attribuer une chambre

Pièces défavorables

- Ne mettez jamais les enfants dans des pièces qui ont :
- une poutre apparente, où qu'elle soit.
- un plafond trop bas, car cela freine leur croissance.
- une fenêtre qui donne sur une flèche empoisonnée.
- une fenêtre qui donne directement sur un arbre trop proche de la maison.

qui est située dans le secteur est de la maison, tandis que les filles, et particulièrement l'aînée, doivent avoir leur chambre dans le secteur sud-est. L'est et le sud-est ont pour élément intrinsèque le bois, et la principale propriété du bois, c'est la croissance. Le bois est le seul des cinq éléments qui ait la vie et qui soit capable de croître.

L'est est aussi le lieu du dragon vert. Des plantes vertes au côté est de la maison profitent énormément aux enfants. Ou bien placez un petit dragon de céramique verte sur un mur est de la maison. Cela apportera aussi une merveilleuse énergie yang et une abondance de sheng chi, d'énergie de croissance, dans la maison, au profit non seulement des enfants, mais aussi de la famille dans son ensemble. Dans la Cité Interdite de Pékin, tous les jeunes princes de la dynastie vivaient dans des palais situés à l'est, tandis que les membres plus âgés de la famille impériale, y compris les vieilles concubines, étaient logés à l'ouest. En outre, pour simuler la demeure du dragon vert, et représenter l'élément bois, les tuiles de toits des palais situés à l'est étaient recouvertes de vernis vert.

Si vous avez une famille nombreuse, et qu'il y ait plusieurs fils et plusieurs filles, vous devez loger le fils aîné et la fille aînée à l'est et au sud-est respectivement, mais, pour les autres enfants, suivez les directives du Pa Kua. Il place les filles au sud et à l'est. La fille du milieu devra avoir une chambre au sud, et il faudra attribuer à la plus jeune fille une chambre à l'ouest. C'est au nord que devra être la chambre du garçon du milieu, tandis que le plus jeune sera logé au nord-est.

Quand les enfants ont grandi et atteint l'âge de la puberté, il est bon de rechercher leurs chiffres Kua respectifs et de leur attribuer alors des chambres selon leurs directions favorables personnelles. Cela leur assurera une bonne croissance, et fera aussi qu'ils resteront au sein de la famille. Les foyers qui ont un bon feng shui ont rarement des problèmes avec des enfants rebelles et difficiles.

Objets favorables pour une chambre d'enfant. Mettez une lampe et une chaîne hi-fi dans la chambre pour augmenter l'énergie yang. Un globe au sud-ouest et un aimant en fer à cheval sous le lit apportent une chance supplémentaire.

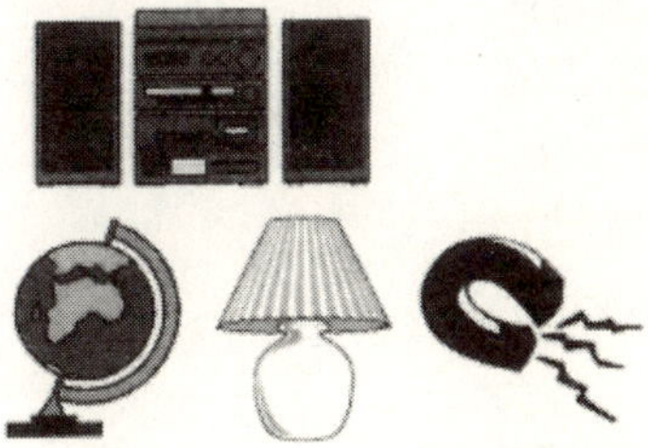

Feng shui yang pour les chambres des enfants

Dans l'agencement des meubles et le choix des couleurs pour les chambres des enfants, veillez à ce que l'énergie soit présente. Pour faire en sorte que vos enfants grandissent avec de l'enthousisame pour la vie, et se sentent motivés pour la réalisation des ambitions qui apportent honneur et renom à la famille, il importe qu'ils bénéficient directement de beaucoup d'énergie yang. Il n'est guère difficile d'observer les directives suivantes :

- Que leurs chambres soient bien éclairées, sans coins obscurs.
- Utilisez des couleurs vives, ou du blanc pour leurs murs.
- Ne laissez pas leurs chambres devenir trop humides ; utilisez un déshumidificateur si nécessaire.
- Donnez-leur une radio ou une chaîne hi-fi, pour qu'il y ait du bruit dans leurs chambres.
- Créez du mouvement avec des montres et autres jouets.
- Qu'il y ait des livres pour symboliser l'acquisition de la connaissance.
- Il faut qu'il y ait au moins une fenêtre ; aérez chaque jour.

Veillez aussi à ce que :

- Les chambres soient nettoyées et bien rangées chaque jour.
- Les jouets hostiles, comme des fusils, des tanks,etc., soient rangés dans des placards.
- Une fois par an au moins, un grand nettoyage de printemps soit effectué.

Feng shui pour améliorer l'influence favorable à la santé

La chance d'avoir une vie longue et saine est une partie importante de la bonne destinée, quel que soit le statut matériel ou social de la vie – une vie sans maladies débilitantes et destructrices de l'âme, qui affaiblissent le corps physique. Le feng shui s'intéresse à l'aspect santé de la bonne fortune, directement de deux façons.

D'abord, presque toutes les formules de la boussole présentent une direction spécifique pour l'obtention de ce type d'influence. Dans la formule des directions et des orientations donnée p. 87-88, elle est le médecin du ciel ou la direction de santé. Ainsi, le feng shui présente une direction distincte pour vous orienter quand vous dormez ou quand vous mangez, comme méthode pour améliorer une santé défaillante. Normalement, vous découvrirez que, lorsque d'autres aspects majeurs du feng shui de la maison sont corrects, l'énergétisation de cette direction de santé pour des malades, peut provoquer une amélioration de leur état.

Ensuite, dans le monde de la pratique symbolique du feng shui, il y a beaucoup de symboles qui signifient la longue vie, qui, lorsqu'ils sont exposés dans la maison, réalisent, dit-on, cette aspiration pour les résidants de la maison. Les Chinois sont extrêmement intéressés par la longévité, et il en a qui la considèrent comme l'aspect le plus important de la bonne destinée. On montre toujours beaucoup de respect aux maîtres de Taï Chi et de Chi kung. Ces *si fu* de santé enseignent des postures et des exercices qui permettent une bonne circulation du chi, et un bon équilibre yin/yang dans le corps. Leurs exercices suivent les principes sur lesquels la pratique du feng shui est fondée, et ils peuvent réellement être considérés comme une branche du feng shui, celle qui se concentre sur la circulation de chi à l'intérieur du corps humain.

Le daim est un symbole très populaire de longévité.

Dans l'ancien temps, les empereurs s'intéressaient à la recherche continuelle de l'immortalité, et les légendes chinoises sont pleines d'histoires qui décrivent cette quête. L'une des légendes taoïstes les plus populaires, par exemple, parle des Huit Immortels, et beaucoup de familles chinoises exposent des peintures illustrant cette légende dans leur foyer. Parmi les emblèmes des aspirations de la vie, ceux de longévité sont probablement les plus nombreux. Beaucoup sont somptueusement gravés dans des meubles, dessinés dans des peintures murales et sur des écrans décoratifs, et imprimés sur des objets de céramique et de porcelaine. Ces symboles sont libéralement exposés dans les demeures chinoises, parce que la longévité est considérée comme une manifestation majeure de la bonne destinée.

Le rituel de l'emménagement

La consultation de l'Almanach pour choisir des dates favorables est une tradition pour les Chinois. Le choix de dates favorables pour emménager fait partie du feng shui.

Quand vous venez habiter une nouvelle demeure, faites les choses suivantes : allumez les lumières, ouvrez un robinet, faites bouillir un peu d'eau, préparez un peu de thé, et prenez un petit repas.

Pour bien commencer dans une nouvelle maison, choisissez un jour et une date propices pour y emménager. Les Chinois consultent d'ordinaire l'*Almanach chinois,* ou *Tong Shu*, un calendrier actualisé chaque année, qui donne les jours fastes et néfastes pour faire n'importe quelle chose – mais, malheureusement, il est écrit en chinois. Ce livre est un best-seller à Hong Kong et dans d'autres pays d'Extrême-Orient.

Le choix des dates favorables fondées sur les instruments d'analyse feng shui – le carré Lo Shu et le Pa Kua – est une branche spécialisée de la pratique, qui exige une étude spéciale. Il n'est d'ordinaire pas nécessaire pour les débutants d'apprendre cette branche du feng shui. Ceux qui ont besoin de choisir des bonnes dates peuvent demander à des amis qui peuvent lire l'Almanach. Si ce n'est pas possible, choisissez au moins des dates qui ne sont pas néfastes. Il y a deux jours qui ne peuvent en aucun cas être nuisibles, ce sont le premier et le quinzième de chaque mois lunaire. Ils coïncident avec la nouvelle lune et la pleine lune.

Le jour choisi pour l'emménagement dans votre nouvelle demeure, il est bon que vous y fassiez votre entrée 'officielle' entre 9 h et 11 h du matin. Il faut qu'elle soit considérée comme l'installation 'officielle' dans votre nouvelle maison. Installez le lit ou au moins un meuble important, qui signifie que vous venez habiter là ; puis mettez la radio pour créer un niveau sonore, mettez une

Purifiez l'air de l'énergie viciée

Le jour où vous emménagez, purifiez les énergies en ouvrant toutes les fenêtres et en laissant l'air circuler dans toute la maison ou l'appartement, pendant au moins trois heures. Cela purifiera efficacement la maison des énergies viciées et fatiguées laissées par les occupants précédents. Allumez toutes les lumières et ouvrez les robinets pour signifier un départ des vieilles énergies, et une entrée des nouvelles. Vous devez aussi avoir donné à la maison un bon coup de brosse avant de vous y installer. Il est excellent de redécorer sa maison, ou au moins de la repeindre. Changer les tapis et le papier mural introduit de nouvelles énergies dans la maison, énergies qui sont fraîches, saines, et très yang.

bouilloire d'eau à bouillir, et ouvrez grande une fenêtre (voir encadré ci-dessus). Préparez-vous une tasse de thé, et servez quelques biscuits. Cela sera votre premier repas dans la nouvelle maison, et vous devez rester la nuit prochaine. Ayant fait cette entrée symbolique, vous pouvez prendre votre temps pour apporter le reste de vos meubles et de vos biens.

L'observation de ce rituel prend en compte la dimension temps du feng shui, et quand le rituel d'installation est observé selon les règles, il est censé assurer que le séjour de votre famille dans la nouvelle demeure sera paisible et sain. Si, peu de temps après votre installation dans votre nouvelle demeure, votre famille tombe malade, vous pouvez être sûr que votre jour d'installation a été défavorable.

Énergétiser pour la santé et la longévité

Il y a des techniques spécifiques feng shui pour énergétiser l'influence de bonne santé et de longévité, et pour éviter la mauvaise influence de maladie dans la maison. Voici quatre principes importants à observer :

Contrer les énergies yin en excès

Si vous vivez près d'un hôpital, un cimetière ou d'autres endroits qui émettent de fortes énergies yin, vous pouvez être assailli par les influences néfastes, qui se manifestent sous la forme de maladies. Les membres de la maisonnée peuvent tomber malades tour à tour. Quand les énergies yin deviennent excessives, ou que la source de ces énergies est trop proche, les résidants peuvent même être hospitalisés.

Si votre maison est en face d'un bâtiment comme celui-ci, votre feng shui est déjà négativement affecté ; mais si ce bâtiment est aussi un hôpital, le mauvais feng shui est très aggravé.

Pour contrer les excès d'énergie yin, introduisez des symboles et des représentations de l'énergie yang dans votre maison. Installez des lumières plus fortes ; peignez votre porte principale en rouge vif, et mettez de la musique. Introduisez des couleurs vives – rouge, orange et jaune, même blanc – dans la décoration générale de votre maison. Le secret d'un foyer salubre, où les résidants jouissent d'une bonne santé, c'est de rendre les énergies yang dominantes, mais équilibrées avec le yin.

Détourner le shar chi des flèches empoisonnées

Une autre cause commune de maladie liée au mauvais feng shui, c'est quand la maison, et particulièrement sa porte principale, est attaquée par le souffle-qui-tue, ou shar chi, de flèches empoisonnées venant de l'autre côté de la route, ou de la maison d'un voisin, ou d'un immeuble proche. Le feng shui défensif exige que l'on devienne sensible aux structures nuisibles de l'environnement. Quand votre maison devient la proie de pareilles structures, la première chose qui arrive, ce sont des ennuis de santé pour la famille.

Bloquez ou renvoyez l'énergie nuisible qui est envoyée vers votre maison en plantant des arbres ou en construisant une barrière, comme un mur ou une haie. On considère qu'il suffit de bloquer la vue de la structure agressive, pour dissoudre la mauvaise énergie qui en vient. S'il est difficile d'appliquer les remèdes présentés ci-dessus, vous pouvez accrocher un Pa Kua au-dessus de la porte principale.

Exposer des symboles de longévité

Si vous voulez bénéficier d'une longue vie, utilisez le feng shui, qui vous donnera l'influence favorable à la longévité, qui implique une bonne santé. Pour cela, exposez des symboles de longévité, à l'intérieur et à l'extérieur de la maison. À l'intérieur de la maison, les meilleurs symboles à exposer sont des tableaux qui représentent le pêcher, le pin, le bambou, la grue ou le daim. Ce sont les symboles classiques, et les plus populaires, de longévité. Ils sont souvent représentés dans des peintures et autres objets décoratifs vendus dans les magasins chinois. Pour les Chinois, bien sûr, le symbole le plus puissant de longévité est le Dieu de Longévité, Sau.

La grue est l'un des plus beaux symboles de longévité.

Pour l'extérieur de la maison, choisissez une tortue ou une grue. Les statues de ces créatures symbolisent l'harmonie et la longévité.

Placez les grues n'importe où dans la partie antérieure de votre jardin, et les tortues dans la partie postérieure. Il y a des statues remarquablement bien faites de grues de longue vie que l'on peut trouver dans des magasins de fournitures de jardin. Une seule grue suffit. Un bouquet de bambous au côté droit de la partie antérieure de votre jardin est aussi un excellent symbole de longévité et de bonne santé. Toute espèce de bambou est acceptable. Si vous vivez dans un climat plus froid, je vous recommande de planter un pin sur le côté de votre maison. Ce n'est pas seulement un symbole de bonne santé et de longue vie, il représente aussi la fidélité, la force, et une inébranlable loyauté dans l'adversité. Le pin est l'un des plus merveilleux instruments de feng shui que l'on puisse avoir autour de n'importe quelle demeure. Cependant, comme pour tout le reste, il ne faut pas d'excès. Un pin est très suffisant. Gardez tout le temps l'équilibre.

Ci-dessous : Le bambou représente toujours le bon feng shui. Si vous avez assez d'espace, faites pousser un bouquet de bambous près de votre maison.

Dormir la tête orientée dans la direction de santé

La direction de santé est généralement considérée comme la deuxième des bonnes directions (voir p. 89). Dans des circonstances normales, la plupart des gens préfèrent dormir la tête dirigée dans leur meilleure direction, étant donné que cela assure le succès matériel dans les affaires ou la carrière. Mais si vous êtes malade, et que vous ayez besoin de recouvrer des forces pour profiter de vos biens, je vous conseille de dormir la tête dirigée dans la direction de santé.

Bénéficier de la direction de santé pendant le sommeil, apporte aussi la paix de l'esprit, et une grande harmonie dans la famille. Il n'est pas toujours nécessaire d'utiliser tout le temps la meilleure direction. La direction que vous choisissez d'énergétiser doit être déterminée par votre situation vitale à n'importe quel moment.

Feng shui pour améliorer l'énergie favorable à l'éducation

L'éducation a toujours été considérée comme l'un des meilleurs moyens de monter dans l'échelle sociale et d'accéder à la réussite. Dans la Chine ancienne, les lettrés étaient hautement respectés. La plupart des parents aspiraient à avoir des fils qui fassent honneur à la famille en atteignant les degrés supérieurs de l'éducation intellectuelle. Cela, parce que les conseillers de l'empereur et les courtisans – les puissants mandarins, qui gouvernaient le pays – étaient toujours choisis parmi ceux qui réussissaient aux examens impériaux avec les meilleures mentions.

On considérait que le feng shui comprenait ce genre d'influence pour les fils de la famille, dont la chance était rarement considérée sur une seule génération. La bonne destinée a toujours été considérée comme la jouissance, pour la famille, de la richesse, du rang social et de la prospérité, génération après génération. Pour cette raison, il fallait des fils et des héritiers pour la continuation du nom de la famille. La chance des descendants était ainsi essentielle, et les femmes qui ne pouvaient avoir d'enfants étaient généralement répudiées, pour laisser la place à des épouses secondaires ou des concubines qui le pouvaient.

Une fois que la lignée est assurée, le genre d'influence qui devient importante, est celle qui est favorable à l'éducation. Dans la famille chinoise, les fils, particulièrement, doivent bien travailler à l'école. On attend d'eux qu'ils aillent au collège et à l'université pour devenir des lettrés, et pour passer leurs

Vivre avec trois sommets

Selon une croyance intéressante associée à la réalisation éducative pour la génération suivante, dont j'ai eu connaissance lors d'une de mes visites en Chine, les familles qui bénéficient de la vue de trois sommets au loin, ont une chance immense. Ces trois sommets représentent de grands honneurs et une grande réussite éducationnels pour les fils de la famille. On croit que la vieille demeure de Deng Xiao Ping bénéficiait d'une telle vue.

examens très honorablement. Cette attitude, cette attente, est fermement enracinée dans la psyché des familles chinoises, et cela explique peut-être pourquoi les Sino-Américains de la deuxième génération réussissent si bien dans les universités. Outre qu'ils ont été élevés dans une tradition qui vénère l'éducation, ils sont aussi probablement nombreux à bénéficier d'un bon feng shui propice à l'éducation, disposé par leurs parents.

Franchir la porte du dragon

L'humble carpe franchissant la porte du dragon (*lungmen*) est un symbole coloré de l'ancien temps. Après avoir nagé à contre-courant jusqu'à la porte, l'humble carpe fait un saut puissant, parvenant à franchir la porte et à se transformer en dragon. Cette légende de la carpe dragon symbolise la réussite aux examens impériaux. Les familles chinoises familiarisées avec cette légende exposent la carpe dragon au-dessus de leur entrée principale pour symboliser la réussite éducationnelle pour leurs fils, et, à notre époque, pour leurs filles aussi.

L'humble carpe devient un dragon après avoir franchi avec succès la porte du dragon. Celles qui ne l'ont pas fait portent à jamais la marque de l'échec – un point rouge sur leur front.

Énergétiser le nord-est

Les personnes désireuses d'énergétiser la chance éducationnelle pour leurs rejetons peuvent essayer l'une des méthodes feng shui. Elles

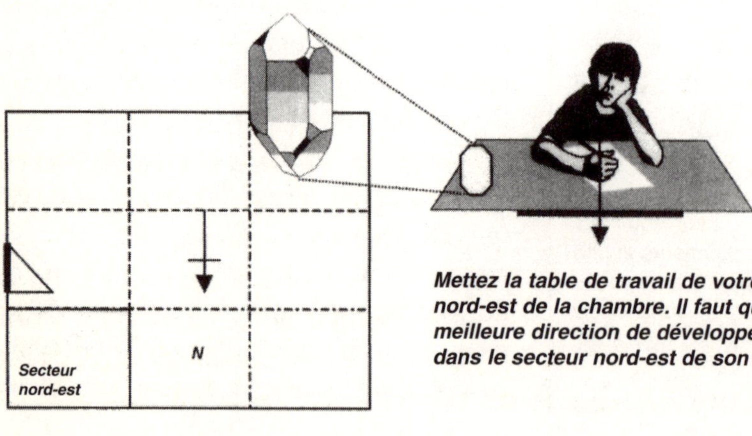

Mettez la table de travail de votre enfant dans le secteur nord-est de la chambre. Il faut qu'il soit en face de sa meilleure direction de développement ; mettez un cristal dans le secteur nord-est de son bureau.

peuvent être pratiquées de façon isolée ou combinée, pour renforcer l'influence éducationnelle pour les enfants. Le feng shui du Pa Kua désigne le nord-est comme le secteur qui signifie la réussite éducationnelle. Ainsi, l'énergétisation de ce secteur renforcera la chance éducationnelle pour vos enfants. Le meilleur moyen d'y arriver, c'est d'introduire tous les éléments suivants dans la chambre de vos enfants – pour les fils comme pour les filles.

Placer le bureau de votre enfant dans le secteur nord-est de la chambre

Placez le bureau où votre enfant fait son travail dans le secteur nord-est de la chambre. Notez si les salles de bain ou les toilettes attenant à la chambre sont placées dans le secteur nord-est de la chambre, car cela aurait des conséquences très graves sur la carrière scolaire et universitaire de votre fils. Si la salle de bain est placée au nord-est de la chambre, il faudrait, si possible, trouver une autre chambre pour votre enfant.

Faites en sorte que votre enfant soit en face de sa meilleure direction de développement personnel

Une fois que le bureau est placé dans le secteur éducationnel, la prochaine chose à faire, c'est de l'orienter de façon qu'il ou elle soit assis(e) dans sa direction personnelle de croissance. On appelle cela en chinois la direction *fu wei*, et c'est une direction excellente à énergétiser pour quiconque fait ses études. Si vous ne pouvez rien faire d'autre, cela seul suffira à faire la différence.

En fait, c'est l'une des méthodes les plus excellentes pour aider votre fils ou votre fille à devenir un étudiant de première qualité. Reportez-vous aux tableaux des p. 87-91, et examinez les différentes directions favorables pour votre fils ou votre fille, fondées sur leur date de naissance, et leur genre (fille ou garçon). Une fois que vous savez quelle est la meilleure direction pour votre enfant, apprenez-lui à l'énergétiser pour étudier, pour faire ses devoirs, pour travailler en classe, et, si possible, pour passer ses examens.

Dans la mesure du possible, efforcez-vous de recourir à la direction personnelle. Si ce n'est pas possible, faites en sorte que votre enfant soit en face de l'une des autres directions favorables. Évitez à tout prix l'une des quatre directions mauvaises. Aussi, si vous ne pouvez recourir à la direction que vous voulez idéalement, vous devez éviter de faire face à vos quatre mauvaises directions.

Placer un cristal dans le secteur nord-est de la table de bureau

La troisième chose à faire, c'est de créer les énergies de l'élément du nord-est. L'élément directeur de ce secteur est la terre, et j'ai découvert que le meilleur objet à utiliser pour améliorer la chance éducationnelle est le cristal de quartz. Placez-le sur le dessus de table dans le secteur sud-est du bureau, et, si possible, juste sous une lampe de table. Cela renforce et charge le cristal.

Les cristaux sont censés avoir une formidable capacité de rétention et de mémoire, et on peut en acheter dans n'importe quelle boutique New Age. Ils peuvent être utilisés pour créer un bon feng

Faites attention à ce qui se trouve sous l'escalier

Il est une importante précaution feng shui qu'il faut pendre au sujet des enfants : c'est de voir ce qui se trouve sous l'escalier. Quelque chose de nuisible placé là crée de la malchance pour la génération suivante. L'élément le plus dangereux que l'on puisse mettre là, c'est un élément aquatique. N'importe quel genre d'élément aquatique placé sous l'escalier engendre une énorme malchance pour vos enfants. Le mauvais travail scolaire n'est que l'une des conséquences de ce funeste agencement.

Aussi, ne placez jamais d'eau sous l'escalier. Un bassin, une fontaine, un aquarium, si jolis et artistiques soient-ils, auront des effets parfaitement mortels, et le danger vise plus directement les descendants. C'est encore pire quand l'escalier est situé au centre de la maison, parce que, alors, la malchance s'étend à toute la famille. L'eau sous l'escalier détruit les fondations de la maison, et l'influence favorable à la descendance.

Il n'est pas bon non plus que l'espace qui se trouve sous la cage d'escalier reste vide. En faire un débarras, et y mettre des choses, crée symboliquement une fondation ferme pour toute la maison. Quand j'ai décidé de devenir écrivain, j'ai fait du dessous de mon esclaier (qui était au centre de ma maison) un petit entrepôt pour mes livres. Cela va sans dire, cette influence extraordinaire générée, est maintenant ma nouvelle occupation.

N'importe quelle sorte d'élément aquatique placé sous l'escalier génère une très mauvaise influence pour vos enfants. Le mauvais travail scolaire n'est qu'un des aspects des conséquences de cet agencement néfaste.

shui. Les mettre dans le secteur terre est une technique permettant de bénéficier de la bonne énergie feng shui. J'ai appris cette méthode à beaucoup de mes jeunes amis, avec beaucoup de succès. Il va sans dire que ma propre fille a aussi bénéficié de cette méthode.

Procurez-vous un cristal pour chaque enfant, que vous inciterez à veiller dessus avec beaucoup de soin. Quand il révise ou fait ses devoirs, placez le cristal sur la table. Quand il est en classe ou écoute les leçons, il faut que le cristal soit dans le secteur nord-est de sa table de classe. Et lorsqu'il passe un examen, incitez-le à prendre le cristal et à le placer dans le secteur nord-est de sa table.

Je ne garantis pas que quiconque utilise cette méthode d'énergétisation du bureau, deviendra un étudiant de première force du jour au lendemain. Mais je puis dire qu'il verra ses notes s'améliorer nettement. Si tous les autres types d'influence sont également bénéfiques, alors la plus haute réussite universitaire devient une possibilité réelle.

Feng shui pour améliorer l'influence propice aux occasions favorables

L'essence des bienfaits du feng shui réside dans l'abondance d'occasions favorables qui viendront à vous quand vous agencerez votre espace vital en accord avec ses principes. C'est l'essence de l'influence feng shui. Presque toute technique et méthode que vous utilisez pour améliorer le feng shui de votre demeure ou de votre bureau, vous apportera des occasions merveilleuses pour améliorer votre richesse, votre bonheur et votre style de vie.

Mais il est aussi possible d'utiliser le feng shui pour ouvrir de nouvelles dimensions qui renforcent les aspirations de tout résidant de votre demeure. Il apporte des choses différentes à chaque membre de votre famille. Pour les personnes qui sont dans les affaires, la technique apporte de merveilleuses occasions nouvelles d'expansion et d'efficacité renforcée. Pour ceux qui suivent une carrière, elle apporte de nouvelles ouvertures pour une mobilité ascendante, et pour attirer l'attention de personnes puissantes et influentes. Pour les chercheurs d'emploi, elle apporte des ouvertures supplémentaires vers un emploi fructueux, et, pour les étudiants, elle élargit substantiellement les horizons.

Ceux qui semblent avoir été victime d'un 'mauvais sort', ceux pour qui tout va mal, devraient tenter d'énergétiser cet aspect de l'influence feng shui. Cela signifie activer le secteur sud de la maison ; aussi, la première chose à faire, c'est d'identifier ce secteur de votre maison ou de votre jardin.

Même un petit rocher peut représenter le phénix, s'il est placé au sud, et qu'il se trouve devant la maison.

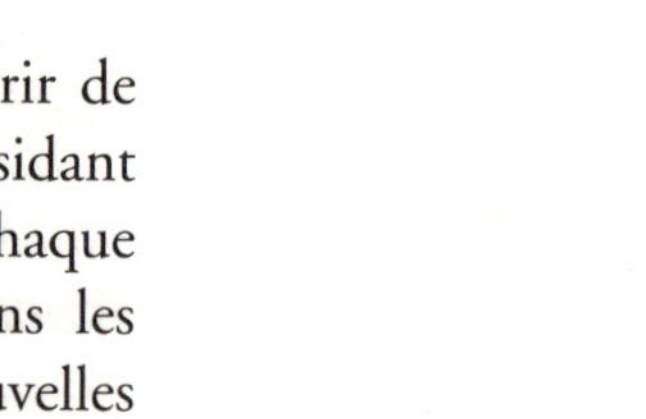

Énergétiser le phénix rouge

Le sud est le lieu du phénix rouge (voir p. 32) et c'est un remarquable symbole d'influence

> **La partie antérieure de votre maison**
>
> Il est préférable que la partie antérieure de votre maison soit plus basse que la partie postérieure. Si elle est plus haute, vous devrez penser à réorienter votre porte principale, de façon qu'elle soit de niveau avec la porte de derrière, ou plus basse. Quelle que soit la direction dans laquelle votre demeure est orientée, si sa partie avant est plus haute, ou si votre porte principale est directement en face du versant d'une montagne, vous pouvez être certain que votre vie, et celle de votre famille, manquera tragiquement de chances intéressantes, et de bonnes influences.
>
> Pire, chaque occasion que vous verrez poindre à l'horizon sera hors de portée, et chaque projet que vous ferez, chaque chose nouvelle que vous entreprendrez, se heurtera à de grandes difficultés. La réussite ne sera pas au rendez-vous. Les obstacles seront nombreux.

favorable. Dans le feng shui, le phénix est au sud. C'est cette créature que l'on doit voir depuis la porte principale – tapie sur le sol, prête à s'envoler. Elle peut être représentée par un petit tertre qui peut ressembler à un petit tabouret pour poser vos pieds. Souvent, un petit rocher est suffisant pour créer le symbolisme suffisant. Tout cela a peut-être l'air très 'figuratif' – mais c'est exactement ce que c'est. Ainsi, si vous avez un petit tertre placé à quelque distance de votre entrée principale, et que ça représente la partie sud de votre terrain, vous avez énergétisé avec succès le phénix rouge. Cela vous attirera pour vous des occasions, développant un grand potentiel pour vous et votre famille.

Remplacer le phénix

Si vous n'avez pas de jardin, vous pouvez activer l'énergie du phénix dans votre appartement. Considérez votre salle de séjour comme l'espace que vous voulez activer. Déterminez le secteur sud de la pièce, et placez-y une image de céramique ou de cristal d'un phénix ; puis éclairez-la avec une lumière rouge. Si vous ne pouvez trouver de phénix, vous pouvez choisir des substituts. Personnellement, j'utilise un coq, parce que cela aussi, c'est un symbole excellent. Le coq n'a peut-être pas la classe du phénix, mais il est considéré comme un objet bénéfique à avoir chez soi. C'est particulièrement le cas si vous êtes né une année coq (voir p. 86-88).

Un coq est un bon substitut pour le phénix.

Vous pouvez aussi exposer un paon faisant la roue – son merveilleux plumage est considéré comme un symbole de grande chance. Un peu partout en Inde et au Népal, le paon est considéré comme un oiseau qui apporte au patriarche de la maisonnée des occasions de parvenir à une position importante et influente. Ainsi, ses qualités intrinsèques sont semblables à celles du phénix. On croit aussi que de simplement exposer des plumes de paon chez soi, attirera la bonne destinée. J'en ai chez moi, et je les place dans le secteur sud de mon salon, au niveau supérieur, pour attirer une bonne influence dont bénéficie ma fille.

Mettre un éclairage au sud

Il y a un autre moyen d'attirer l'influence propice aux occasions favorables. Il faut aussi que vous identifiiez le secteur sud de votre demeure, et que vous y installiez un éclairage très vif. J'aime utiliser des lustres de cristal à cette fin, et j'applique cette méthode avec un succès notable et continu. Dans le secteur sud de ma salle de séjour, de mon entrée, et aussi devant ma porte principale, j'ai suspendu de petits lustres de cristal qui énergétisent l'élément feu du secteur, et aussi invitent le sheng chi porte-bonheur chez moi. Je me suis aperçu que chaque membre de ma famille n'est jamais à court d'occasions nouvelles pour améliorer notre vie – que ce soit matériellement, ou spirituellement.

Il n'est pas nécessaire de choisir des lustres luxueux et chers. Choisissez plutôt les modèles à ampoule unique qui ont au moins neuf boules de cristal à facettes, de la taille de balles de golf. Les cristaux à facettes sont très efficaces pour 'attraper' la lumière de l'ampoule, et la diviser en couleurs de l'arc-en-ciel, qui transforment toute l'énergie environnante en sheng chi favorable et heureux. Gardez le lustre allumé le soir pendant au moins trois heures. Vous verrez une différence considérable dans l'atmosphère de votre salle de séjour, ainsi que du reste de votre maison.

Les lustres de cristal sont d'excellents instruments feng shui, parce que les énergies créées s'y synthétisent de façon harmonieuse – feu et terre, une relation productive signifiée aussi par beaucoup de facteurs de l'influence bénéfique. Si votre budget ne vous permet pas d'avoir des lustres, je vous conseille d'acheter un cristal et de le suspendre près de la fenêtre, de façon qu'il saisisse la lumière naturelle de l'extérieur, et l'apporte dans la demeure. Voyez si votre logis a des fenêtres orientées d'une façon qui permet au cristal de recevoir la lumière du soleil de l'est, envoyant des arcs-en-ciel vers la porte de devant ou l'entrée. Cela apporte beaucoup d'influences propices aux occasions favorables.

Placer une tenture murale rouge ou or dans l'entrée

Il est considéré comme extrêmement favorable d'accrocher une tenture murale qui a le rouge et l'or comme couleurs dominantes sur le mur qui fait directement face à la porte principale. Ce peut être une calligraphie du mot chinois pour 'chance' ou 'patience', ou une peinture avec un thème favorable. La combinaison du rouge et de l'or signifie abondance et chance exceptionnelle, et sa présence, à l'intérieur de la demeure, près de la porte de devant, attire d'excellents courants de chi dans la maison, apportant avec elle de nouvelles occasions passionnantes pour les résidants.

Feng shui pour améliorer l'influence favorable à l'assistance

Les Chinois ont une approche très pragmatique de la recherche du succès et des biens matériels. Dans les affaires et dans la politique, ils divisent les gens entre ceux qui peuvent les aider, et ceux qui peuvent leur nuire. La chance est souvent exprimée du point de vue de la présence de gens qui peuvent et veulent aider ; la malchance, par celle de gens qui peuvent nuire.

La chance de bénéficier de la direction d'une personne plus âgée, plus sage et plus expérimentée – quelqu'un qui peut être un professeur, un superviseur, un patron – est une forme d'influence feng shui largement reconnue. On la compare souvent à la chance d'avoir un patriarche bienveillant veillant au progrès de votre carrière dans le cadre d'une grande organisation. Ce patriarche (ou cette 'matriarche') peut être votre père/mère, un oncle/tante, ou simplement quelqu'un avec qui vous avez établi une relation mentor/protégé. Vraiment, si vous avez quelqu'un qui vous soutient comme ça dans votre vie, on peut dire que vous êtes chanceux, et, du point de vue du feng shui, cette sorte de personne est appelée un 'homme du ciel'.

La méthode la plus efficace pour attirer cette qualité de chance dans votre vie, consiste à comprendre et énergétiser le premier trigramme du *I Ching* et du Pa Kua. C'est le trigramme *chien,* représenté par trois lignes continues. Ce trigramme signifie aide, chance, et bénédictions du ciel. Il représente aussi le chef, le patriarche, le patron – quiconque est directement important et influent pour votre famille ou votre maisonnée. À l'échelle d'un pays, le trigramme représente le Président ou le Premier ministre. Pour une société, il signifie le grand patron. Dans une religion, il représente le Pape ou le chef spirituel. *Chien* symbolise toujours l'aide de la part de la personne la plus importante dans votre vie, et la concentration sur *chien* chez soi et au bureau, vous donne de l'avantage sur vos pairs.

Amplifier les énergies des secteurs chien dans la maison

Pour faire cela, il faut améliorer le secteur nord-ouest de votre maison ou votre bureau, et vous pouvez le faire en utilisant différents objets.

Utiliser des cloches

Si vous êtes dans les affaires ou que votre profession fasse que vous dépendez de la bonne volonté de beaucoup de personnes, suspendre une paire de cloches en métal dans le secteur nord-ouest de la pièce, sera très favorable. S'il y a une porte dans ce secteur, placez les cloches sur la porte, pour qu'elles annoncent l'arrivée de quelqu'un. C'est un dispositif particulièrement bon que l'on peut mettre sur les portes d'entrée des petites boutiques. Outre qu'elles annoncent la venue de clients, les cloches, par la beauté de leur tintement, chassent la machance du local.

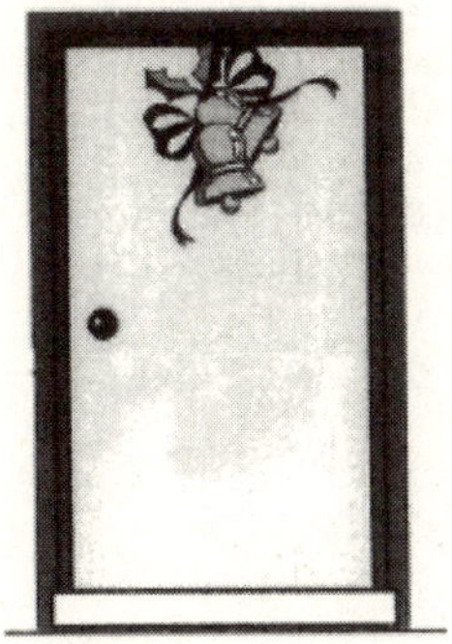

Les rubans rouges des cloches accrochées à une porte nord-ouest, pour énergétiser l'effet de l'élément métal des cloches.

Placer un fer à cheval en métal

Enterrer un fer à cheval en acier dans la partie nord-ouest du jardin active une excellente énergie de la terre, car cela produit l'énergie de l'élément métal qui signifie le nord-ouest. Gardez le fer à cheval dans un petit récipient avant de l'enterrer dans le sol. Le symbolisme de cette pratique particulière est que le fer à cheval invitera une influence d'assistance qui se répandra vite chez vous.

Remédier à l'absence du secteur nord-ouest

Les personnes qui sont dans les affaires et dans la politique sentiront de façon aiguë l'absence d'un secteur nord-ouest. J'ai toujours conseillé aux amis dont le logis souffre de cette absence de chercher un autre logement où le feng shui sera plus propice à la réalisation de leurs ambitions. C'est parce qu'un secteur manquant signifie l'absence de tout appui sous quelque forme que ce soit de la part de gens puissants et influents. Aucun homme d'affaires ni politicien ne

La mauvaise influence des espaces vides

Aucune demeure ne peut avoir un bon feng shui quand elle se trouve au-dessus d'un espace vide. Même si ce sont seulement des parties de la maison qui subissent cette affliction feng shui, vous devez chercher de quelles pièces il s'agit.

Les pièces qui sont placées au-dessus d'un espace vide ne peuvent bénéficier d'un bon feng shui. Si les pièces nord-ouest, qui sont essentielles dans la maison, se trouvent autour d'espaces vides comme un garage, ou si la maison est construite sur pilotis, comme le montre le dessin ci-contre, l'influence ne peut être bonne. Vous devez remplir les espaces vides. Fermez-les avec des murs, et faites de cet espace une buanderie.

Une maison construite sur pilotis avec un espace vide exposé évoque une maison manquant de fondations solides. Remplissez l'espace en construisant des murs et en créant des pièces dans cette partie de la maison.

peut réussir sans ce genre d'influence propice à la protection. Il y a, cependant, plusieurs façons de remédier à ce défaut.

- Mettez une glace sur toute la longueur du mur du secteur manquant. Cela agrandit visuellement le mur vers l'extérieur, suggérant substance et espace. Il y a des exceptions à l'utilisation de ce remède : si le mur est celui d'une chambre, si le miroir reflète des toilettes, un escalier ou une porte.

Remédier à l'absence du secteur nord-ouest

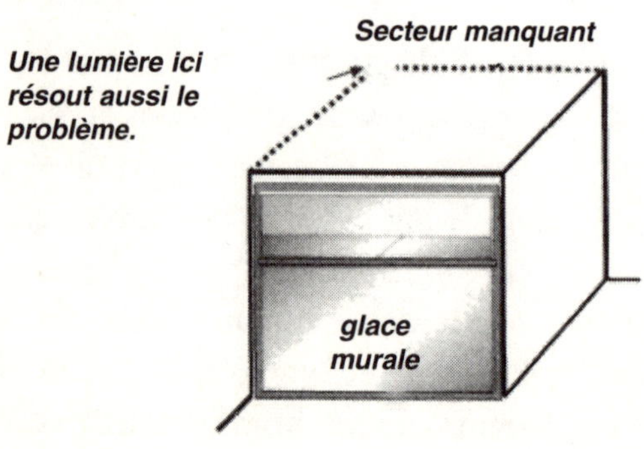

- Installez une lumière dans le secteur manquant. C'est une solution qui ne peut être utilisée que si vous avez un jardin, et que vous disposiez d'assez d'espace.
- Faites un agrandissement du côté de ce secteur, rendant ainsi régulière la forme de la pièce et de la maison.
- Recourez à des mesures plus drastiques : envisagez un agrandissement qui inclut le secteur manquant.

Feng shui pour améliorer l'influence favorable aux affaires

À Hong Kong, les hommes d'affaires qui suivent le feng shui consultent l'expert en feng shui au commencement de chaque année lunaire pour déterminer les bons et les mauvais mois au cours de l'année à venir. Si le calcul indique que la période est bonne, ils mettent de nouveaux projets à exécution, étoffent et amorcent de nouvelles stratégies. Quand la période est mauvaise, ils 'gardent un profil bas', jusqu'à ce que les mauvaises étoiles s'envolent des thèmes de naissance de leurs immeubles de société ou de leurs demeures.

Les hommes d'affaires savent qu'il y a une dimension temps qui s'ajoute à la dimension spatiale du feng shui. Ces calculs temporels sont fondés sur des formules complexes qui présentent des indices numérologiques sur l'état des influences qui prévalent dans des bâtiments, et sur les directions et les localisations. Si vous êtes dans les affaires, vous pouvez avoir besoin des services d'un spécialiste qui est très versé dans le feng shui de l'étoile volante, pour déterminer la chance dont peut bénéficier votre immeuble, bureau, demeure, au cours des douze prochains mois.

Les tableaux des pages 87-91 suffisent pour vous signaler que les choses peuvent aller mal pour vous si votre bureau, votre table de travail ou votre porte, est située dans un secteur particulier affligé par de mauvaises étoiles. C'est tout ce qui est nécessaire dans un livre introductif général. Pour plus de calculs détaillés des étoiles volantes dans votre bureau, reportez-vous à mon livre sur le feng shui des étoiles volantes, intitulé *Chinese Numerology in Feng Shui*, ou ayez recours aux services d'un expert capable de dresser le thème de naissance de votre immeuble ou de votre boutique.

Attirer la meilleure influence relative aux affaires

Il y a un moyen plus facile d'attirer l'influence favorable aux affaires : c'est d'observer les recommandations de l'école de la forme. Elles ont été conçues par des maîtres et cela fait très longtemps qu'elles se sont révélées maniables pour leurs milliers de clients. Les méthodes d'amélioration feng shui sont le plus souvent fondées sur le symbolisme et sur l'application du concept des cinq éléments.

Le bon feng shui, pour n'importe quelle affaire, commence avec un bon feng shui pour le patron – c'est-à-dire le patron d'une société privée, et l'administrateur d'une société publique. La localisation et l'orientation de l'espace personnel du patron, l'emplacement de son bureau, et la direction de sa position quand il est assis, sont les trois éléments fondamentaux à respecter.

La connaissance du feng shui doit être considérée comme un instrument de direction additionnel. Ce fut mon approche au cours de ma vie professionnelle, comme cadre et directrice de société. Je me suis presque toujours efforcée d'obtenir pour mon équipe un feng shui aussi favorable que possible, particulièrement quand j'ai dirigé une banque à Hong Kong.

Faites un effort pour faire en sorte que quiconque travaille pour vous et pour votre société soit assis orienté dans son orientation favorable (voir p. 89). Rappelez-vous simplement qu'il n'est pas possible que chacun puisse satisfaire aux trois principes fondamentaux. Mais si chaque membre de votre équipe reçoit de l'aide d'au moins un principe fondamental du feng shui, votre société entière bénéficie de l'interaction généralement harmonieuse des énergies.

Énergétiser l'influence propice à l'argent

La présence d'eau sous la forme de fontaines miniatures et d'aquariums à poissons rouges, est un spectacle fréquent dans les bureaux des hommes d'affaires chinois de Hong Kong et de Taïwan. Les entrepreneurs de Hong Kong, surtout, pratiquent le feng shui. La plupart prennent grand soin d'observer les conseils donnés par leurs maîtres de feng shui, particulièrement les conseils qui ont trait au succès matériel.

Bon feng shui pour les Philippines et Singapour ?

Il y a quelques années, un de mes amis de Hong Kong, bien informé, me dit que le président Ramos des Philippines, déterminé à mettre un terme à l'avalanche de malheurs qui affligea son pays sous la prédidence de Cory Aquino, avait consulté un maître de feng shui de la colonie chinoise. Le maître de feng shui dit à Ramos de faire trois choses pour que les Philippines prospèrent.

D'abord, Ramos devait se débarrasser de trois arbres nuisibles devant le Palais de Malacanang. Les arbres entravaient la réussite du président , et, une fois qu'ils furent coupés, plus rien n'y fit obstacle.

Ensuite, Ramos devait changer le billet de 500 pesos philippins. Il y avait trop d'éléments défavorables dessus.

En troisième lieu, Ramos devait changer les symboles du sceau présidentiel, étant donné qu'il comportait aussi trop d'éléments défavorables, dont un lion de mer qui avait la queue recourbée.

Nous savons tous que le président Ramos a exercé une présidence très heureuse. Est-ce dû au feng shui ? Qui sait ?

Une meilleure histoire encore de Singapour

Dans l'île de Singapour, vit un homme très influent. Il est instruit et sage, et il a un grand respect pour ses racines et sa culture traditionnelle chinoises. Il est, dit-on, très attentif au feng shui ; aussi choisit-il un jour particulier, et un moment particulier de la journée, pour les inaugurations importantes. Il choisit pour ses vêtements des couleurs particulières, quand il s'agit d'occasions importantes, etc. Il avait un mentor feng shui, en la personne d'un moine réputé, un Vénérable décédé depuis peu.

Cet homme sollicitait les conseils du Vénérable, chaque fois qu'il devait prendre une décision importante.

Or, à peu près au moment où fut construit dans l'île le métro, la pièce d'un dollar fut mise en circulation. Apparemment, le Vénérable avait dit à l'homme instruit que les travaux de terrassement avaient causé un mauvais feng shui dans l'île, portant atteinte à sa prospérité. Déterminé cependant à ce que le projet soit mené à bien, il demanda s'il y avait quelque chose qui pût être fait pour conjurer le mauvais feng shui.

'Oui', répondit le Vénérable, 'mais ce peut être impossible à réaliser.' Pour notre héros, rien n'était impossible ; aussi répondit-il au Vénérable : 'Dites toujours'. Le Vénérable répondit que tous les habitants de l'île devraient avoir chez eux le Pa Kua, le symbole octogonal, que connaissent bien tous les adeptes du feng shui. Mais cela provoquerait des émeutes raciales ! Comment forcer chaque famille à avoir chez elle un Pa Kua ?

Les hommes d'affaires chinois mettent la réussite commerciale et matérielle au sommet de leur liste d'aspirations. À cause de cela, les poissons et les produits aquatiques décoratifs sont d'inestimables éléments incorporés dans la décoration de leurs bureaux. Il y a plusieurs sortes de recommandations en ce qui concerne l'eau. Certains conseillent de faire en sorte que l'eau soit visible depuis l'entrée principale du bureau, soutenant que c'est la vue de l'eau qui attire l'influence favorable à l'argent dans le bureau. Ainsi, vous verrez des bureaux qui ont des aquariums dans l'espace de réception, faisant directement face à l'entrée. À Hong Kong, les poissons rouges sont très appréciés, particulièrement le poisson rouge à tête de lion, qui est censé symboliser la protection et la prospérité. En Malaisie et à

'Hé !', dit l'homme sage, 'je peux faire en sorte que chacun veuille avoir à Singapour le plus de Pa Kuas possible. C'est ainsi que circula à Singapour une pièce de un dollar. Si vous connaissez quelqu'un de Singapour, demandez-lui de vous envoyer une pièce d'un dollar – vous verrez qu'elle a la forme d'un Pa Kua !

L'histoire a une suite ...

Comme vous le savez peut-être, l'économie ne se rétablit pas bien, et la mise en circulation de la pièce d'un dollar déçut les espérances – vous souvenez-vous de la récession de 1985-1986 – et le Vénérable fut à nouveau consulté.

Cette fois, le Vénérable dit que si la pièce d'un dollar représentait bien un Pa Kua, elle n'avait aucun effet tant qu'elle restait dans les poches. Étant donné que le Pa Kua n'était pas exposé, comment pouvait-il contrer le mauvais chi causé par ces excavations. Ainsi naquit l'autre innovation – la vignette auto !

Cette vignette auto était, à Singapour, un disque. Elle est maintenant de forme octogonale, et elle est exposée partout dans l'île. Ce disque à l'aspect innocent est-il à l'origine du grand boom économique dont Singapour a bénéficié pendant des années ? Et maintenant ? Singapour ne peut manquer d'être touchée par toutes ces turbulences monétaires et boursières qui ont affecté la région. Mais le Vénérable n'est plus des nôtres. Que va-t-il arriver ?

La réponse, c'est le billet de cinquante dollars de Singapour. Ce billet représente l'autopont Président Sheares enjambant l'embouchure de la rivière de Singapour. On m'a dit que quand ce pont fut construit, il blessa la tête et la bouche de la rivière de Singapour, créant ainsi une influence désastreuse pour l'endroit. Ce fut alors que le Vénérable donna son dernier conseil. C'était l'héritage qu'il léguait au peuple de Singapour, qui préserverait le destin de Singapour sur une longue période.

Le Vénérable dit à son vieil ami d'introduire la représentation d'un dragon au coin supérieur droit du billet de cinquante dollars. Le dragon équilibrerait tout le mal fait à la 'bouche' de la rivière, et apporterait une prospérité pérenne à l'île-nation. Et, effectivement, le dragon se trouve sur chaque billet de cinquante dollars. Ce dragon est répandu dans toute l'île, apportant prospérité et succès.

Le dragon est aussi un symbole protecteur. Il protège contre la perte et la pauvreté. Je ne suis pas excessivement étonnée que Singapour semble très bien résister aux turbulences du marché, et tout donne à penser qu'elle se portera bien au cours des prochaines années. Encore une fois, simple fait, ou feng shui ?

Singapour, le poisson de corail est plus populaire que le poisson rouge, car on trouve facilement dans les récifs de corail au large des côtes de Malaisie.

Il y a un autre poisson très en vogue, généralement considéré comme le poisson de la richesse : c'est le très apprécié et très cher arrowana. Ceux qui désirent utiliser ce poisson feng shui pour obtenir une chance considérable pour ce qui est des affaires, doivent rechercher de poisson dans les marchés d'Extrême-Orient. Ils sont chers, mais il n'est pas nécessaire d'en avoir plusieurs : un seul est suffisamment efficace. Il y a aussi plusieurs variétés d'arrowanas, mais je préfère le type représenté p. 222. Remarquez que sa queue se termine par une nageoire unique, et que

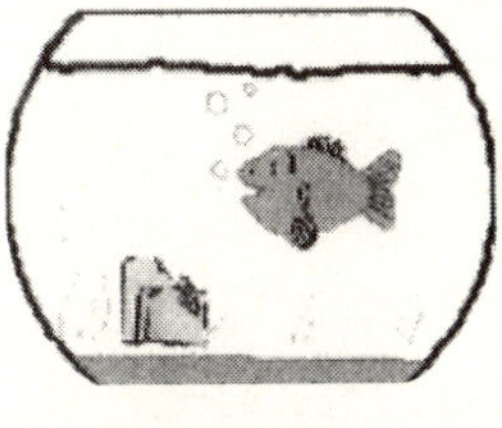

Au-dessus : L'eau dans un aquarium énergétise l'influence favorable à l'argent.

Les arrowanas et moi

J'ai eu cinq de ces merveilleux poissons, que je gardais dans un très grand aquarium, dans ma salle de séjour ; je leur ai assuré un régime alimentaire spécial, de façon qu'ils grandissent vite et longtemps, et acquièrent les écailles roses, dorées, qui sont censées apporter une merveilleuse influence de richesse. À cette époque, je venais d'acquérir une participation à la chaîne de magasins Dragon Seed, à Hong Kong, et j'avais été nommée présidente de la société. J'avais besoin de toute l'influence de réussite du monde. Mes arrowanas ne me déçurent pas.

En l'espace de 18 mois, mes partenaires et moi avons tiré profit d'une OPA, et je pus me retirer des affaires. Je préparais mon retour chez moi, en Malaisie, quand on m'offrit une fortune pour mes arrowanas. Je déclinai toutes les propositions d'achat de mes précieux poissons, et je relâchai ces cinq magnifiques arrowanas qui avaient alors une longueur de 45 cm, et dont la beauté était stupéfiante, dans le réservoir Stanley, en marque de gratitude pour toute la chance et tout l'argent qu'ils m'avaient apportés.

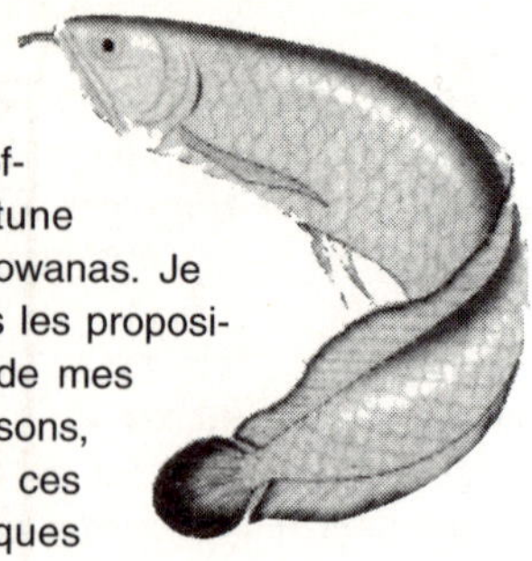

le poisson ressemble à une épée qui, dit-on, tranche toute la malchance et tous les obstacles qui vous font face. Notez que l'arrowana est l'instrument feng shui de l'homme d'affaires. Vous n'en avez pas besoin si vous n'êtes pas dans les affaires. Il y a des façons plus faciles de manipuler l'influence favorable à l'argent !

Où l'eau doit-elle être ?

Un courant de pensée très partagé relatif à l'emplacement de l'eau suit la théorie des cinq éléments, qui recommande que l'eau soit au nord (le secteur qui représente l'élément eau). L'eau est aussi très favorable quand elle est placée dans les secteurs bois de l'est et du sud-est, parce que l'eau produit le bois dans le cycle productif des éléments. Étant donné que le sud-est est généralement considéré comme le secteur relatif à l'argent dans le feng shui, y positionner un élément aquatique, spécialement si c'est aussi la partie antérieure du bureau ou des boutiques, est considéré comme très bénéfique.

Gardez un sens de l'équilibre. Ne pensez pas que, plus vous avez d'eau, plus votre aquarium est grand, mieux c'est. Quand l'eau crée un déséquilibre, quand il y en a trop, on dit qu'elle inonde ses berges, et cela transforme le bon feng shui en mauvais. Le dispositif dangereux est déclenché par inadvertance. C'est précisément ce qui

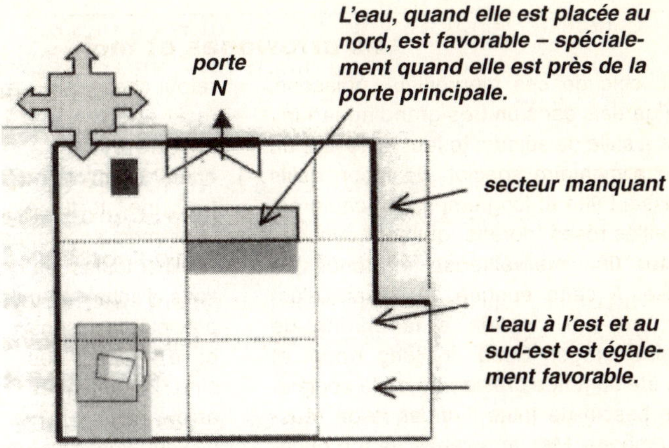

arriva à l'une de mes relations. Il était président-directeur général d'une grande société, et, quand on lui parla des merveilleux bienfaits du feng shui de l'eau, il fit installer un aquarium gigantesque dans son bureau. L'aquarium dominait complètement son espace, et il n'est pas étonnant que, au bout de trois mois à peine, il perdit la partie lors d'un vote du conseil d'administration, et fut démis de ses fonctions. Aussi, n'ayez jamais d'élément aquatique qui domine l'espace. Trop d'eau noie – vous-même, et votre société.

Énergétiser l'influence propice à l'argent avec des pièces de monnaie

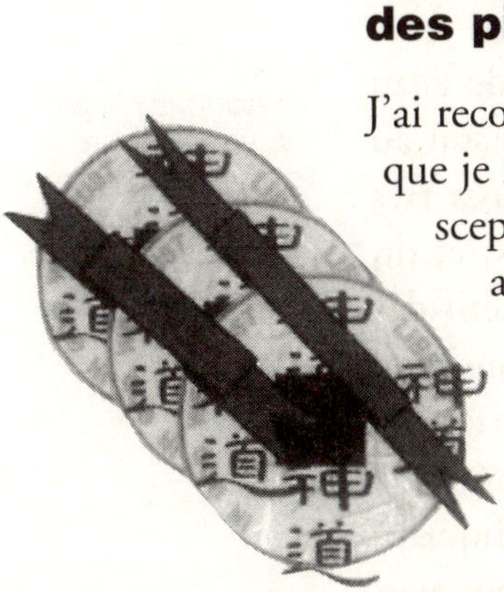

Trois pièces chinoises attachées ensemble, côté yang vers le haut.

J'ai recommandé la méthode des pièces de monnaie à tant de gens, que je ne saurais dire combien. Quiconque, parmi eux, a non sans scepticisme suivi l'un ou l'autre des trois conseils relatifs aux affaires que je présente ici, en a considérablement tiré profit, et, depuis, en est fan. Cela fait tellement longtemps que les Chinois parlent de l'énorme chance que ces anciennes monnaies chinoises apportent aux familles et aux affaires, que c'est devenu une superstition dans maintes familles.

Je place depuis longtemps trois pièces chinoises au fond de mon urne pour le riz, et je les change la veille du Nouvel An lunaire, parce que ma mère m'a dit il y a longtemps que cela porterait chance à ma famille. Il n'est pas difficile de trouver ces pièces en Extrême-Orient, et, en Occident, on peut en acheter dans la plupart des quartiers chinois. Vous devez vérifier qu'elles ont un côté yang et un côté yin. Le côté yang a quatre caractères chinois, le côté yin n'en a que deux.

Les pièces sont très minces et rondes, et il y a un carré au centre. La combinaison de la forme ronde et de la forme carrée représente l'union favorable du ciel et de la terre. Il n'est pas nécessaire que ces pièces soient antiques, mais celles qui proviennent de la période Chien Lung de la dynastie Ching, sont hautement prisées, parce que cette période est considérée comme la plus favorable de l'ère mandchoue.

Vous devrez attacher les trois pièces ensemble, côté yang en haut, avec de la ficelle ou du ruban rouge. Cela active la prospérité potentielle des pièces. Il n'y a pas de méthode spéciale pour attacher les pièces. Assurez-vous simplement que les trois pièces ont le côté yang visible, et elles seront un outil feng shui extrêmement efficace.

Coller les pièces sur les dossiers et les livres de factures

Collez trois pièces de monnaie, côté yang en haut, sur tous vos dossiers de contrats importants, et vos factures, pour améliorer votre influence favorable au revenu, et accroître vos ventes. C'est l'une des façons les plus faciles et les plus efficaces d'énergétiser l'influence propice aux affaires de ces pièces. Distribuez-en dans vos services des ventes et du marketing, pour énergétiser l'influence favorable au revenu des employés qui y travaillent. Vous pouvez coller les pièces sur tous vos dossiers importants générateurs de revenu. Placez-les sur les dos comme le montre l'illustration à gauche. Cela permet aux pièces d'être vues. La même méthode peut être appliquée aux caisses et aux coffres-forts, pour augmenter symboliquement le montant de ce qui se trouve à l'intérieur. En fait, je recommande fortement à chaque établissement détaillant d'incorporer cet élément dans leur pratique du feng shui. L'effet peut être sidérant – quand vous voyez votre affaire décoller. Vous pouvez aussi coller ces trois pièces à la porte d'entrée des boutiques de détail, ou juste à l'intérieur de la boutique, au-dessus de la porte.

Collez trois pièces sur vos dossiers importants pour améliorer l'influence favorable et au revenu et aux ventes.

Certains experts en feng shui recommandent de placer ces pièces sous un tapis juste derrière la porte principale de la boutique

Feng shui du restaurant

Beaucoup de restaurants chinois traditionnels ont des aquariums à poissons bien en vue des clients. En outre, ces restaurants ont de grandes glaces murales qui doublent le nombre de clients du restaurant. La combinaison des poissons et des glaces est censée être extrêmement efficace pour attirer l'influence de richesse et de prospérité.

et de la maison, pour attirer l'influence de richesse. Je connais une chaîne britannique de magasins de détail, très grande et très prospère, où ces pièces sont enfouies sous le sol. Je les mets dans mon urne pour le riz, sur tous mes dossiers importants, j'en suspends aux verrous de ma porte de devant, et sous mon Dieu chinois de la Richesse.

Positionner la caisse dans les boutiques de détail

- Dans les boutiques de détail, le secteur le plus important est là où la caisse enregistreuse est située. D'abord, voyez où vous pouvez la mettre :
- Ne la mettez jamais sous une poutre apparente ou face à un coin saillant, ou à l'arête coupante formée par deux murs. La caisse enregitreuse doit bénéficier de la même intention et de la même considération que la porte principale.
- Ni directement devant la porte, car le client, quand il entre, ne doit pas voir la caisse en premier.
- Ni face à des toilettes, à un escalier, ou au rebord aigu d'une vitrine d'exposition.

Pour énergétiser le feng shui de la caisse enregistreuse :

- Placez un miroir mural tout près, ce qui a pour effet de 'doubler' le revenu quotidien de la boutique.
- Suspendez une paire de bambous creux attachés avec des rubans rouges au-dessus de la caisse. Cela crée des énergies favorables, selon la méthode de canalisation. S'il y a une poutre au-dessus de la caisse, les deux tiges de bambou doivent pouvoir détourner la mauvaise énergie. Certains experts utilisent des flûtes de bambou et des carillons éoliens. Ce sont des objets favorables, excellents. Mais n'en faites pas trop. Choisissez la méthode que vous désirez utiliser, et tenez-vous-y. Rappelez-vous que dans le feng shui, vous ne devez jamais être avide, ni exagérer l'application des conseils donnés.

Postface

Il y a des gens qui attribuent le succès de ma vie personnelle et professionnelle à la manifestation de mon excellente influence céleste. Je suis née chanceuse, disent-ils. Beaucoup d'autres personnes sont convaincues que ma chance est due à l'excellent feng shui de ma demeure – mon influence terrestre. J'aime à penser que les réussites que j'ai obtenues dans ma vie sont dues à l'influence céleste et à l'influence terrestre, efficacement combinées par mon influence humaine. Oui, j'ai appris le feng shui, consciemment et avec détermination, et j'ai avec succès énergétisé chaque secteur de ma maison et de mon bureau, et j'ai activé toutes mes directions dans presque tout ce que j'ai fait. J'ai écrit ce livre pour montrer que l'on peut faire la même chose, pour se créer une chance spectaculaire.

J'ai découvert le feng shui très tôt. Au bout de dix ans de mariage, j'ai eu Jennifer, après avoir changé de demeure, et fait 'feng shuiser' notre nouveau domicile. Le feng shui de notre nouvelle maison a été établi par un expert, M. Yap Cheng Hai, qui, par son palmarès dans la création de multimillionnaires, est devenu une véritable légende vivante en Malaisie. Nous vivons encore dans la même maison, sauf qu'elle a été massivement transformée au fil des ans, au rythme de l'amélioration de notre vie.

M. Yap était un maître de feng shui authentique, qui était aussi mon maître de kung fu, et mon ami. Au fil des ans, la profondeur et l'ampleur de la connaissance feng shui qu'il m'a transmise m'a impressionnée au-delà de toute expression. À cela s'est ajoutée la merveilleuse connaissance que j'ai eue l'occasion de glaner au cours de mon séjour à Hong Kong. M. Yap me traitait comme sa petite sœur. Il avait aussi le don de clairvoyance, et il a souvent dit qu'il avait été mon grand frère au cours de plusieurs vies antérieures. Cela explique peut-être sa générosité magnifique dans la transmission qu'il m'a faite de formules précieuses, de conseils judicieux, et de secrets feng shui. Je lui dois vraiment beaucoup.

Une grande partie de ce que M. Yap m'a légué, je l'ai mise dans mes livres, et particulièrement dans celui-ci, dont l'existence est due à l'insistance de Judith Kendra qui me rendit visite lors de son séjour en Malaisie l'an dernier. Judith me demanda d'écrire un livre général sur le feng shui, qui serait une introduction complète au sujet. Je sautai sur l'occasion d'être publiée par un éditeur international important. Judith et son équipe éditoriale, Emma Callery et Jerry Goldie, ont créé un livre excellent, joliment édité et conçu avec intelligence, qui présente le feng shui dans un format facile à lire. Je suis très fière de ce livre.

Vous pouvez appliquer presque sans délais les conseils que contient ce livre. En outre, quand vous aurez maîtrisé les bases de la pratique, vous découvrirez que le feng shui fait appel à votre bon sens, ainsi qu'à votre sens de l'équilibre, de l'ordre et de l'harmonie. Vous observerez qu'il n'y a rien de mystérieux, de psychique ou d'instinctif dans le feng shui. C'est une pratique, qui peut être maîtrisée facilement et sans effort – c'est d'ailleurs pourquoi il y a tant de maîtres de feng shui 'au petit pied', de nos jours.

Je préfère faire mon propre feng shui, et je vous conseille de faire de même. Outre qu'un consultant est devenu hors de prix, il n'est pas bon que vous laissiez violer l'intimité de votre foyer par de parfaits étrangers, quelle que soit leur compétence.

Utilisez ce livre pour faire votre propre feng shui. Je vous assure que ce sera plus simple que vous ne le pensez. Il est aussi beaucoup plus amusant de procéder aux modifications pas à pas. Faites que la pratique du feng shui soit quelque chose qui aille de soi. Au cours de ces vingt dernières années, j'ai annuellement redécoré et réagencé mon mobilier, changeant ainsi le feng shui de ma demeure. Ma confiance n'a cessé de grandir au fil des ans, à mesure que je voyais que tout ce que je faisais pour énergétiser mes secteurs ou activer mes directions, donnait des résultats très positifs.

C'est cette réussite continuelle qui me donne le cœur de vous encourager à faire votre propre feng shui et à prendre du plaisir à le faire. Je vous conseille aussi d'aborder le feng shui à la fois comme un art et une science. C'est un art en ceci qu'il requiert du jugement, qui s'améliore avec l'expérience. C'est aussi une science. Il y a des spécifications qui peuvent être suivies et appliquées avec précision. Faites une application correcte, et vous sentirez les résultats positifs du feng shui. Si cela ne semble pas marcher, vérifiez si vos mesures et vos relevés sont corrects.

Il est totalement superflu de voir le feng shui comme une pratique spirituelle ou religieuse. Et n'en soyez pas non plus obsédé. Le feng shui n'est pas et ne doit pas être la panacée. C'est un complément efficace à votre destinée. Mais il ne rend pas compte de tout ce qui la compose. Il n'y a rien de 'New Age' dans le feng shui – cela fait plus de 3 500 ans qu'il existe. Le feng shui n'est pas non plus magique. Considérez le feng shui de cette façon saine, et vous bénéficierez facilement de l'influence de la terre.

Lillian Too

Index

Achevé d'imprimer en mars 2001
sur les presses de la Nouvelle Imprimerie Laballery
58500 Clamecy
Dépôt légal : mars 2001
Numéro d'impression : 103066

Imprimé en France